读客文化

DOOR TO DOOR

The Magnificent, Maddening, Mysterious World of Transportation

门到门时代

正在重构人类生活的物流革命

[美] 艾德华·休姆斯 著
Edward Humes

吴奕俊 陈丽丽 张翔 译

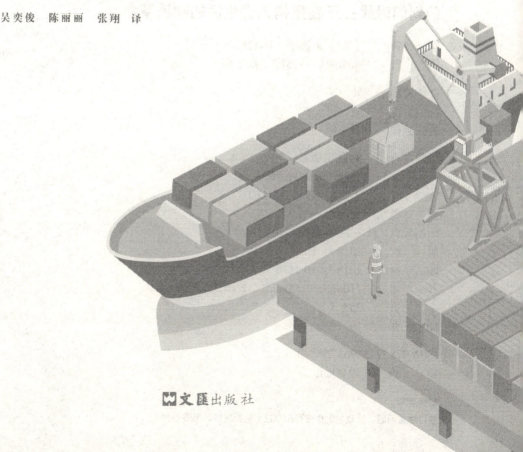

文汇出版社

图书在版编目（CIP）数据

门到门时代：正在重构人类生活的物流革命 ／（美）
艾德华·休姆斯著；陈丽丽，吴奕俊，张翔译. -- 上海：
文汇出版社，2018.10
    ISBN 978-7-5496-2557-4

    Ⅰ. ①门… Ⅱ. ①艾… ②陈… ③吴… ④张… Ⅲ.
①交通运输经济－研究－美国 Ⅳ. ①F517.12
    中国版本图书馆CIP数据核字（2018）第084692号

DOOR TO DOOR: The Magnificent, Maddening, Mysterious World of Transportation
by Edward Humes
Copyright © 2016 by Edward Humes
Simplified Chinese translation copyright © 2018
by Dook Media Group Limited,Shanghai
Published by arrangement with Writers House, LLC
through Bardon-Chinese Media Agency
ALL RIGHTS RESERVED

版权登记号：09-2018-392

门到门时代：正在重构人类生活的物流革命

作　　者／【美】艾德华·休姆斯
译　　者／陈丽丽　吴奕俊　张翔

责任编辑／吴　华
特邀编辑／吴　潇　沈　骏
封面装帧／刘　倩

出版发行／文汇出版社
　　　　　上海市威海路 755 号
　　　　　（邮政编码 200041）
经　　销／全国新华书店
印刷装订／三河市龙大印装有限公司
版　　次／2018 年 10 月第 1 版
印　　次／2018 年 10 月第 1 次印刷
开　　本／710mm × 1000mm　　1/16
字　　数／253 千字
印　　张／19

ISBN 978-7-5496-2557-4
定　　价／59.00 元

侵权必究
装订质量问题，请致电010-87681002（免费更换，邮寄到付）

目 录 | CONTENTS

300万英里之旅

INTRODUCTION

The Three-Million-Mile Commute

2011年的一个星期五晚上，洛杉矶潮湿不堪，烟雾弥漫。而正在此时，一场交通灾难即将降临在洛杉矶。

我们将它称为"交通末日"。洛杉矶交通公司是一家永远保持乐观的运输机构，它负责洛杉矶——这个汽车文化之都的交通运行。然而最终它也做出让步，接受了上述为这场交通灾难所取的昵称，也承认它近来策划的一切会导致这场"交通末日"。

规划"交通末日"是为了改善美国最堵的一条高速公路的交通情况，然而，它却成了一次革命的导火索，这让人始料未及。

在很长一段时间里，洛杉矶的通勤者、卡车司机、警察和生意人对"末日大塞车"都感到恐惧，但至少"末日大塞车"按照计划拉开了序幕。这个星期五下午，高峰时段才过去没多久，交通没那么拥挤了，人们家中的灯光渐渐点亮，他们开始享用晚餐。这时候，一群穿着橙色工作上衣的高速公路工作人员开始集合，他们开着卡车，下车时的关门声仿佛是一场大合唱。按照计划，他们来到全洛杉矶最繁忙的高速公路，用力地搬动路障，将它们摆放到公路入口匝道的位置。他们的"作战计划"是由一位军事工程师设计的，在进入交通公司之前，他在伊拉克重建高速公路，那些高速公路上满是炸弹坑。他的工作时间表安排得像在海军陆战队的一样十分精细。每天都有将近40万的车流量，包括汽车和卡车在这段长达10英里、多达10车道的405号州际公路上通行。到了这天午夜时，这段公路上头一次一辆车也没有，而自从加州州长在1962年给405号公路进行通路剪彩仪式后，就没有发生过这样的事情。

第二天早上，在穿过高速公路的天桥上，上上下下都站满了洛杉矶人，他们惊讶地看着这条高速公路。这条公路在几代人眼里都是一条川流不息、咆哮奔腾的车流，而此时却变成了一条寂静的、空空的沥青缎带，优雅地绕过塞普尔维达山口，消失在夏日的薄雾中。那天早上，你可以在那儿听见鸟儿愉快的歌声，但在以前很长的一段时间里，你只能听到汽车经过这条沥青马路的呼啸声。

这件事的目标很简单：改善美国交通差劲的通勤道路之一。

这个修缮计划打算给这条已不堪重负的高速公路再增加一条新车道，以缓解长时间的堵车和汽车相撞事故，因为正如这条公路的设计者曾预见的一样，在高峰时期这条公路上会挤满比平时多出一倍的汽车和卡车。这条高速公路将会关闭一周的时间，因为横跨高速公路的三座大桥已在落锤的重击下轰然坍塌，这样推土机才能在畅通的公路上工作。这也意味着在这一周内，司机必须找到另外一条路通行。当然，这也是为什么这件事有"交通末日"的绰号：这些司机根本无路可走。或者说看起来似乎也是如此。

405号公路长期以来都是令人害怕的对象，但它同时又是至关重要的一条道路，虽是必经之路，却备受人们的斥责辱骂。因为洛杉矶的其他片区有并行的高速公路路线，所以当货运车司机和通勤者穿过这座城的延伸地区时，这些路线可以给予他们更多的选择。但405号公路是唯一的主要直行路线，它将洛杉矶的西城区、加州大学洛杉矶分校和南边一些沿海社区与北边的圣费尔南多谷及其附近郊区，还有沿着海岸线的图拉和圣芭芭拉等度假小镇连接起来。

405号公路必须独立承担把拥有650万车辆（洛杉矶人一向不愿搭乘公共交通或者合伙用车）的城市的主要聚集区、娱乐中心及工作中心串联起来的任务，而历史上这种情况极易导致交通全面瘫痪。有一个笑话是说，405号公路名字里的数字代表"每小时4或5公里"的速度，这种速度让司机们痛苦不堪。经常走405号公路的人都知道，而且经过测量后证实，那根本不是笑话，而是高峰时段的实际交通速度，这地方一点也不"高速"。特斯拉汽车公司创始人埃隆·马斯克给他每天上下班经过的405号公路起了一个恶名——"灵魂杀手"，这促使他发誓要彻底改造这条通勤公路，并公开他的"杰森一家"（美国情景喜剧，该片用另一个时空背景来反映当时的美国文化和生活方式）超级高铁概念：呼的一下，从洛杉矶到旧金山只需要一个半小时。

在所预想的交通缓解情况到来之前，整个扩建工作完工需要花费五年时间以及13亿美元。但整个工作最困难的部分是高速公路完全清空的最初53个小时。洛杉矶市参议员曾警告，为了达成目标，阵痛难以避免：关闭整条405号公路预计会将洛杉矶的其他地区变成一个大型停车场。原本挤在405号公路上的这些客车、货车、通勤车辆和物资运输会涌进其他的道路，而这些道路现在还不能容纳这种车流量。整座城市和相关地区已经做好了最坏的打算，预计会出现交通堵塞的瘫痪情况：愤怒且鲁莽的司机，更多的交通事故、汽车尾气引起的严重雾霾，交通事故死亡人数也会增加。

医院开始给急诊室增派人手，为废弃的病房添加床位，以收容过多的病患。洛杉矶市长恳请司机们在周末停止用车。警察局邀请30位好莱坞明星[1]在推特上发布重要预警，他们推特上的所有粉丝加起来超过1亿人。在市政厅自动化交通监测和控制中心内部，交通指挥的总部官员调控了4532处的红绿

1.包括卡戴珊、柯克船长（《星际迷航》中的角色）、《美国偶像》主持人等。

灯，以引导车辆远离405号公路。此中心的电脑技术同样也是奥斯卡颁奖之夜的秘密武器，它使"普通"司机减速，这样好莱坞一线演员的豪华轿车就可以准时到达现场。联邦快递、联合包裹服务公司（UPS）以及洛杉矶港的货车网点指挥室工作人员重新规划了所有他们能调整的路线。但即使是这些精通运输领域的专家都知道，他们没法改变车辆太多而空间太小这个简单的物理原理：他们都预测这次事件将是洛杉矶历史上最严重的人为灾难。称它为"交通末日"，名副其实。

但这场灾难并未发生。可怕的预言最终没有成为现实。

那个周末，洛杉矶的交通拥堵情况有所缓解。没有一处严重的交通堵塞，车祸或死亡人数也没有激增，也没有不断升级的公路怒火（司机因驾驶问题而大发脾气）和额外增加的急诊室的病人。

市政厅的交通魔法师并不是这个奇迹的原因，原因在于围绕汽车为中心的洛杉矶人。他们选择步行、骑自行车、坐地铁或公交，以及使用共享乘车软件如Uber（优步）、Sidecar和Lyft（来福车），并且发现以前对他们来说必不可少的汽车其实有其他代替方式。405号公路地带的烟雾浓度降到了正常值的十分之一，人们吸入的空气污染物少了四分之一——封锁公路产生的积极效应持续了整整一周。人们茶余饭后讨论的事情不再是交通堵塞和让人沮丧的出行计划，而是这座城市要怎样做才可能将"交通末日"产生的效应维持下去。新闻头条将封锁公路这件事重新命名为"交通天堂"。

这么说吧，这座城市的很多人都惊呆了，不论是专业的交通专家还是每日出行的通勤者。像大多数州际公路系统一样，405号公路被建设为城市的主要道路，其目的很明显是想取悦以及安抚司机们，而没有顾及到任何后果或者说考虑到这条路的建设会给步行、骑自行车、创造宜居性环境、保护社区环境或者人们的健康造成障碍。解决交通拥堵的方法本应该是在这个以汽车为主要交通方式的城市扩建公共交通工程，而不是关闭它们。

然而，这就是在2011年7月15日那个热气逼人的周末里所上演的，关闭主要道路反而起到了缓解交通拥堵的作用。多年以来就有一种趋势若隐若现，它似乎突然在洛杉矶的街头实时上演。那就是现在的美国人，尤其是年轻人，开始放弃买汽车甚至不考驾照，而愿意采用移动性便利的交通方式，不论是自行车、共享乘车、公共汽车还是火车。过去60年，人们看重的每条交通常识都已彻底改变，从如何解决交通拥堵到如何最有效地使用稀缺交通资源。当关闭车道不但没有造成拥堵反而起到了缓解的作用，这就意味着有些其他的条件在起作用。而当这件事发生在洛杉矶，美国第二大城市以及最重要的港口城市，全世界都投来了关注的目光。很快，洛杉矶的领导开始重新考虑交通政策，这个过程漫长而艰辛，他们企图用更多样的出行规划方案来替换以汽车为中心的市政规划，但"交通末日"这件事不仅仅只给洛杉矶这一座城市带来了启发，它给美国整个国家乃至全世界都带来了启发。

洛杉矶可能是美国最依赖汽车以及被汽车影响最深的一个城市，但是不断有人公开提出质疑，美国人对汽车的热爱是否合乎社会发展。提出质疑的并不是故意挑事的人和局外人，而是市长、议员和商会。"末日大塞车"发生后，我们的经济命脉和生活方式，即物流运输的方式和人们门到门的移动，都已经到达一个意想不到的临界点，即将发生翻天覆地的变化。

交通运输活动渗透进我们日常生活中的方方面面，智能手机、电视、食物、文化或商业都不及它的渗透程度，甚至连推特或是脸书都比不过它。它的渗透方式既显而易见又深藏不露，我们做的每件事以及碰过的每件东西都含有成千上万甚至上百万英里的运输里程——不仅仅是出去旅行才有运输里程，还有我们每一次点击鼠标、每一次购买行为、吃的每一顿饭、喝的每一口水，以及加的每一滴汽油都有。我们正生活在一个门到门的时代。

怎样能让美国保持持续运转？——即让我们的汽车和卡车在路上奔驰不息，让我们的商品货架上一直摆满货物，使我们的橱柜、袜子抽屉、油箱和咖啡壶里一直都装得满满的。现代交通就像一座冰山一样，浮出水面的部分令人印象深刻，但更大的部分隐藏在水下。现代交通的机器不停地转动齿轮，持续运转，这个奇迹与疯狂的混合物使美国人每小时的行程加起来超过3.44亿英里，每天运输价值550亿美元的物资（这是美国所有家庭每日收入总和的三倍）。"交通末日"这件事虽然已经很浩大，但相比全球范围的现代运输，只是九牛一毛，后者支撑我们的生活、工作以及繁荣的方式——并且即使只有几天，没有它们，我们根本无法生存。往现代美国家庭里的任何地方看一看，你都可以看到一些生活必需品，以及一些寻常物件（我们每天使用的东西），相比它们经历的旅程，马可·波罗的旅行显得黯然失色。

所以面纱背后的这个庞大系统的真实面目是什么？这个系统夜以继日地把我们和我们的物品从起点送到终点。我们究竟要付出什么代价？为了向前运转，我们能够负担起什么？它运转得比以前更好吗？还是它将要脱离轨道呢？或者说其实两者都存在？

这些看似简单的问题促成了我写这本书。请将本书看作一个交通侦探故事，除了目标不是为了揭露反派，而是为了能够解释现代运输的一些隐藏特点、地点、神秘之处和运行机制（而这些正在促成我们的即刻购买，当日到达服务、满是交通的世界）。

先来考虑一下隐藏的车祸原因，即现实中司机酒驾、开车时发短信和超速与当时环境互相影响，平均每小时就会有四个美国人因车祸而死亡，每过12.6秒就有一人会因此受伤。这个门到门时代暴力的一面中有很多隐藏的部分，其中之一就是：我们知道如何更安全地行驶，然而我们不会这样做。理论上讲，汽车只是运载人的集装箱，把它建造和配置成拥有最大的安全性能和最有效率的汽车应该是一件很简单的事情，像联邦快递邮件或可叠放的货物集装箱就十分简易、安全和平淡无奇。但汽车已经演变成了文化、权力、地位、欲望、观念和习惯的载体。你知道为什么现代汽车的标准宽度是6英尺吗？是技艺精湛的工程学，还是为了有效地利用材料呢？其实都不是，这只是一种习惯和传统，它基于一个与现代社会不相干的事实：两匹马站在两边拉动一辆四轮马车时，需要的最小宽度是6英尺。不足为奇的是，这些因素全部混合在一起后生产出来的现代车辆，它的工程技术和安全性都不是人们首先考虑的东西。俗话说得好，你永远不知道下一段里程会发生什么事，同样适用的还有人的寿命。

接下来谈一谈天使之门（Angels Gate）鲜为人知的一面，它是俯瞰美国两个重要海港的最佳制高点，从制高点朝北美俯瞰，可以看到这两个并列的港口，永远都是熙熙攘攘的景象，相当于街区大小的轮船不断地进出这两个港口装卸货物。在那里，你可以看到黛比·查韦斯，一个有着四个孩子的单亲妈妈，她主要负责和安排每日轮船进港排队名单，从这个意义上来说，她实际上手握美国消费经济的绝大部分权力。洛杉矶海港是美国运输活动真正开始的地方，船上的货物集装箱垒起来足有15层楼那样高，每一个都比你的汽车要安全得多，而且每个轮船所托运的货物足够囤满五个量贩式好市多超市的仓库。每一天都有50艘这样的船只在这两个港口徘徊，还有20多艘船只排着队等待码头空出位置，等待黛比·查韦斯将它们记录在名单上。

还有，有着钢铁般意志的港口领航员，他们冒着生命危险，依照黛比·查韦斯的名单来引导这些高耸的船只经过洛杉矶港口，进入美国最大的码头。犹如外科医生持手术刀时的技术一般，他们使这些巨船在桥下能恰好通过，从船顶到桥梁只留有几十厘米的缝隙，并且把这些巨船安排进狭窄的航道，这些航道原本是为更小的船只准备的。因此操作这种巨型平行泊船绝不是缩手缩脚的人可以做的工作。在门到门时代的运输旋涡里，奇迹与疯狂，新潮与旧习，总是在互相对抗。

这一小块区域是很多高耸的轮船称之为"家"的地方，世界上最强大的远洋舰队在这里停靠。不费一枪一炮或者一枚导弹，这个大型联合船队就已经统治了海洋，依靠的是它们负责了世界上15%的商品运输。而且通过与世界第二大航运公司建立联盟，它控制了世界上三分之一的流通商品。这就是门到门权力中鲜为人知的一面。

最后，还有一件事，它完全是疯狂的奇迹。试想一下，我们可以把一台超级计算机、一种急需药品，或者从上海工厂生产的一支牙膏运送到南加州、新泽西或德卢斯的任何一家商店，而我们每天需要做出200亿次这样的物流运输，并且以可靠、经济、快捷和可跟踪的方式。这种运输能力可以称得上是人类最杰出的成就。然而这个成就并没有被大肆鼓吹，以至于这个运输世界鲜为人知。

每次你访问联合包裹、亚马逊或苹果公司的网站时，你可以立即查询到你的商品或包裹被运到了世界的哪个地方，或者知道什么时候商品会被送到你家门口。当你做这些事情的时候，你已经完成了一件了不起的事情，还活着的老一辈人会惊呼神奇，并断言这件事情简直难以置信。

试想一下早晨的一杯咖啡，这最寻常但也最重要的提神药所走过的旅程。从我开始写这本书的第一天起，我就从美国最熟悉的神经中枢、能源补给和能源来源地、早餐聚集区——厨房开始了我的研究。在橱柜里，我发现了半包星巴克烘焙咖啡，它们是由星巴克烘焙，再从好市多超市出售的法国烘焙咖啡豆。在业界这类产品被称为"自用品牌"商品：咖啡先是由星巴克这类大品牌公司生产，再由食品杂货店或连锁商店销售，贴的品牌也是这些商店的名字，而且这些商店自用品牌产品在别处买不到。用美国人第二喜欢的饮料（不包括水）开始寻找商品的运输"足迹"似乎是最佳的选择。

好市多的法国烤咖啡豆混合了几种咖啡豆，它们产自南美、非洲和亚洲，每一种原料最开始都只是新鲜的绿色生咖啡豆。它们被装在松散的麻布袋里，每袋的重量都是132磅。集装箱船载着它们漂洋过海经过1.7万公里，有些会穿过太平洋送到美国西海岸沿岸的港口，其余的通过巴拿马运河，也可能是苏伊士运河再被送达美国东海岸的其中一个港口。这条路线变数太多——基于船的空间大小、季节以及变化的速度和启程时间——以至于很难更精确地跟踪这些散装产品。然后货运火车或卡车将这些生咖啡豆运到世界上最大的调制和烘焙工厂之一（离洛杉矶港有2226英里）。这座工厂位于美国宾州约克镇浓缩咖啡大道3000号，它是星巴克咖啡帝国旗下六座工厂之一，这家工厂主要服务于好市多连锁超市。它经过烘焙、调制和测试，确保不管顾客买过多少次好市多法国烘焙咖啡，每次咖啡的香味和滋味都完全相同。随后这些咖啡豆被密封在塑料和铝箔复合材料袋里，而这些包装袋也有着自己单独的里程足迹。然后人们将这些包装好的产品叠放在木质货盘上（货盘源自全国各地），再经过4436英里跨越整个美国运到好市多在加州特雷西市的仓库，接着再用卡车运送一些产品到我家当地的好市多连锁商店，如此这般我才买到咖啡。当我拿到这些咖啡豆时，它们的旅程已经超过4.8万英里，从原产地到出口商，接着运到港口，再经过工厂，然后发往分销中心，再到商店，最后到了我家，这些旅程加起来远远超过环绕地球一圈的距离。

但这并不是咖啡的全部里程。还需要包括我的德国制咖啡机，生产组件来自全世界，它从生产组装到我家厨房的旅程一共有1.57万英里。我的小咖啡豆研磨机也有类似的三部曲。我家用来煮咖啡的饮用水混有三种水源：一种是从距离约50英里处的水井里抽上来的地下水；另一种是通过242英里长的科罗拉多水管输送的河水；最后一种源自距离444英里外的加州水利工程，它将加州北部的水运往南边，迫使水源穿越2000英尺高的辛西雅山脉，然后再到达加州南部。这个北水南调的过程所消耗的燃料和能源超过了拉斯维加斯整个市以及那些闪闪发亮的赌场群用电总需求。我的咖啡机所用的电穿过了由数百万变压器和电容器组成的电网系统，这些电子器件大部分都进口于1.2万英里外的中国，它们通过洛杉矶港口和长滩港口运进美国，它的运输复杂程度与一座名副其实的城市供给系统相当。为我的咖啡机提供大部分电源的发电厂燃烧的天然气来自加拿大、得克萨斯州的天然气田，有时候来源地甚至更远，天然气要通过4.4万英里的地下管道网络——北美隐藏的能量传输管道。

此时我杯子里咖啡的足迹全部加在一起至少有10万英里。而且这还并未算上一些看上去小段的旅程，例如我开着我的丰田塞恩xB汽车行驶6.3英里到好市多超市，这辆车代表的运输足迹比我拥有的其他任何东西都要多，然而这并不是因为我行驶的车程很长。我选择买二手车的依据就是，总的来说，相比新式的混合动力或电动汽车，一辆二手但是省油的传统汽车会更环保，也更经济（并且会便宜不少），而且我们需要空间足够大的车来容纳我们的三只大灰狗（这辆车勉强能做到这点，毕竟还要加两个人在车上）。塞恩车产自日本，其中大约3万个组件是来自于世界上的其他国家，包括亚洲和欧洲的国家。美国的制造商只提供了一件：总部设于俄亥俄州的固特异轮胎公司生产的轮胎，这家公司在美国和亚洲也有分工厂。人们将组装好的汽车从日本运往加州的长滩港，接着再用卡车将汽车运给加州南部的经销商（更多的经销商由于相距较远，因此需要用船或火车运送给它们）。在我的车第一次试驾之前，原材料和零件所经过的旅程累加起来至少有50万英里。油箱里的加州汽油是一种汽油混合物，由于它混合了14个其他国家和美国4个州产出的原油，所以这辆车里程足迹需要再加上10万英里。大部分这种石油是由油轮运到美国西海岸港口的，接着通过管道、铁路、运河和半拖车穿行数千英里被运到州和郊区的油罐区，再到精炼厂、油库、分销中心，最后终于到达我家附近的加油站。

将一杯咖啡送到我嘴边和我妻子的床头柜上（我是家中起得最早的人），需要花费上千个工时，以及使用投资数十亿美元的技术和基础设施。在这过程中，数不尽的英雄默默付出努力，他们包装、搬运、装载、运送以及跟踪产品。

这杯咖啡是一个现代奇迹，既神奇又平凡，我们几乎不会注意到这个巨大的"门到门"运输机器在我们身边运转，它使得一件又一件的产品能在世界上存在以及流通，还有数以百万计的商品每天需要相同程度的努力和流通。

埃隆·马斯克认为，在405号公路上通勤行驶27英里是件等同于慢性自杀的事情，这无法否认。但我们真正的日常通勤其实早就开始了。我们真正的通勤从早上的第一件事情开始算起，我手中的第一杯咖啡需要走过上万里程才到达我的手中，接下来的还有我的袜子、橙汁、狗粮和洗洁液，它们同样需要经过很长的旅程才能来到我的家中。

我们的生活方式不像历史上的任何其他文明，我们的生活和商品蕴含了越来越多的运输里程，这似乎让我们的生活更加方便、产品更加实惠。在过去，距离意味着增加的成本、风险和不确定性。而如今，我们就好像在颠覆生活常识。

仅仅全球商品物流的一天就能让诺曼底登陆和阿波罗登月任务加起来都相形见绌。在这场盛大的芭蕾舞会里，我们不断地将我们的物品和自己从起点送到终点，这相当于在一天之内建起巍峨的金字塔、胡佛水坝和帝国大厦。而每一天我们都在周而复始这样的工作。将这个过程称为"运输"系统会是个用词错误。"门到门"之间的移动是一个由很多子系统组成的复杂系统，这些子系统彼此独立又相互依存，却又互相竞争资源和客户——它像一场盛大的管弦表演，有时它是和谐的，有时又伴随着汽车、铁路、道路、飞机、管道和海上线路之间的冲突。

然而门到门运输交响乐在进行神奇的表演同时，也让我们因拥挤不堪的通勤路程而痛苦：2014年，洛杉矶人平均一年堵在交通中的时间是80个小时，而纽约人"仅仅"需要忍受74个小时的塞车痛苦。另外，每年有超过3.55万人死于交通事故，也就是每15分钟就有一个人因交通事故而丧生。我们充满自豪地建设了这些道路，却已经负担不起它们的修缮费用。修复改善老化的道路和桥梁给美国背负上了3.6万亿美元的经济压力，然而美国根本拿不出这么多钱。由于国会拒绝提高联邦燃油税（每加仑收取18.4美分），这个赤字每年都在持续增长。而且自从1993年以来，燃油税就没有增长过，甚至没有根据通货膨胀进行相应调整（这意味着现在的18.4美分相当于1993年的11.2美分）。现在司机通过燃油税只承担了不到一半的高速公路系统维护费用，剩下的资金空缺全部由政府补贴。同时，超过6.1万座桥梁被官方认定有"结构缺陷"，其中三分之一被认为是"严重断裂"。然而大多数这些桥梁都缺乏资金进行修缮。

为什么一个国家有能力把强大的探测器送到太空，使我们拥有精准无比的全球定位系统芯片，却让我们每天使用两吨重的金属盒子上下班呢？——这种金属盒子每天杀死97人并且每一分钟就能使8人受伤。汽车是美国家庭第二大消费支出，仅排在居住费用之后，也是能源利用效率最低的一种方式。它同样是使39岁以下美国人死亡的头号元凶，也是目前为止最不合算的投资。一辆车通常在一天里的22小时都是闲置状态，但为了使用这项开车的权利，美国人平均一个月要在汽车燃料、购买和保养方面花费1049美元。

奇迹与疯狂是我们运输系统的两个极端。在这个运输系统里，美国人每年要在通勤上耗费1750亿分钟，这简直不可思议。它的成本也令人难以想象，相当于价值5万亿美元的金钱和工时。由于交通堵塞，我们每年估计损失1240亿美元，而这笔损失费预计在2030年上涨50%。

我们的交通系统有两个不同的面向，这两个面向经常被看作为独立存在且是相互竞争的——一个是每天在你面前上演的，经常令人沮丧的人的通勤世界；另外一个是很大一部分不为人所知的货物流通世界。商品运输活动背后包括有出入限制的海运码头、安全防卫的分销中心以及一些几英里长的火车，上面写有一些陌生的外国名字：Maersk（马士基）、COSCO（中远）以及YTL（杨忠礼集团）。洛杉矶区域内的社区对给405号州际公路添加一条车道的数亿美元提案表示热烈支持，而在过去50年来，这些社区成功阻碍了另一条南北走向高速公路的完工，即使这条高速公路可以将港口和加州内陆庞大的仓库网络、配销中心和货物终点处理站连接起来。居民反对这条高速公路（701号州际公路）最后5公里的修建原因很简单，因为在人们看来，最终受益的是货物流通，而不是人，就好像是当地的沃尔玛超市给自家开的路。这样的话，从港口涌出的货运车辆不得不行驶在绕路又低效的其他高速公路上，既浪费燃料和时间，也会加剧通勤路上的交通堵塞。路上的司机也会因为堵车情况加剧，而对这些笨重的大卡车破口大骂。

把个人的看法抛在一边，世界上并不存在两个独立的运输系统，只有一个，它们共享着一个正在崩溃且资金不足的基础交通设施，同样受到成本、能源和环境的限制。它们是一棵树上的两个枝干，彼此相互依赖，共同处理沉疴顽疾和新技术带来的潜在破坏。当提到修建公路、扩大港口或创建供应链时，人们会有一种错误的想法，认为可以将人和货物的运输相互分开。然而这个想法是我们最主要的运输障碍之一。

人们还有很多其他的常识性错误的想法，它们一方面驱动我们"门到门"机器的运转，同时也使它瘫痪：比如，越大越重的车安全系数越低，越容易在路上发生危险事故；大多数美国人认为，搭乘公共交通并不是最省钱的交通方式，自己开车才是；除了那些训练有素的专业人员外，世界上其实没有好司机——只有差劲的和更差劲的；"意外"这个词语是我们自我欺骗的谎言，因为几乎所有的交通事故都是由于人们有意的疏忽、轻率或违法行为。

所有的这些错误想法中，最突出的一个是"末日大塞车"所揭露的：增加车道可以改善交通。事实上，最终它并不能。这种想法不仅扰乱我们的计划而且还浪费成本。

"末日塞车"不仅仅带来了相反的效应，即关闭车道反而改善了交通拥堵（至少暂时有所改善），而且这个五年修路工程完工后，也并没有达到期望的结果——减少交通拥堵。

在405号高速公路新建的车道对外开放一年后，通勤者在这条16公里长的高速公路上被堵的时间比之前没有新车道时平均还多一分钟。可以将上面这种情况称为"梦想之地综合症"：只要一条路被修好后，大量的汽车就会在这条新路上行驶。交通就像自然一样，厌恶真空。增加一条车道只会诱惑更多的车辆。405号公路仍是通勤者的冤家，它比以往更丧心病狂——花了10亿多美元，却最终打了水漂，泡都没冒一个。

"末日大塞车"标志着一个转折点，它是转变"门到门"移动方式的思潮的一部分。本世纪第一次对我们城市设计的战略提出了挑战,这战略就是:我们围绕汽车和它们的顺畅流通来设计我们的城市景观。现在美国有十分之一的家庭没有汽车。千禧一代中有越来越多的人不考驾照,不住在依靠汽车出行的郊区。美国人均驾车的次数有所减少。同时减少的还有他们外出购物的次数。共享乘车软件、大众集体贡献的交通指南、骑自行车的通勤者以及覆盖Wi-Fi的公交开始威胁到通用汽车、出租车、赫兹(全球最大的汽车租赁公司)和为它们提供庇护的政府的利益。越来越多汽车加入优步、来福车和其他共享乘车队伍,这导致汽车销量下滑32%——这是汽车行业的一场地震。并且为了顺应时代发展,汽车友好型城市洛杉矶做了一件不可思议的事情,聘用了一位新的城市交通负责人。她曾在对手城市旧金山领导交通部门,致力于为行人、骑自行车和乘坐公交的人与汽车司机营造同样友好的环境,因而受到好评(或者说招致批评)。

接下来的运输世界还存在一个变数:无人驾驶车辆正在被研发并且在高速公路和城市街道上测试行驶。将这些车辆投入市场还需要等几年,但它们的出现可能会改变一切:从大幅度减少高速公路上的死亡人数,到改变汽车所有权状况(正如现在的共享车正改变汽车的所有权),再到不再需要投入三分之一的城市空间来停车。试想一下,自动驾驶汽车最有趣的地方其实并不是它如何自动载你去某个地方,而是它们把你送到目的地后它们会做什么。汽车制造商都在竞相把这些轮式机器人投入市场,尽管这项技术令他们害怕,因为它会给他们带来一个威胁:淘汰他们已经维持百年的商业模式以及相应的数以百万计的工作岗位。"门到门"时代每一个华丽的进化在带来新的希望的同时,也会让人付出相应的代价:蒸汽船的发明引领了全球化第一轮浪潮,汽油不仅仅可以用来治疗头虱;集装箱促使了全球化第二轮浪潮——外包和境外生产时代。无人驾驶把司机从交通运输中解放出来,这无疑会改变运输世界的游戏规则,掀起翻天覆地的变化,带来挑战与恐惧的同时,也会带来机遇和福祉。

我们通勤里程鲜为人知的一面（货物的流通）已经变得如此庞大，致使我们的港口、铁路和公路已经变得不堪重负。它们急需公共资金的投入，而国家似乎没有这笔资金。然而这是必须要进行的投资，因为物流——即商品运输——如今是美国经济的重要支柱之一。相比商品制造，物流运输能够带来更多就业增长机会。美国西部联合包裹的主管说："如果你的孩子有全球物流的学位，那他们将永远不愁吃穿。但我们也必须为下一代留下一个能够用的交通系统。"

但同时，新的制造技术——将科幻小说变成现实的3D打印技术——引领的发展方向与上述一切背道而驰。布鲁克林、波士顿和伯班克的一些公司拥有这种"独角兽"技术，它们能生产很多种类的产品——从外科手术植入物到汽车零部件再到枪支，而且它们的成本比1.2万英里外的中国工厂还要低。现在几乎每天都有新兴的本土企业在美国出现，从海外工厂夺回制造业务，从而减少洛杉矶港的进口量。这只是一股很小的商业流，这种海外制造业务回流甚至都不够统计登记，所以到现在为止，这给港口和船运公司的业务带来的冲击小到忽略不计。

但这些反扑的趋势有能力颠覆我们既辉煌又令人生畏的全球商品和客流运输，这并不是在遥远模糊的未来才可能发生，而是近些年就有可能。这意味着满是交通运输的门到门世界以及它的每一方面——文化、事物、经济、能源、环境、工作、气候和你早上杯子里的咖啡都处在一个非常大也非常关键的岔道口。

这是现在我们所有人正在走的道路，而我们做出的选择以及现在的潮流趋势是会导致全球性的"交通末日"还是"交通天堂"，或者两者兼有，于我们的时代来说，是最大的未知数之一。

明尼苏达大学的大卫·莱文森教授是美国主要的交通学者、作家，他认为："我们一直对变化显得迟钝，但是变革即将来临。"

面对即将来临的门到门变革，大家系好安全带吧！

清晨闹钟

CHAPTER 1

Morning Alarm

在一阵闹钟的当当声中，我开始了新一天。这是我的手机播放的大本钟敲钟声，低沉又急促，友善地将我唤醒。这几年，我都没有用过床头的闹钟——闹钟又是一个被全能的iPhone淘汰的专业小工具，除了沦落到我的床头柜上积攒灰尘之外，它也就再没什么用处了。

因此，在我还未离开家之前，我的通勤之路就已经开始，我每天的行程又多了16万英里。这是将一部iPhone从原产地送到顾客手中，保守估计的数字。

到时间叫我儿子起床去学校时，我的手机会响起一阵二级警报声（下潜！下潜！海军潜艇紧急下潜的电喇叭声），接着响起的第三个闹钟声提醒我将他推出房门，防止他再次睡着。第四个闹钟声告诉我，是时候给我的妻子送一杯咖啡了，把她从美梦中唤醒。第五个和最后一个预设的闹钟——我选择iPhone里最讨人厌的声音，尖锐的"科幻音乐"——告诉我该给家里的猫注射胰岛素了（没错，猫也会得糖尿病）。对于猫和我来说，虽然早晨都不是我们最喜欢的时刻，但是家中起得最早的那个人是充当兽医的默认人选。我和猫都不想与注射器亲密接触，但也只能默默忍受。

在各种提示声轮番响起的间隙时间里，我用手机仔细地看完了几份报纸，查收了电子邮件，读了一些新闻订阅和推特推送，还看了下网上银行或待支付账单。另外，在我开始做每天的咖啡和喂狗时，还会顺便听一下全国公共广播电台或者最新的有声读物。今天也是我的结婚纪念日：这个时候我要到花店的网站上确认一下提前订好的花束订单，这家店已安排好在今天早上稍晚的时候将花束送到我妻子唐娜的办公室。过一会儿，手机的谷歌地图会告诉我如何在合适的时间和地点搭乘公交到达圣佩德洛，今天我要去那里参加一个谈论港口发展的会议（提示：港口的未来既充满希望也困难重重）。会议结束后，另一个方便的共享乘车应用软件来福车会帮我叫车并把我送回家。意外的是，我的司机正好是一位兼职的港口工人，他对港口未来的看法和我大相径庭。他认为港口变化太快、安全事故频出、拥挤、混乱不堪，被劳资纠纷所困扰。但最重要的是，港口为正在消失的美国蓝领提供了一个庇护所，它对于蓝领来说是一个真正能够增长财富的地方。而他的智能手机，不论是对于他的共享乘车业务还是港口工作，都会是重要的一环。

像iPhone这种高科技奇迹产品的背后，有着极其复杂的供应链。供应商和产品组件的详细信息一般都被公司视为机密信息。但自从2012年起，苹果公司开始公开前200名供应商的相关信息。这反过来也揭示了：相比其他广泛使用的消费商品，苹果智能手机在制造和分销的过程中需要更多的运输活动。不过这并不包括现代的汽车，因为汽车有更多的零部件需要全世界一起生产。

与汽车不同，智能手机的出现很大程度上减少了运输活动。它们加快了数字报纸替换印刷新闻报纸的过程，不然的话人们还是必须用火车和拖车将新闻纸运到出版社，印刷过后再将它们递送给每家每户和购买点。每一份报纸所消耗的能源和产生的碳足迹大概与开车1千米相同。一份报纸所消耗的能源并不多，但随着时间的推移，算上全部的订阅用户基数，这个量会增加得相当之快。手机还可以代替书本和音乐的物理媒介，可以代替纸币，省去将账单投入邮箱的物理运输。在美国，一半的手机用户会用自己的手机存钱和付款，于是到了发薪日以及还款日，很多人可以实现无纸化（因此也可以不需要交通运输）。美国有2.43亿成年人，其中64%的人都有智能手机。50岁以下的成年人中，智能手机的使用率达到了惊人的80%。将这些数据加在一起后，结果显示当处理账单和银行的事务时，78%的美国成年人可以做到无纸化和不用出行（至少有时候可以做到）。而在2007年，这个数字基本为零，这是一个巨大的变化。

除此之外，智能手机已成为高科技界的"瑞士军刀"，它取代了大量的专业设备，其中包括：音乐播放器、闹钟、收音机、照相机、计算器、录音机、GPS导航仪、日历、记事簿、名片夹、手持游戏机、节拍器、煮蛋计时器以及手电筒。当智能手机的应用程序能代替一个独立的设备时，这不仅意味着我们不需要随身携带这件设备，也意味着别人也不用再将这件设备运给我们。简而言之，很大程度上由于智能手机的诞生，众多产品、商业模式和工作都在消失，同时消失的还有它们相应的运输碳足迹。

另外还有很多出行和地图方面的手机应用，它们能鼓励人们乘坐公共交通、使用共享乘车、骑自行车甚至是步行。它们本身并没有减少交通量，但这种技术能使汽车司机选择浪费更少、耗能更少的交通路线，除此之外，停车需求也顺势减少了。这是一件不小的壮举。近些年研究城市交通的一些城市发现了一个共同的现象，在交通繁忙的城市街道上，30%~60%堵塞交通的车辆，是因为这些车辆的司机正在寻找停车位。这是现代交通众多"反直觉"的其中一个方面：把车驶离车流的过程会使交通变得更糟糕。然而，如果有个应用软件能有效地指引司机迅速找到停车位，不用司机亲自寻找和争夺停车位，以及避免其在路边发现了一个好停车位，但到了之后发现位置上刷着红漆不允许停车，司机只得沮丧地踩刹车之类的情况。其他的应用程序可以指导司机选择不拥堵的路线，虽然这种做法并没有减少里程——甚至可能增加里程——但那节省了在路上的时间以及避免交通变得更拥挤，从而缓解了道路拥堵，减少了汽油的消耗。

在另一方面，智能手机的制造是一种恣意挥霍交通能源的行为。手机的制作材料是21世纪新式的材料，人们通常需要远距离采购它们，这颠覆了过去的经济模式。过去人们会考虑距离的因素，因为距离意味成本和风险的增加，但iPhone不是这样。在人们拿到一部iPhone接到第一通电话或发出第一条信息之前，组成一部iPhone的这些组件已经走过了足够的路程，加起来至少能绕地球八圈。

拆开我的iPhone 6 Plus——苹果公司的大屏手机——揭示的不仅仅是全球采购活动的一个小奇迹，还是一幅几乎囊括所有地区的高科技路线图。除了处理器、显卡和重复充电电池（手机内部最大的部件），还有一长串需要单独采购的部件，其中包括：两只摄像头、一个录像机、一块数字罗盘、一个卫星导航系统、一个气压计、一个指纹扫描仪、一块高分辨率彩色显示屏、一个LED闪光灯、一个触摸传感器、一个立体音响系统、一个运动传感器或者游戏控制器、加密电路、一组通过无线网络连接的无线电发射器阵列、一个蓝牙和近场通信频带，最后还有移动电话的内部基本部件。至少有24个主要的供应商提供这些配件，它们分布在三块大陆以及两个岛屿（日本和中国台湾）上。

交通的复杂性远不止这种程度，因为很多部件并不是从供应商直接被运送到最终组装的地方。有些部件像在进行世界巡游，从一个国家运到另一个国家，再返回原处，这时这个部件与另一个部件接合在了一起，形成了一个组合件。然后人们又将这个组合件运到世界上的其他地方，再插进或接合另外一个部件。将手机内部的组件拼合在一起，就像一位厨师为一道菜配好原料，接着反过来又变成另一位厨师做的菜的一部分，再接着与其他厨师的菜组合在一起形成一桌更大的宴席。做菜的原料会反反复复经过冰箱、砧板、炉子以及菜碟，手机部件的高科技加工过程也是如此。

iPhone主按键里嵌入了指纹传感器——苹果公司的指纹识别技术，它可以扫描指纹来代替输入密码，这就是一个说明这种类似顶级大厨的供应路线的绝佳例子。

主按键的旅程从中国湖南省长沙市的一家公司开始，这家公司叫蓝思科技有限公司，它将透明的高硬度人造蓝宝石水晶制成按键的封盖。这是iPhone用户在接触主按键时触摸到的部位，这里使用的人造蓝宝石同样被用在高档名表、航空电子显示屏以及导弹系统，因为这种蓝宝石在硬度、耐久性以及抗划伤能力上十分接近钻石。然后工厂会将蓝宝石封盖与一个金属边饰环接合在一起，这金属环是从500英里外江苏省的技术工厂运过来的。然后人们会将这种组合件运往中国台湾高雄市的一个半导体装配和测试工厂，这家工厂归荷兰独资的恩智浦半导体公司所有。在那里，这个蓝宝石金属环组合件会与另外两个配件紧密接合在一起，一个是从上海工厂（又增加600英里）生产的驱动芯片，另一个是指纹识别传感芯片，是由恩智浦半导体公司在欧洲的硅晶圆制造工厂生产的，将这两件配件运到中国台湾给iPhone的旅程增加了5000多英里。

接下来，会有两个组件在中国台湾的另一家制造商被组装在一起，一个是从1000英里外日本松下的子公司运进的按键开关，还有从上海工厂运进的称之为"加劲杆"的塑料组件，这个组件有点像弹簧。上海的这家工厂从属于美国的莫莱克斯公司（世界最大接插件公司）。中国台湾的这个制造商就是旗胜科技，这个制造商将这两个组件组装并将自己的产品加入其中，之后再产出的部件称为柔性电路。

旗胜科技再将这种柔性电路运回1500英里外日本的一家工厂，这家工厂属于科技巨头夏普公司，在那里工人们将这些零部件用激光焊接成一个密封并且有功能的指纹识别模块。人们将完全装配好的组件运到1300英里之外的富士康工厂，这家工厂位于中国的郑州市，拥有128,439名员工。富士康厂区简直是座高科技城市，也就是在那里，iPhone完成最后组装。工厂几乎利用各种交通方式，把装配好的iPhone送给客户以及美国和全世界各地的零售店、商店、手机服务供应商和其他销售渠道。大部分手机都是从香港和阿拉斯加空运到美国本土的，联合包裹和联邦快递在这两个地方都有大型枢纽站（货物从亚洲空运到美国本土时，会经过阿拉斯加，对从亚洲飞往美国本土的货运飞机来说，地球曲率让阿拉斯加成为最近和最理想的转运地和中途加油站）。

这仅是其中一个配件，手机主按键经历的不止这些，上面的只是其中一部分，而在一枚主按键到达iPhone最终装配地之前，它经历了1.2万英里的旅程。所有这些工作都只是为了这一枚主按键，而它大概是一部智能手机最不起眼的一部分。但这还没结束，因为它还没算上一些原材料的运输活动，这些原材料用来制作各个组件；同样也没有算上它们的包装、各种工厂雇用的工人以及用的水和能源的运输里程。如果把所有的这些加在一起的话，手机触摸屏下方这个小小的按键涉及的运输里程会直接增加两倍或三倍。

iPhone的其他部件也经历了类似的超长距离旅程：德国产的气压传感器和加速计；美国肯塔基州康宁公司生产的"大猩猩玻璃"；美国制造商生产的五种功率放大器（这些制造商分别来自五个州：加利福尼亚州、马萨诸塞州、科罗拉多州、北卡罗来纳州和宾夕法尼亚州）；硅谷产的运动处理器；来自荷兰的近场通信控制器芯片；以及其他许多来自日本、韩国、中国大陆和台湾的组件。

苹果公司的品牌产品A8处理器半导体芯片的生产工作分别由两家工厂负责，一个是世界最大的合同芯片制造商，中国台湾的台积电公司；另一个是三星旗下的一个规模庞大的芯片制造工厂，这家工厂是新建成的，它位于得克萨斯州的奥斯汀市，由韩国科技公司斥资90亿美元投资建造，专门用于三星为苹果制造电脑芯片的外包业务。

将这些配件和指纹识别系统组件的运输里程加在一起，给iPhone的总里程增添了16万英里——地球到月球距离的三分之二。但即使是这样也仅是iPhone运输里程的一部分。上面这些部件的运输还没算上稀土元素，它对21世纪高科技至关重要，它们也经过了开采、加工及运送过程。人们获取它们要用大量的能源和水资源，这些运输里程同样未计算在内。

　　人们很难读出大多数这些材料的名字，它们的名字听起来就像希腊神话里一些小神的名字一样。它们很难开采，并且将它们从原矿石中提取出来的成本非常高昂。但一旦精炼后，它们的价值胜过黄金的好几倍。实际上，这些"罕见"材料在地球的地壳里很丰富，但是浓度不够，没有办法开采。即使这些材料只有极微量，它们依然有不可思议的磁性、磷光性及催化性能。在科技产品里它们的身影随处可见，它们是必不可少的成分，从大型风力涡轮机到电动汽车、小型电动马达、半导体再到大小各异的重复充电电池，包括手机电池、特斯拉汽车电池以及公用事业规模电池。iPhone含有八种稀土元素：钕、镨、镝、铽、钆、铕、镧和钇。它们不是什么家喻户晓的名字，但是它们在现代家庭中到处都存在，无影无踪但却价值不菲。人们可以在手机的一些组件中发现它们的身影，包括彩色显示屏、手机的各个电路、扬声器，手机接到信息或电话时产生振动的机械装置里也有它们。

　　当然每部手机里还包含一些更为常见的贵重金属——价值几美元的金、银、白银、铂金和阳极氧化铝合金外壳。挖矿、提炼以及运输这些材料，以及需要的化学药剂和生产它们的系统——加在一起可以轻易地使一部iPhone（以及其他高科技产品）16万英里的运输里程增加一倍，因为人们必须将这些贵重金属、铝和稀土从原产地运给精炼厂和加工厂，然后再运给遍布世界各地的各个组件的制造商。

　　最后，一部iPhone的运输里程至少有24万英里之多，相当于去趟月球以及回来的大部分或全部里程。这个奇迹源于一个事实，即这种运输强度实际上是一种为了增加效率和减少成本的策略。

　　从表面上看，这似乎荒谬至极。没错，几千年来，企业家们和一些帝国都在进行长距离的商品贸易：地中海的古代航海民族、丝绸之路的商人和古罗马人建造的遍及整个帝国的公路网的规模比美国的高速公路系统还要大。但在当时，每增加一英里都意味着成本和风险的增加。所以只有那些当地没有的某些产品，如稀有的面料、葡萄酒、艺术、珠宝、异域美食和散装货物才值得做全球贸易。最开始，"黑色黄金"是指胡椒，而不是石油。曾经胡椒非常稀少，极其珍贵，以至于它们不仅是珍贵的商品，人们还将它们当作货币和抵押物使用，在古代甚至可当作赎金。

100年以前，购买全球贸易商品的人几乎和那些商品一样稀少。绝大多数人购买的依然是当地的或所在地区的商品，这样就能采购到他们大部分所需的物品，直到最近这种情况才有所改善。从很远的地方运过来的衣服、食物或常用工具对绝大多数人来说是享用不起的。虽然是日常用品，但它们价格高昂，只有极少数富人有能力购买。像iPhone这种由先进的设计和工程学创造出的设备也是这条供应链的产物，它只有在这个有着物流和外包的独特时代，人们才能想象得出并买得起。在这个时代，远距离采购和生产配件不再是件麻烦事。将iPhone变成可能的真正突破——包括当今世界大部分消费品，从你抽屉里最便宜的拳击手套或者你桌上的调料瓶——其实是交通运输方面的突破。

这种外包模式还是件很新的事情。美国无线电公司，那个时代的科技公司巨头选择了另一种截然不同的经营方式。第一次世界大战后的几十年里，美国无线电公司用产品类别中占据主导地位的产品来确定自己的电子消费品业务：收音机、留声机和电视（它既做生产商也做广播公司）。该公司的实验室在研发其他一些重要的技术方面也发挥了重要作用，如雷达、彩色电视、电子显微镜、液晶显示器和早期的计算机系统。美国无线电公司逐渐成为了世界上最知名的品牌和最有价值的公司之一，它会收购其他的一些公司或品牌来当作投资，其中包括兰登书屋出版社、赫兹汽车租赁公司及班奎特冷冻食品公司（美国无线电公司在其核心竞争力之外做了一些投资，也就是"企业集团策略"反而最终让其衰落）。《这就是原因》（*The Reason Why*），这部纪录片以1959年经典的新闻影片详细叙述了美国无线电公司是如何以及为什么仍能站在行业前沿，家中电视机几乎所有的配件都由它制造。美国无线电公司给那个时代最值钱的家用电器电视机的所有主要组件做设计、制造模板、测试以及对其进行批量生产，组件包括真空管、印刷电路、组成电视显示器的阴极射线管、调谐器、扬声器，还有制作精美、采用家具级别木材的电视柜（老式电视机的标志）。在那个时代，美国无线电公司纵向一体化——它自己控制供应量以及组件生产，从而避免将利润转给其他公司，也避免增加时间、距离以及运输成本——这些使其在科技以及电子消费行业具有明显的优势。

美国无线电公司的主要竞争对手——摩托罗拉公司也实行类似的策略，它很早就用固态组件代替真空管，因此变得声名大噪。随着它开发了一种电视产品线，该系列电视被命名为"类星体"，很有太空时代的感觉，摩托罗拉随即迎来了巅峰时期，这个专业技能也促成了一种新业务：制造计算机微处理器。摩托罗拉设计的通信系统让宇航员尼尔·阿姆斯特朗能在月球给家里打电话，它还为苹果早期的电脑提供处理器内核。苹果公司在过去比较纵向一体化，从其他的制造商（这些制造商从个人电脑行业刚出现时，就一直这么做）采购组件，也在美国开办自己的工厂。

到了20世纪80年代，这种策略仍是美国工业的标准。按照今天的标准来看，那时的国际贸易消费品的数量是微不足道的，价格通常是它本身价值的三倍以上。那个年代的直接航运成本比现在高出太多，这还只是其中一个障碍。还有货物到达的时间不稳定，通信落后，难以跟踪货物行程。将货物运进和运出港口的速度也非常慢，而且价格昂贵。还需要一大帮码头工人将货物从每条船上搬上搬下，用叉车，甚至徒手搬运。这种货运管理的运输方式十分艰苦，称为"开舱卸货"，和很早以前古代贸易商所用的方法差别不大。货舱里装货的样子就好像一个度假者会把车后备厢里塞满手提箱，里面塞满了各种形状和大小的盒子和板条箱，混乱不堪。一艘船不管是从起点出发还是达到目的地，都要耗费大量的劳动力，而且速度很慢，效率低下且代价高昂：船在码头光是卸货和重新上货就得花费十天的时间。另外由于关税、货物破损、许多松散的货物飘流在货舱和码头周围（导致货物失窃严重），货物的成本就轻易地增加了25%。

但随后就出现了一个重大突破，这个改变世界的发明既是福音也是灾难，使得我们现代常见的大多数产品变成了可能，尤其是使智能手机变成了可能。它不是新式的船舶设计也不是引发革命的推进系统，也不是一些令人兴奋的新高科技或新制造工艺，引起这次突破的技术含量很低，只是一个钢质箱，美国码头工人将它称为"大铁罐"。它就是码头上著名的"集装箱"。

回想起来，这个点子似乎太简单了：把所有的东西装进和卡车后备厢一样大的大金属箱子里，它们可堆叠，有统一的标准，每个箱子上标有一串通用识别号码。这样世界上所有的集装箱就都长一个样了，然后将船和码头设计为专门收容集装箱的地方，于是人们坐下来，静观世界改变。

不管简单与否，这个创新改变了全球贸易，使其爆炸式发展了起来。同时这也注定了像美国无线电公司这类企业会适应不了新趋势。

集装箱的神奇之处主要在于船将它们载走之前，甚至是到达码头后，这些集装箱可以装任何东西——电视机、家具还有咖啡豆。这些装载好的集装箱可以等船来将它们运走，甚至不需要用仓库将它们保护起来，以避开一些因素对货物的影响：因为它们防水。人们也可以将它们密封和上锁防止盗窃，实际上，在集装箱到达顾客家门口之前，都没有人碰过货物，它一直都是密封状态。只需要一次，人们就可以将这些几吨重的"集装起来"的商品堆叠在船上或从船上搬下来，完成这些只要一个吊车司机和几个地勤人员，而不需要一大帮码头工人在船上跑上跑下，一次还只能搬一个箱子。然后人们可以把集装箱放置在半拖车的空底架上，而已经放上集装箱的就成了挂车。或者人们可以将它们堆放在平板卡车的轨坯上：随时调用的货车车厢，可以全部装满。以前的船只在码头装货卸货的时间比它们航行的时间还要长，新的集装箱船只需要花很短的时间就能进入和离开港口。只有船出发才能赚钱，困在码头的船只会亏钱。时间和金钱的关系在物流行业最初就已经显现了。

1966年，费尔南号，当时第一批真正的集装箱船之一，完成了集装箱船的首次国际运输，用一周时间在伊丽莎白港、新泽西和鹿特丹之间转了一圈。这艘船于当时属美国航运巨头现在已经倒闭的海陆公司所有。费尔南号能运载236个集装箱，虽然按照现代集装箱的运载量来看，这只是一个很小的量，但这标志着一个革命的开始。从那以后，船只的尺寸开始飞速增长。

集装箱化的时代正好赶上了降关税来促进自由贸易的全球运动，突然之间跨越大半个地球运输一台700美元的电视机和1吨铁矿石只需要花10美元，150美元的真空吸尘器只需要1美元，一瓶50美元的苏格兰威士忌甚至只需要15美分。集装箱也开始空运，于是空运和海运之间的竞争导致空运货物成本变低，特别是批量的小件货物。这种定价使得一些公司的本土优势消失殆尽，比如美国无线电公司，很久以来它全靠自己制造全部小部件。因为工厂距离商品市场近不再是个优势，纽约的服装区、洛杉矶的金枪鱼罐头厂、印第安纳州的电视机工厂或底特律纵向一体化的汽车制造企业的价值不再那么受人们关注，只是因为它们距离商品市场近不再是一个优势。海外生产成本更低，作为汽车部件和几乎其它一切商品的采购地，这种诱惑更吸引人。虽然这种现象的产生不是人们有意为之，也没有被预料到，但集装箱化不仅仅只是使得航运公司更高效，赚得更多利益，集装箱也开创了现代外包的时代，使其变成可能——也许变得不可避免。

同时，在新兴的数字时代，新技术的复杂性也破坏了美国无线电公司产品的生产方式。美国无线电公司曾建造了一个帝国，掌控机械技术、模拟技术和真空管技术的设计和制造。留声机是这家公司的第一个标志性产品之一，在最初半个世纪里它完完全全是机械（非电子）装置，直到人们给这台靠手动曲柄的装置配备了电子放大器和扬声器才有所变化。早期电视机的一些重要部件同样也是机械装置。电视机的第一个遥控器在使用时需要激活电机，后者将机械调谐器变成接收广播电视的设备，使用时产生的噪声可不小。

然而，数字时代的经济模式是不同的，它需要在高度专业化的制造设备上投入大量资金，以生产处理器芯片、电路板、磁盘驱动器和其他复杂的组件。对电子工业或技术公司来说，投资生产全部的小部件是不明智的；市场青睐那种专门大量生产某一主要组件，并给多个正在互相竞争的高科技公司供货的工厂。美国无线电公司这种全部自产自用的方式反而成为了它的缺点，而且它的技术也非常过时了。

很快，美国电视和电子制造业的市场占有者开始退出市场，首先是摩托罗拉，接着是美国无线电公司。电视机原本由手工磨制的木板包装，最后改用塑料包裹。集装箱化的魔力开启一个新的全球化时代，日本公司占领了美国的电子市场，它们的一些代表性产品在市场上掀起了一阵风暴，比如索尼的随身听（相当于那个时代的iPod）和特丽珑电视机，它创造了电视图像质量和可信赖度的新标准。1974年，摩托罗拉将它的"类星体"品牌和电视业务出售给了日本松下电器产业有限公司，这曾是摩托罗拉利润最丰厚的产品。然后摩托罗拉转向半导体行业，后来它又放弃半导体，开始发展新兴的手机行业。增你智（Zenith），美国最后一个老牌电视品牌，发明了我们都知道但都不以为然的现代遥控器。1995年，它将其品牌和资产的管理权全部出售给了韩国的LG电子公司。

促成电子消费产品和其他产品全球化舞台的最后一个动作就是1979年，深圳建市。后来，中国又设立了五个经济特区，深圳是第一个。深圳毗邻香港，交通便利，在利用外资方面，具有得天独厚的条件。

深圳如今是一个摩天大楼鳞次栉比的城市，从中国经济特区流出的零部件和产品在美国和世界上随处可见，比如在每个沃尔玛商场的每条过道上，亚马逊的每个产品类别中，苹果公司产的每个设备里，路上的每辆车，每家餐馆、酒吧、电站、无线电台、加油站和火车站中都有出售。这个清单可以列满整本书。

1998年，苹果公司的首席执行官史蒂夫·乔布斯聘请了蒂姆·库克掌管公司的全球业务——最终接替他担任首席执行官——不是因为库克是一个电脑天才，而是他是一位对物流高度敏感的供应链专家，且他在这方面拥有不凡的能力。其后不久，当库克到美国加州库比蒂诺的苹果公司总部时，库克说苹果公司应该像对待牛奶一样对待电脑（当时苹果公司的主打产品），牛奶必须在过期之前将其迅速运出和销售。经过集装箱革命后，这种方法变成了可能，现在已普遍被采用。库克的目标是在几天而不是几月之内清掉库存，因为闲置的库存就好比闲置的货船，是财务上的一大拖累。库克说，如果苹果公司拥有自己的工厂的话，这种策略绝不会成功。他关闭了公司的工厂和大部分仓库。苹果公司转向"即时"的生产战略，只有将组件外包，以及在向顾客出售苹果产品几天之前刚完成产品制造才有可能实现这一战略。如今零部件的供应商，而不是苹果公司需要来担心库存，但当这些供应商有了大量的客源，它们能比苹果公司更快地清空库存，这意味着它们生产零部件的成本比苹果公司的生产成本低。在这个集装箱化的时代，相比即时生产省下来的钱，外包产生的距离成本根本不值一提。当苹果最重要的产品线从每年数以百万计的电脑转到数以千万计的iPod，再转到数以亿计的iPhone，这一战略得到了可观的回报。整个消费品行业开始采用这种战略，并且改变了整个行业，从烤面包机到运动鞋再到谷物麦片和衣食住行。

三大突破改变了消费品行业，创造了历史上可能是最受欢迎的产品之一以及最有价值的公司苹果——将我们带进将我唤醒的大本钟闹钟声中。

第一个突破就是数字技术的崛起；第二个突破就是中国对于资本主义问题的决定；第三个突破是这个催生交通运输革命的金属箱，它看起来平平无奇，没有技术含量，而且笨重丑陋。在这三个突破中，就是这个不起眼的船运集装箱和它衍生的结果，巨型集装箱船——促使另外两种突破的产生，因为它将因成本而被限制的大量交通运输转变成一种变革策略。集装箱既是这场变革的手段，也是一种隐喻，它促使了这个时代的代表产品智能手机的产生。这种产品本身也是一个终极集装箱，它带有相机、日历、导航、图书阅读、音乐播放曲目、打车应用软件等功能——无论我们想要什么它都有。这个平凡的铁质船运集装箱促成了这个终极的数字集装箱，而刚开始创造它们时，人们都不知道会带来怎样的影响，这种影响仍在继续发展。

一场变革的特点是它的影响只持续到下一次变革来临时。美国无线电公司研发了多个革命性产品，统治了模拟装置领域长达50年。而现在它只不过是一个徒有其名的品牌，使用权在廉价电子产品的制造商手里。现在这个普及大规模运输以及远距离外包几乎所有物品的时代已经发展了50年，而再一次，一些正在施加影响的力量可能会产生更深远的变化，对外包产生不利影响。可以称它为货运的终结。

大型集装箱船船队烧的油不是以加仑而是以吨为单位，这给环境造成了日益严重的威胁，现在全球3%的温室气体是由货船排出的，而在2050年这个数字将增加到14%。除了它们排出的烟，这些控制货物运输的巨船对交通也造成了威胁，给将它们与世界连接起来的港口、铁路网、公路以及货车运输带来了难以承受的运载量。美国无论在资金还是意愿方面，已经没有能力冲破这些瓶颈来增加它的运输能力。网上购物的兴起加剧了货物运输超载，因为将一件商品运到买家家里所需的路程比将这些商品一起运到商店里的路程要多得多。现代运输还有另外一个悖论，就是"次日达"和"当日达"这种现象，它们对个人来讲十分高效也很方便，对消费者来说很有诱惑力，但对整个运输系统来说，它的效率极其低下。

在公众讨论中，通常不太会讨论产品所蕴含的大量交通运输带来的影响，甚至那些支持可持续发展的企业也会低调看待这一问题。当然，它们也会担心分销和运输时使用燃料的效率——这仅仅是为了做好生意而已——但人们常常将生产产品的运输足迹放在第二位考虑。这是因为人们在分析消费品的生命周期（即预估温室气体排放量，这也代表所需的能源成本）时，常常会得出一个结论，相比生产产品产生的温室气体，分销产品产生的温室气体要少得多。从公开披露的产品碳足迹来看，苹果公司称运输一部iPhone 6 Plus产生的温室气体只占这部手机整个生命周期中产生的4%。同时，生产这部手机产生的碳足迹的比例高达81%，是运输过程中产生碳足迹的20倍。即使我使用手机时——大部分是因为充电——所产生的碳足迹占比为14%，也远超过运输所产生的碳足迹。拿一杯牛奶来说，运输牛奶产生的碳足迹是其总额的3%，再如一瓶加州葡萄酒，运输酒产生的碳足迹是其总额的13%。巴塔哥尼亚公司（户外奢侈品牌）非常注重环保，该公司产出一件夹克产生的碳足迹中，其运输只占1%，生产其衣物需要人工合成的涤纶，而涤纶是石油制品，据说生产一件衣物里的涤纶是导致衣物产生碳排放的罪魁祸首，其占有比例是71%。

这样逐件分析产品是很精确，但常常是不完整的——而且到最后，它们会歪曲现代物流运输系统所产生巨大影响的真相。从整体来看，人和商品的运输的能源消耗量和温室气体排放量仅次于发电活动（运输活动消耗美国26%的能源和燃料供应，同时排放31%的温室气体）。运输活动相比其他一些经济领域，会消耗更多能源，产生更多碳足迹，这些经济领域包括：住宅、商业和农业。

运输活动在某项数据上不幸地远超过其他活动：当说到能源浪费时，现代运输活动远远领先于其他人类活动，恣意浪费了79%的能源和燃料。找方法减少这种浪费对于这个时代的经济和环境保护来说，都是一个绝佳的机会。

但想一想，这个问题到底是由人们驾车行驶产生还是由于卡车和火车运输产品所产生的呢？答案很简单：两者都逃不脱干系。从比例上看，货物运输产生了更多的碳足迹，由铁路、卡车、轮船和管道一起产生的碳足迹占总交通产生的三分之一。仅货运卡车就占据了运输碳排放量的22.8%。客车占据42.7%，卡车、面包车和越野车一起占据17%。鉴于美国共有2.65亿辆车，但大型货运卡车数量小于300万辆，然而以化石燃料为动力的货物运输却有一个不成比例的巨量碳足迹、能量消耗和环境足迹。因此，里程在这里起了关键作用。

同样，外包的吸引力因为其他的原因正在减弱。传统观点认为，海外的廉价劳动力是吸引美国公司将业务外包的主要因素，但每年这个观点似乎变得越发站不住脚。随着中国正出现新的中产阶层和消费文化——他们生产iPhone，同样他们也想拥有自己的iPhone——人们的工资已经开始以每年20%的速度增长（尽管不可否认的是工资是从较低的水平开始增长，以苹果公司的供应商富士康的工人的薪资为例，每天约20美元，折合人民币约140元）。但实际上，更重要的是，在制造现代电子消费产品时，不管在哪里生产iPhone这样的现代电子消费产品，劳动力成本都已经成为了一个次要考虑的因素——只占整个生产成本的一小部分。加州大学欧文分校的研究人员发现，中国的劳动力成本只占iPhone价格的1.8%。然而加上世界上所有的劳动力成本，包括美国，也只占iPhone价格的5.3%——相比苹果公司要花21.9%的钱买制作iPhone的材料，这笔钱简直微不足道；当研究人员做完分析后发现，苹果公司赚取的利润是这块蛋糕中最大的一块，净赚58.5%。

事实证明，中国只分得iPhone利润很少的一部分，然而美国——或者更准确地说，美国公司——分到的利润相当之多。

欧文的研究写道："那些谴责美国制造业衰落的人常常把原因指向将电子产品外包组装，例如iPhone，而我们的分析表明，组装电子产品产生的利润很少。"

中国仍然在做这些工作，因为他们有非常昂贵的设备以及工程人才来大批量生产产品，例如iPhone。在设计这些产品以及创造软件使产品变得吸引人方面，硅谷是当今世界的领头羊，但实际上，在制作这些东西方面，亚洲的电子产品制造能力使其成为这个领域当仁不让的领头羊。苹果公司的前首席执行官史蒂夫·乔布斯在2010年的时候告诉奥巴马总统，美国没有这种制造能力。他说："这些制造工作不可能再回到美国了。"

但随着技术的进步，有些工作可能会消失或者迟早被替代——曾经强大的美国无线电公司可以证明这种说法。工厂自动化的进步，以及3D打印机的出现（消费品生产的下一个力量）可能会引发下一次革命和洗牌。未来可能变成以前的样子，产品是当地制造的或甚至是在家制造的：在网上买一副太阳眼镜或色拉碗的代码，然后再将设计方式传给3D打印机，就可以现场完成购物了。时间会告诉我们，这种技术的成本和功能是否会让它具备竞争力。唯一可以确定的事情就是，不管技术发展成什么样，交通运输这块拼图是永远不会消失的一部分。在消费品领域，运输的方向可能会改变，里程可能会减少，但是运输的需求永远不会消失，因为不管是成品或制造产品的原材料都需要运输。制造业工作来了又去，去了又来，但物流领域会保持持续增长——在美国大萧条期间甚至都增长了32%，然而其他领域平均都只增长了1%。

而某些珍贵的产品总是需要从很远的地方采购，所以总是涉及交通运输。而这样的物资是地球上最珍贵和大量交易的产品。

是时候放下手机，煮一壶晨间咖啡了。但是我在2月13日星期五这天触碰到的下一件珍贵商品不是咖啡，而是铝。

第二章

铝罐中的奥秘

CHAPTER 2

The Ghost in the Can

我家中到处都是幽灵。在下楼去煮咖啡之前，我在床头柜上就抓到一只：一罐已经喝完的青柠口味苏打水，睡前喝能补水止渴。

这个金属易拉罐的设计堪称奇迹，重量只有一个普通信件的一半。它的罐身印着小写字母的商标"re-fresh（清爽）"。这是一个不知道产品起源的幽灵名字。每一家杂货店、连锁店和批发商店都有它的幽灵品牌，即它们销售但不制造的自有品牌产品。你所熟知的一些产品如洗衣机、漱口水、内裤、电池以及各种口味的苏打水都有它们的幽灵版本，它们的价格低于知名品牌产品价格，而它们的商标并不能透露产品的起源和制造过程。这些都是现代消费经济巨大谜团的一部分，我们吃喝，购买，但并不清楚这些产品是谁生产的、产自何处，人们用了多少人力物力将它们送到我们面前。

但是那些隐藏的线索显而易见。有一幅秘密的路线地图嵌在我的苏打易拉罐里。如果仔细看看那幅图，就能将这个物品的鬼魂外衣剥去，使其现出真身。

大多数消费者没有注意到这幅地图，或者特意去寻找它。美国制造了数十亿个饮料易拉罐，每一个易拉罐罐身上条形码下方或者靠近底箍的地方都印有小商标或者公司名称，不过不怎么显眼。那可能是一个皇冠图案或者是一个公司名称，显然与易拉罐里面的饮料没什么关系。其中Ball和Rexam这两个名字最常见，这两家公司在2015年开始合并。但这些标志只是指易拉罐生产商，而不是饮料生产商。在易拉罐圆拱形的底部（这种形状不是随便设计的，而是一种刻意的设计）可以看到人们熟悉的产品保质期和条码，这黑色的机器印刷条十分清晰明显，但在淡银色未精磨的金属上只能勉强辨认。

再看仔细点的话，我们会得到大多数从未发现的信息：两个数字被轻轻压印在罐底，而不是着磨上色。这些数字通常是颠倒的，看上去好像是镜像，其实它们是易拉罐生产商质量跟踪流程的一部分。这些数字能够确认一个易拉罐是在哪条工厂线和机器上生产的。在出厂之前，每个易拉罐都会接受一次快速但却全面的计算机视频检查，时间相当于人类眨一次眼。这些数字让残次品精确地被送到另一个方向上的机器，再次金属压型、校准或重铸。每个易拉罐都是一模一样的这件事情并不是单纯的巧合——因为编码和检查的流程已经清除了不合格的罐子。

这样的线索也同时揭示了一瓶饮料从生产到过期日期之间所经过的路线。而这个路线解释了很多蕴含在我们的产品、生活和选择中的交通信息，并且解释了为什么这些特殊的容器既环保又肮脏，既是天才的设计也是疯狂的做法。我手上这个饮料易拉罐上的串数、商标以及名称都揭示了那条复杂的路，从澳大利亚出发，同时走过了欧洲绝大多数国家以及美国的大部分州。然后它穿过大海，到达港口以及货运场，抵达田纳西州的铝材作坊，然后变成了我手中的青柠口味苏打水的易拉罐，最后再到达加利福尼亚州北部的铁路岔口前面的饮料生产工厂。接着卡车从那里把它运到装瓶厂，然后又运到零售分销中心，再运送到我所在地的超市。为了凑齐这瓶苏打水和其包装的全部材料，这整段路程最少要花60天，跨越至少1万英里。而另外一些部分，一个易拉罐的特殊材料，则需要花费60年和上百万英里才能抵达我的床头柜。这是"门到门"经济奇异的地方。

不管这段行程是长是短，它总是从一块淡红色石土块开始的，这种石土块叫作铝土矿，分布在世界上的热带地区，采集不方便，离最需要它的地方很远。用途最广泛的金属材料——铝就提炼自这种红土，然后提炼出来的铝就在美国和全世界开始了进入每个家庭、汽车、客车还有飞机以及苏打水易拉罐的旅程。

小易拉罐也是大生意。美国每年要生产940亿瓶不同种类的饮料，大概占了世界生产饮料总量的五分之一。每秒钟有2981个铝制易拉罐被压制、剪切、模铸然后拉伸成形，为的是给美国每位男女老少要喝的啤酒、苏打水、果汁以及功能饮料提供容器，美国每人每年的易拉罐消费达到293罐。

成千上万种产品都要用到铝，例如，从喷气飞机的外壳到汽车的发动机组，从玻璃和陶瓷到数千英里的高压线路，从薯片包装和果汁袋的开封线到核反应堆的腹面。上自人造蓝宝石这样精致的物品，下至为了让吃剩的肉馅饼不变质而裹上的包装纸，都需要用到铝，这种金属已经渗透进我们的日常生活，每日的通勤和我们的物品中。对于这种突然出现的金属，人们之前从来没有使用过，后来它却变得随处可见。开始它鲜为人知，而仅经过100多年，它就变成了人类的必需品，然而人们在有基督教之前就开始使用铁和钢了，但它们用了几千年才达到在现代世界中与铝一样高的地位。世界上再没有其他产品像这个一次性的饮料易拉罐一样需要那样多的铝。

每年地球上加工过的铝有五分之一变成了啤酒、苏打水和其他饮料种类的容器——易拉罐。全球铝行业的市场价值达900亿美元，但我们几乎想不到这个不起眼的精制易拉罐占有的市场份额是最大的。这意味着我的这个苏打水易拉罐和它所有的兄弟姐妹光是它们自己，不加上罐子里的啤酒和气泡饮料，每年都有180亿美元的市场价值。仅仅从这个苏打水易拉罐的制造工时、所耗能量以及材料成本来看，它比它里面装的饮料的价值高多了。

表面上看，这个易拉罐可能只是一个简单方便的储物容器，但是储存功能并不是这个易拉罐如此设计的原因和价值所在，就像任何一个巨大船运集装箱也不单单只是为了存储货物。易拉罐设计的主要目的是相比于其他的饮料容器，这种设计使更有效率和便宜地运输大量用后即扔类饮料成为可能。玻璃可以重复使用，但易拉罐的优点是更轻也更坚固。装箱时，它比那些细颈成锥形的一次性塑料瓶更节省空间。而且放置在货板上以及装船和装车时，它比其他的材料都要更易叠放，这样可以节省空间，减少运输次数、燃料以及资金。这个易拉罐可以被看作是一个小型的集装箱，它的设计就是为了将它更便捷地放在更大的集装箱中，然后运走。事实上，人们可以将它刚好放在家里的柜子上、冰箱或冷藏箱里，而这只是一个它的运输能力的附加效果。

就像那些被码头工人叫作罐子的大型集装箱一样，这种铝制的饮料容器成为了运输规则改变者。虽然相对于它方便运输的设计和重量，人们更加欣赏它能盛放多种多样的饮料。然而人们欣赏饮料易拉罐大部分原因还是这种制作易拉罐的金属的独特性能：它的循环利用性能。在所有的制造材料里，铝是唯一一种可以无限循环利用的。而且罕见的是，回收铝也可以带来暴利。

这是为什么铝商将铝当作交通运输的新"杀手级应用"的原因：这是一种极轻、极坚固的物质，即使在分子水平上也不会消耗，但是可以随心改造，还可以在国内循环采购，因此减少了大量的生产和运输成本。这种金属的原材料——业内人士称原生铝——很脏而且得到它们很耗能，采集完成后要经过长距离的运输才能送到大部分消费者的手上。但一旦发货，"二级"铝就不断地转生成为新的产品，省去了大量成本和减少了运输里程。一个世纪以来，人们开采了将近10亿吨的铝，估计仍有75%的铝还在流通。理论上讲，这些铝可以从旧车、旧飞机、旧电视、过时的电视天线和易拉罐中回收。当然，易拉罐的回收率远超其他一次性的容器。

这也难怪饮料易拉罐成为了全球的循环利用榜样，这种一次性产品的回收量大于它的填埋量。其他的大量回收物——纸和塑料——在回收过程中会降解或失去价值，或是回收成本比生产新产品的成本还高，因此市场最多只能一边重新利用这些废品，一边制造新的产品。然而，铝的回收不同：从物流和化学性质来看，再生铝不仅仅与原生铝没有多大差别，回收的成本也更加低廉。相比从铝矿中开采和提炼原生铝，回收利用铝产品可以节省92%的能耗，而且回收铝的地点往往距离消费者比较近，并不需要去遥远的矿山，这样就降低了运输成本及减少了运输里程。回收铝是很赚钱的，它的回收收入可以让市政府有资金回收更多的其他材料，如塑料、玻璃和废纸。

这就解释了为什么从19世纪80年代以来，人们从地球上提取到了很多的铝，却依然还在使用它们，其中有些铝已经被回收了数十次甚至是几百次。你的汽车、冰箱或者你喝的可乐易拉罐中的一些铝可能是100多年前开采出来的。这些铝的前身可能是第二次世界大战中空袭的飞机，或者是20世纪60年代的冰箱，或者是世贸大厦表层数千吨铝材的一部分，在"9·11"事件后被大量回收。或者你手中的易拉罐曾经是两个月前其他人喝苏打水的易拉罐，之所以是两个月，因为这是一个易拉罐从冰箱到回收站、到工厂再到商店货架的周转时间。

凯文·麦克奈特（Kevin McKnight）就职于世界上第一家也是最大的铝业公司——美国铝业公司（Alcoa）。当他看着这样一个易拉罐时，他看到了这种铝罐可以变成一个新轻质轮毂，或者是实验性的铝基汽车电池（据说这种电池可以让一辆电动汽车驾驶1000英里），他看到了光明的未来，通过他的努力，我们可以预料未来世界将充满铝。在一次称为头脑风暴绿色大会的年度会议（有环保意识的企业领导者每年都会参加的会议）上，这位矮小精悍的匹兹堡美铝公司总经理说："我们已经到了一个转折点，铝经济正在改变所有的行业，而运输是我们的甜蜜点[1]。"

1　译者注：高尔夫球用语，指能够传递最大击球能量的高尔夫球杆击球面理想点，意味着能轻松完成较难完成的任务。

麦克奈特的正式头衔是美铝公司的首席可持续发展官（CSO），致力于让公司变得更加清洁和环保。而在这个过程中，壮大运输甜蜜点，推动运输革命。实际上，他的工作可能更加适合被称为首席布道师，他总是在宣扬未来是铝的时代，并对这种可能性充满热情。他会游历公司设在澳大利亚、牙买加、巴西和加拿大的供应链分部，并且在像头脑风暴绿色大会一样的会议上，他会大谈他的公司开创的铝业能为人类带来多少利益。

　　长期以来，人们都用铝来建造飞机和宇宙飞船，因为铝既轻，又不会像钢铁一样生锈。铝正被吹捧为下一个颠覆地面运输的重要材料。铝是这么轻（从原子质量来看，铝比许多气体还要轻），如果用它代替汽车和卡车里的钢材，汽车的重量便可减半，也相应地减少了燃料消耗和碳排放量。事实上，自从第二次世界大战以来，这点就已经能够实现。但是麦克奈特对汽车制造商的提议现在突然听起来更具吸引力，这些制造商投入了数亿美元在弯曲和焊接钢机器上，之前它们一直不愿意淘汰这些器具。但现在美国即将颁布法令要求在2025年以前，所有新出厂的汽车必须将燃油效率提高两倍。

　　把钢构汽车变成巨型铝罐能够达成燃油效率翻倍的目标，麦克奈特和美铝公司以及其他竞争对手一直在推出这种"轻量型"车辆，一方面更加环保，另一方面也不需要舍弃美国汽车制造商和消费者非常喜爱和熟知的内燃机。福特F-150小卡车在美国流行了30年，车身材料原本是钢，但现在福特已将钢换成由美铝公司制造的军用铝合金。虽然只是改变外部车体，而不是内部的承载结构，但仅仅替换这部分的钢材就使卡车重量减轻了700磅。F-150每年的销量为70万辆，这样算下来，相当于路上减少了12万辆小卡车。

　　车辆是世界上回收最多的产品，因此越来越多用于制造汽车和卡车的铝最终都会被回收，并且和易拉罐一样能省92%的能源成本。但是客车的平均使用时间长达12年，之后才会被送到那个大回收站也就是废品堆放场（飞机、火车和货船的使用时间大概是客运车的2~3倍），美国每年大约报废1150万辆汽车。虽然麦克奈特提出了运输业将是铝业甜蜜点的说法，但是其中有矛盾之处。近年来，交通业对铝的需求呈现爆炸性增长，2014年汽车制造商使用的铝量打破历史纪录，达到5.04亿磅，预计到2018年用量将会增加到26.8亿磅，但是仅仅依靠回收利用无法迅速满足这样大的需求量。所以为了满足制造更多效率高效汽车的需求，我们将需要开采更多的原生铝。

这就是为什么铝既环保又肮脏的原因，它既是可持续再利用经济的一个光辉榜样，也是工业时代原始采掘的遗存，它隐藏在煤矿里，开采时会产生大量废物和毒素。这也是我的这瓶矿泉水易拉罐旅程开始的地方，横跨了两个不同的世界。

美铝公司经营着世界上最大的铝土矿，位于西澳大利亚的亨特利，每年出产超过2000万吨红褐色矿石。高耸的挖掘机和装载机一次能挖掘190吨矿石，它们的轮子都有司机身高的两倍高，不断地从矿坑中把矿石运出去。这些倾卸卡车像打了兴奋剂一样将铝土运给轰鸣咆哮的碎石机，人们必须不断往碎石机里加水，以抑制这些呛人的红色烟云，避免它们从碎石机的出口喷出来。碎石机将这些刚从地底挖掘出来的巨大矿石碎成只有3英寸大的石子，从化学成分上看，每个石子内都含有20%~30%的铝。人们再将这些石子放到巨大的传送带上，弯弯曲曲地穿过超过14英里的林地，以每小时5400吨的速度传送到属于美铝公司巨大的平贾拉精炼厂。

在这个精炼厂中，这些矿石要经过四步复杂的化学和蒸馏过程，主要利用大量的烧碱来溶解这些矿石，使其分离成两种溶液：一种富含母体化合物——氢氧化铝，另一种溶液富含有毒的残渣，称为"红泥"，这些液体将会倒流到巨大的存贮池里。红泥让整个铝业头疼不已。因为"红泥"既没有用处，也没有安全的处理方法。

在下一个制造阶段中，氢氧化铝将会被加热至1100℃，再加入其他化合物，氢氧化铝会脱去氢原子，转化为氧化铝晶体。洗净晾干后，氧化铝晶体就像砂糖，但它的硬度足以划开玻璃。这些晶体通常被称为氧化铝，比纯铝重量的一半还重些，它们的形状方便大量运输。氧化铝和铝土矿加在一起是地球上人们最常运输的物质之一，运输行业将它称为"五大散货"之一（其他四种分别是铁矿石、煤炭、谷物和磷盐岩，磷盐岩主要用于制造肥料，是美国的主要出口物）。

这种提炼铝土矿的方法是奥地利化学家卡尔·约瑟夫·拜耳（Carl Josef Bayer）在19世纪80年代末发明的。这是使得商业化生产铝成为可能的两大重要发明之一。直到今天，拜耳法仍是制造氧化铝的唯一可行办法。

氧化铝接着从精炼厂运输到全世界各地，大约10%的氧化铝会被用来制作陶瓷绝缘体、火花塞、其他致密陶瓷和用在激光器上的红宝石以及用在手表镜面上的蓝宝石（也可能用来制作未来的智能手机）。氧化铝同时也是防晒霜和面部护肤产品的一种成分。氧化铝的用处真的很广泛。

然而，大多数氧化铝都被运进冶炼厂，从结晶的状态转换成纯金属铝。有的冶炼厂靠近精炼厂，有的在美国或者世界上其他地方。这个过程是第二种关键发明起作用的时候，自从19世纪80年代这个发明诞生以来，130年来这个过程基本上没有发生任何变化。

在冶炼厂，氧化铝被溶解在一种称为冰晶石的熔矿液体里，这种液体有两种神奇的功能：一是可被用来制作黄色烟花，二是它能使氧化铝的熔点从正常的2200℃降至一半以下，这意味着能减少能耗和成本。现在人们使用的是一种人工合成的冰晶石，这是由于格陵兰出产的天然冰晶石逐渐减少，而不是由于过量生产黄色烟花。然后人们将熔化在一起的氧化铝和人造冰晶石放置在一个类似于巨型电池槽的地方，通过电解作用产生巨大的电流。只要在高中做过类似的化学实验，都会知道这个过程的工作原理，只不过当时实验比较简单，就是用一节干电池和一对电极将烧杯里的水分解成氢气和氧气。同样，冰晶石和氧化铝的混合物会在达到980℃时实现液化，在工业规模的电解过程中，氧化铝中联结氧分子与铝分子的关键化学反应会被打破。铝元素在自然界无法单独存在，下沉到熔融混合物的底部，累计成一层纯金属铝。然后将仍是液态的铝排到长圆柱形的模具里，最后冷却成铝块。这些能被用来做易拉罐的铝块长达24英尺，每个重达4.6万磅。每个铝块能被用来制作150万个重达12盎司的易拉罐。

两个化学家几乎同时提出这个电解过程，他们是美国俄亥俄州的查尔斯·马丁·霍尔（Charles Martin Hall）和法国的保罗·埃鲁（Paul Héroult）。等到专利和诉讼问题尘埃落定后，人们将这种冶炼方法称为霍尔–埃鲁法。霍尔成立了一家制造公司，给它取名为匹兹堡冶金公司，他大批量提炼铝，由此成了亿万富翁。之后他给公司取了一个新名字，叫作美国铝业公司，也就是现在的美铝公司。

自从19世纪80年代以来，人们仍然在使用这两种制造方法，生产了几乎世界上所有的铝。直到拜耳、霍尔和埃鲁提出这些制造方法的几十年以前，人们才发现了铝的纯金属形式。在他们之前，化学家们只能使用繁琐又昂贵的方法提炼出少量的这种神秘金属。拿破仑三世曾委托其他人制造提炼铝，但铝的制造产量不足，无法生产一批新一代的轻质战甲，这让他感到很沮丧。他只好把这些铝用来制作一些餐盘，留给最尊敬的客人使用，没那么重要的客人只能使用相对普通和便宜的银质和金质的餐盘。在这位皇帝统治之前，没有人意识到铝是一种金属，也没有人认识到铝是地球上储存量第三丰富的元素，尽管自远古时代，富含铝的化合物就被广泛用于医疗和纺织用品。

2014年，全球原生铝的产量超过5300万吨。提炼这么多的铝需要消耗电量690,170千瓦，超过美国加州电量消耗的两倍，而加州是美国最能消耗电量的大州。提炼铝几乎比其他所有的工业工程都要耗电；工程师开玩笑说这种金属应该叫作"凝结的电"。美铝公司将其大部分提炼厂安置在水利发电站附近，来降低成本和减少对环境的影响，但是全球范围来讲，特别是中国，全球一半的铝是在这个国家生产，更多的铝是通过燃煤电厂生产，仅在美国国内，提炼铝消耗的电量占全国总发电量的5%。

这也就是说与铁相比，铝虽然更轻，但这要付出代价。利用简单且体积相对较小的高炉，就可以将氧化铁冶炼成铁，复杂的霍尔–埃鲁法则需要数英亩大小的电解池，以及能供应整座城市电量的发电厂，才能生产出等量的铝。并且还有一个因素需要考虑到：虽然钢制的汽车成本比铝制汽车少37%，但是橡树岭国家实验室曾做过一个生命周期的分析，发现如果将几乎全用铝打造的汽车和标准的钢制汽车相比，铝制汽车的能源消耗和碳足迹要比后者少得多。如果考虑金属的回收利用，铝明显占了优势。

让我们再次讨论铝的生产周期，这些铝块一旦冷却下来，就会从澳大利亚出发，由货轮运送到长滩港口，接着再用火车运到美铝公司位于田纳西州的大烟山加工厂。由易拉罐回收而制成的铝块也会被运往这个工厂。制成易拉罐的金属并不是纯铝，为了增强强度和硬度，会掺杂少许镁和锰（大约每种金属占比1%），而在易拉罐的顶部，则多加了一些镁少放了一些锰，这样罐子可以承受拉环的拉力。美国的易拉罐有70%是由回收铝制成的，只有30%是由原生铝制成。

田纳西州加工厂的主要产品是长达5英里的铝卷片，专门用来制作饮料易拉罐。人们先加热这些厚度21英寸的铝条，然后再把它们滚压成3000英尺长的铝片卷，厚度仅有八分之一英寸。接着这些铝卷片将被大型滚轴机器冷轧成厚度只有千分之几英寸的铝薄皮。田纳西州的这个加工厂每分钟生产的铝薄片数量，足够制造15万个易拉罐。

然后，生产出的7英尺宽、2.5万磅的铝卷片将会通过火车运送到加州费尔菲尔德的一个工业园区，这家工厂隶属于波尔金属饮料容器公司，其总部设在美国的科罗拉多州。许多家庭都会用到波尔公司的产品，但消费者对这却知之甚少。波尔公司的工厂遍布全球，每年的业务额高达90亿美元，其中有25家工厂设在美国。波尔是世界上最大的饮料易拉罐制造商，波尔每年为知名品牌的苏打水和啤酒公司生产500亿个易拉罐，当然也为不知名品牌制造提神饮料的易拉罐。

人们展开5英里长的铝片，将它送进杯形挤压机，里面的刀片快速精准地割断铝片，发出有节奏的轰隆声，充斥整个厂房，犹如上千人正列队前行。挤压机切割这些铝片，就像切除一批批的银色饼干，切完吐出来的铝盘会比最终成品宽数倍。然后这些铝盘会被圆柱形冲压机推入金属圆环，制作出直径3.5英寸的浅杯。在这个阶段，我的易拉罐看起来像是一个金属培养皿。

传送带接着将这一群浅杯送到下一个机器——制罐机。每个杯子会被再次推入一个更小的模具，挤压成2.5英寸直径的杯子，这正好是重达12盎司的苏打水易拉罐的宽度。模具会将柔韧的铝压得更薄，使这些杯子变得更薄、更高。在这个阶段，铝杯尚未达到成品高度的一半，但已经初见雏形。人们将这个阶段称为"二次拉伸"。

在下一个阶段，每一个杯子将会被推入一连串越来越窄的模具，逐渐使得易拉罐达到目标高度，同时使得杯壁更薄。这个过程就像在拉伸一根橡皮筋，只是铝不会回弹。这个阶段被称为"熨平"。

在熨平阶段的最后，人们会用一个圆顶形的模具挤压每一个易拉罐的底部。无论是构建建筑物还是制造易拉罐，拱形或者圆顶状的结构都会比平面更加坚固，能承受更大的压力。拱形使得易拉罐底部变得更薄，因此既能节省材料和成本，又能减轻重量。每条装配线上有几十个拱形模具，每个模具都会有一个独特的两位数字，当易拉罐被拱形模具挤压后，这两位数字就会被刻在罐底。

上述一连串程序会迅速完成：所用时间约为七分之一秒，其中包括"二次拉伸""熨平"，以及把底部变成拱形的步骤。

接下来机器会将易拉罐的顶部开口修剪整齐，使其边缘平滑，高度统一，经过多次高温洗涤、干燥后再涂上标签。工人们会烘干易拉罐，将这层"装饰"（标签的别称）硬化，接着在易拉罐里层喷一层防水漆，防止饮料接触到铝，避免易拉罐与饮料中的酸发生化学反应。

然后穿过11个细颈套筒，易拉罐的细颈部分就会形成，顶端接着会被折叠形成凸缘，以便之后能给易拉罐封盖。易拉罐的颈部设计不是为了美观，早期的铝制易拉罐几乎没有细颈部分，这种设计是为了减少每个易拉罐所需要的铝，既减轻了重量也节约了成本。尽管每个易拉罐所节省的成本微不足道，但1000亿个易拉罐加起来的话，效果其实很可观：每年颈部设计能节省约10万吨的铝。这些铝足以建造一个105英尺高的铝立方体——比10层大厦还要高。

电脑操控的摄像头接下来会扫描每个铝罐，从中检查出会泄漏和有瑕疵的产品。之后工人将这些张着口的成品打包放在货板上，用塑料膜将它们固定，准备运送到饮料工厂。

还有一台独立的机器会冲压出带有易拉盖的罐盖，每分钟能制造6000个。开罐的拉环似乎是被铆钉钉在固定的地方，但其实没有独立的铆钉，因为这会破坏易拉罐的密封性而导致泄漏。相反，看起来像铆钉的东西是从铝盖本身拉伸出来的，形成一个无缝相连凸缘，以固定住单独制成的拉环。

接着人们将易拉罐和盖子一起运到32英里以外的西夫韦连锁超市（Safeway supermarket）的罐装厂，它位于加利福尼亚州旧金山港湾区的里士满。在提神饮料的生产线上，人们将普通的水和天然的酸橙浓缩液混合在一起，注入二氧化碳使苏打水产生气泡。一旦易拉罐装满后，罐装机器会将铝罐与罐盖折叠两次，使其形成双层卷封来固定罐盖，不必熔接或焊接，只用在卷封内加一点儿液体凝胶，凝结硬化后会形成固定封垫，防止更细微的漏液。

易拉罐内部的二氧化碳使得其气压是正常气压的两倍。这就是为什么铝制易拉罐可以这么薄：内部的气压总是向外推着罐壁，使得铝罐的结构变得更加坚固，很难被挤压变形或损坏。这也是为什么我们不能用手捏扁一瓶装满苏打水的密封易拉罐，但可以轻易地捏扁已开的易拉罐。这也是为什么即使打开非碳酸饮料（比如茶、咖啡、果汁或其他罐装饮料）时，也会发出咝咝声。这些饮料在罐装时被加压，罐盖被加压而固定，虽然这些饮料加的是惰性氮气而不是二氧化碳，氮气不会使得饮料发出咝咝声。

我的这瓶苏打水会以12罐饮料为一组离开工厂，进入西夫韦的分销系统，然后拖车会将它运到我家附近的西夫韦子公司帕威廉斯超市。12罐饮料的上市销售价格是2.49美元，价格真是低廉，反映出自有品牌产品低价的吸引力。下一次我会买一些其他罐装饮料，因为可能会给我展示出一幅不同的路线图。这些铝罐由雷盛公司在洛杉矶地区的一家工厂制造的，这家公司是波尔公司在竞争激烈的铝行业里的主要制罐对手。然后人们将这些易拉罐运到西夫韦公司在诺沃克镇的工厂进行罐装，这个镇距离我家仅有10分钟的路程。

当我的车库里堆积了足够多的易拉罐时，好吧，其实是车库里堆积的易拉罐实在太多了，我们不得不处理时，我们会把它们拿到回收点。回收点位于一家超市的后方，我正是在那家超市购买了这些罐装饮料。由于加州有严格的容器押金法规，我们每归还一个易拉罐就能收到少量的现金奖励，这也是为什么加州的回收成果能在美国处于领先地位。然而，美国只有10个州立法要求对饮料容器征收押金，这解释了为什么美国的回收率比不上欧洲和日本。这也是为什么尽管废铝依然存有价值，但仍有43%的易拉罐被利用完后，被消费者扔掉而未被回收。

因此，美国铝罐制造商若要达到70%的饮料罐使用的是回收材料，唯一的办法就是从世界上其他地方进口（主要是欧洲）废弃铝罐。所以我的酸橙味苏打水易拉罐（以及美国的每一个罐装饮料）所用的铝比大多数买它们的消费者经过的旅程都要多，因为铝罐行业不得不从全球外购废弃易拉罐获得铝，来满足美国消费者的胃口。在全球运输废弃铝罐会付出成本代价，这可能会使得这个行业的环保光环失色，但是它依然有明显优势：相比挖掘原生铝，即使从国外进口废弃铝罐，得到的等量金属还是会更加便宜，消耗的能源和所产生的碳足迹也会更少。

这个简单的罐装碳酸饮料包含高科技、创造力以及大量的运输活动，这使得它在很多方面成为完美的研究案例，它是我们整个生活方式、商业和活动的缩影。没有一家公司或国家可以单独包揽所有的生产环节（从澳大利亚运输矿石到制成酸橙味的苏打水）。我的提神饮料罐上的标签写着"饮料采用的是真正的酸橙，而不是人工合成的口味"，所以必须有人去培植这些橙子，给它们施肥、浇水以及采摘果子，然后经过压榨和包装后，再将果汁运出工厂。还有人要给这些易拉罐涂漆上色，包装和运输它们。还有人要生产运输时使用的纸箱和木制货板，还有塑料收缩薄膜，薄膜能让超轻的铝罐堆叠固定好，而不是任它们在卡车里飞来飞去。这瓶自有品牌的苏打水，是一件真正的全球性产品。它只能在门到门时代才能被生产出来。

尽管门到门系统充满奇迹，影响力极大，但是它的背后隐藏了一个陷阱。这个幕后的运输机械像变魔法似的，不断地将澳大利亚的红色岩石变成我家冰箱里坚实耐用的苏打水易拉罐。如果这件事还不够神奇的话，那请看下面这件，当我喝完这瓶苏打水并且扔掉后，它又会重新回到我的冰箱，完好如新，这是一个非凡的产品再利用的故事。它本是一个奇迹，然而人们早已对无处不在的易拉罐习以为常，掩盖了它的非凡成就。它不过是我们买到的一罐饮料，喝完后我们认为这件事是理所当然的。它是现代物流的一个成就，虽然不是故意但也不可避免，这个即买即到的物流时代将这件非凡的成就变成了平凡的小事。而这就是陷阱：还有谁会去质疑那些不被人注意的神奇东西是什么？有谁会去问我们是否需要这些产品，或者这些产品有存在的意义吗？

相反，人们没有质疑铝罐的本质，或者已经成为美国日常文化的主要产品如轮船、汽车，人们总是关注如何将这种魔法变得更加完美。人们将货船造得越来越大，体积是10年前的两倍，这样货船就可以装载更多门到门时代的产品。但人们根本不会考虑当这些过载的货物上路时，会对公路、交通和基础设施造成什么样的影响。或者人们选择用铝打造轻型汽车，这样可以节省燃油成本，排放更少的二氧化碳。人们不会去考虑这些轻型汽车可能会让错误的通勤观念更深入人心。美国有57%的家庭拥有超过一辆汽车，这些车平均每天停车或者用不到的时间是22小时。

易拉罐也是如此。1972年，地球上最杰出的制造商成功地用一磅铝压出了

22个易拉罐。现在行业的标准是三四十个。研究人员目前还在继续改进，以制造出更多的易拉罐。也许有一天，他们能用一磅铝制出40个易拉罐。业界的发言人说："大家想想看，这样能节省多少的铝、能源与资源吧。"他们说的一点儿都没错。只是到头来，铝罐仍然只是一个我们用过就扔的易拉罐而已，而且还只是偶尔才会被扔到回收垃圾桶中。一旦打开易拉罐，它就不能再次密封了，而这便是易拉罐设计背后的目的，有多少没喝完就走气的汽水或者啤酒因此被倒掉而白白浪费？没有人能知道准确的数据，但是即使是保守估计，每年都有约5%的罐装饮料被白白浪费，这相当于900万加仑的罐装饮料。人们耗费资源将重量不小的产品在城市和洲际间运输流通，结果却白忙了一场。难道这真的是我们运输和设计天才所能想到的最有效、最合理的解决方案吗？当然，你也可以对货船或汽车提出相似的质问，但是美国的建设和经济是围绕着门到门而规划和发展的，实在很难想象美国的家庭没有汽车、港口没有大批进口货物。

然而，易拉罐为我们提供了答案。通过历史，而不是想象揭示了另外一种可能。碳酸饮料在18世纪就已经存在，因此，它比铝制易拉罐或工业罐装更早诞生。早期人们用碳酸氢钠作为二氧化碳的来源，后来用高压将小罐气体注入其中。人们将碳酸饮料当作健康补品一样直接喝掉，或者混合其他口味（通常是酒精）。汽水瓶或其他装碳酸饮料的可重复利用的装备是19世纪到20世纪30年代常用的家庭用具。而当可口可乐第一次成为美国最受欢迎的汽水时，人们把它当作浓缩糖浆。消费者可以在家制作可乐，或者更加常见的是，他们会去药房买一个混合口味的手工饮料，可以选择加上冰激凌。这种方式显著的特点是没有使用一次性容器。消费者可以自己做苏打水，添加可口可乐公司或者其竞争公司售卖的调味包，或者添加自己制作的调味品。一瓶糖浆可以使用多次，这种方法高效且不浪费，也不用涉及很多的运输里程。一份苏打水中成分最多但最便宜的就是水，消费者可以自己准备，用不着瓶装、罐装或者物流。碳酸饮料既不健康又易导致肥胖，如果确实有大量需求，这种原始的消费模式是最有效且成本最低的分销方式。

但这不是最能盈利的模式。啤酒没法简单地在家制作，因此需要瓶子或易拉罐包装。根据啤酒行业的启发，苏打水行业开始了一次创新的销售模式：采用单瓶使用、立即可饮的瓶装方式，因此最终使用了塑料瓶和铝制易拉罐。运输所有这些饮料不是一件简单的事情，但站在行业的立场上看，这是非常值得的：这样可以赚很多钱，因为消费者会买很多次罐装饮料，而不是只买一瓶浓缩糖浆。而且从行业的角度来看，卖出去的饮料中95%的液体都是水（无糖汽水里99%是水），最后成本最高的部分其实是罐装容器和运输费用。

从效率、运输以及浪费资源的角度上看，这种转变是毫无意义的。消费者花了更多的钱但得到的东西实际上变少了。但是饮料业宣称这种转变为一种创新、一次进步以及一种便利。那种老式的苏打水瓶变成了陈旧的历史。因为禁酒令，酒吧关闭了，药房的冷饮柜台变得流行起来，但那也已变成过去时。市场及销售量才是王道。在一个世纪后的今天，家用苏打水制造机市场开始慢慢回暖，提供了一种回到过去的魅力，以及更加可持续发展的模式，但大多数美国人想要的是一次性使用的单瓶饮料。易拉罐行业正在蓬勃发展。但易拉罐的历史也向我们揭露使用易拉罐是一种选择，而不是一种必然。它对一些企业来说有利可图，但是消费者和地球却要付出代价。

当我们想到汽车，这个最受欢迎、经久耐用但也并不便宜的"容器"时，无论自从第二次世界大战以来，它的发展里程看起来似乎是多么必然，我们不妨把它看作是一个巨型易拉罐，以提醒我们：为了未来的门到门世界着想，汽车是一种选择，而不是一种必然。

第三章

晨间咖啡

CHAPTER 3

Morning Brew

"工业革命完全毁了咖啡，"杰伊·伊萨亚斯说这话的时候，他的咖啡烘焙加工厂正发出低音咆哮和BB枪打出子弹的叮当声，"整代人都是喝着完全糟透了的咖啡长大的，只有加入大量的牛奶和糖精来掩盖味道，你才能勉强忍受喝下去。"

　　伊萨亚斯边说话边自豪地展示他的咖啡王国。他在1963年开创的产业是以这样一个当时比较新颖的观点为基础的：咖啡可以也应该比超市货架上传统罐装棕色咖啡粉末做得更好。当他在观察的时候，其中一台巨大的博百特烘焙机（德国烘焙设备）倾泻出一炉哥斯达黎加的塔拉珠高山咖啡，声音听起来像是一场倾盆大雨。这炉咖啡豆重600磅，在400摄氏度的高温下烘焙了13分钟，但是在几个关键节点，需要增加或减少几秒。每个咖啡品种的烘焙时间都不尽相同，但是超出临界时间几秒钟就能毁了一炉咖啡豆。

　　咖啡豆刚倒在不锈钢冷却台上，就有一股温暖、香甜浓郁的咖啡香味飘散开来。冷却台的回旋臂将咖啡豆一圈又一圈地翻转，这动作好似在淘金。它要把咖啡豆的温度降到足够低，才方便转入研磨机或者转入自动包装间（有些消费者想买未被研磨的咖啡豆）。同时，一位技术员会从这炉咖啡豆取样后磨碎，再用紫外传感器扫描。他必须确保这批咖啡豆经过中度烘焙后被烤成应有的颜色，既不会太浅也不会太深。为了寻求一杯真正的好咖啡，铸铁这种低等技术与计算机时代的提炼手法被工作人员结合在了一起利用。

当读数显示处于目标百分比的范围之内时，杰伊·伊萨亚斯点点头，露出了微笑。他是一个不折不扣的咖啡迷，负责管理美国最大连锁咖啡屋的采购和生产工作，不过这家咖啡屋并不是星巴克。他是美国咖啡豆与茶叶公司（Coffee Bean & Tea Leaf）咖啡部门的高级主管，负责咖啡选料、烘焙和生产工作。或者用外行的话来说，他是负责生产咖啡的人。毫不夸张地说，他简直为咖啡而生，靠着闻和品咖啡生存：香啡缤在30个国家约有1000家店，这家公司每年会买800万磅的咖啡豆，每一磅都是杰伊亲自选出来的。香啡缤只有一个烘焙工厂，位于加利福尼亚州的一个小城市——卡马里奥市，在这里杰伊集中管理公司的整条供应链，从种植到运输，再从烘焙到商店销售。

"如果你不爱咖啡，那么这份工作对你来说会是个折磨。"他说，但这倒不是说提到美国人每天喝得最多的东西时，他对咖啡的热爱有丝毫的动摇。他的办公室就是咖啡纪念馆。办公室里陈列着几组伊萨亚斯与种植咖啡的农民一起拍的照片，他曾拜访过这些发展中国家的农民，并与他们一起工作过。他有很多头衔，包括烘焙师公会的创始成员、美国精品咖啡协会的志愿教员、各种咖啡比赛和组织的认证裁判、研究咖啡和茶的认证供应链专家，他还有"Q级"执照——咖啡行业专家指定认证，获得认证的人在品鉴咖啡质量上拥有丰富的科学和艺术知识。全世界只有约1000人拥有Q级执照。谈及咖啡，伊萨亚斯将它当作为一种精神体验，也是一笔生意，很明显他将糟糕的咖啡视为对他的冒犯。

这也是他对工业革命不满的地方。他说，工业革命创造了一些奇迹，使汽车、管道和电力飞速发展，但它也对我们杯中的咖啡造成了大破坏。

伊萨亚斯说，大多数消费者都没有意识到，当他们在超市购买一大罐咖啡时，他们煮出第一杯咖啡之前，咖啡已经不新鲜了——甚至在打开那罐咖啡，发出嗞嗞声之前，就是如此。这只是一个简单的化学过程：离开烘焙炉一到两天后，咖啡会散发出引人垂涎的香味，也会释放大量二氧化碳。若直接将咖啡注入易拉罐，这个罐会开始膨胀，或者甚至因膨胀的气压而破裂。但等到放完气体后再密封易拉罐，这个问题也会随之消失——但咖啡也变得不再新鲜。20世纪早期，美国的咖啡就出现这种问题，那时候人们开始将大规模生产和罐装技术应用于一些商品，而以前民众买到这些商品时，它们还是新鲜的或者甚至是生的。

"这似乎是包装的问题，但归根结底，"伊萨亚斯说道，"这是运输和供应链的问题。"在某种程度上，这和智能手机的供应链同样复杂。咖啡只生长在特定海拔的热带地区，被数百万家庭农场培育，大多数还是小型农场，没有一家农场靠近那些想要品尝它们的大量消费者，这时候你该怎么处理这种商品呢？咖啡豆采摘后极易腐烂，我们可以将部分加工成新鲜的绿色咖啡豆，它的稳定状态可以使它存放数月之久，但一旦将它烘焙后，准备蒸煮饮用时，它又变得极易腐烂，你又怎么处理它呢？

除非每个消费者亲自花时间和精力去烘焙这些绿色的咖啡豆，然后立即使用，或者是想喝咖啡时，就去咖啡店享用一杯由最近才烘焙的咖啡豆煮出来的咖啡，否则咖啡的滋味就得在便利性、新鲜度、距离和时间之间做出权衡和妥协。换句话说，运输才是关键。

伊萨亚斯说："很多人从来都不知道咖啡应该是什么味道。"他的脸庞瘦削，表情丰富，仔细打理的络腮胡子也无法隐藏他对美国人的同情，85%的美国人会偶尔喝上一杯咖啡，63%的人每天都会喝。这些经常喝咖啡的人中，大部分人煮出来的咖啡味道其实已经不再新鲜，但他们还以为咖啡就是那种味道。他生动地回忆起第一次尝到好咖啡的场景。那时他还是大三的学生，他有个世交的朋友在加州北部的沿海城市蒙特雷做咖啡烘焙的工作，他准备在那儿做一份临时工。"那是一次新发现。咖啡不只是罐子里土褐色的东西，我们必须掺杂很多牛奶和糖才能喝得下去，咖啡其实是一种令人惊叹的东西。"

亨利·福特为汽车行业带来了大规模生产技术，但在这种技术应用于咖啡生产之前，美国的咖啡最常出售新鲜的绿色咖啡豆——这些咖啡豆洗净了果皮、果肉以及称之为羊皮纸的内壳，但未经过烘焙。如果放在室内保持干燥，咖啡可以存放一年都不会坏。消费者将它买回家后，会用平底锅或微波炉进行烘焙，然后用手摇的咖啡研磨机将它磨碎。在美国独立战争时期，咖啡这种饮品在美国变得有些流行起来。经过波士顿倾茶事件后，一些爱国者想用其他东西代替他们之前最喜爱的茶。他们将咖啡当作反对英国习俗和统治的宣言。但大约在一个世纪以后的美国内战时期，咖啡才真正流行起来。咖啡是当时为数不多的奢侈物品中的一种，是双方军队深受喜爱的一种提神物品，尽管在战争头一年只有北方军队有稳定的货源。战争结束后，成千上万的人回到家乡，但都已经迷上了咖啡。北方军队士兵每日都可以收到绿色的咖啡豆，作为每日口粮的一部分，他们的物资里很少有烘焙器具，只是用铁铸的平底煎锅在篝火上烘焙。政府供应的一些卡宾枪的枪托里会巧妙地嵌入小磨具，而没有这种卡宾枪的其他士兵只能使用正常的质地坚硬的枪托，他们会用这种枪托一直砸咖啡豆，直到将它们砸得足够碎，碎到可以煮出咖啡。

伊萨亚斯发现这段历史很吸引人，使人大开眼界，因为那时候美国人爱上的是好咖啡。伊萨亚斯说："具讽刺意味的是那些北方军士兵在战场上喝的咖啡比20世纪50年代坐在美国最好的餐厅的上等宾客喝到的咖啡还要好。"

这种差异不仅促使了伊萨亚斯将咖啡作为事业，还将现代咖啡行业推到一个新高度。然后这种差异将这个行业一分为二。现在有了低成本的罐装商业咖啡，而直到20世纪70年代，几乎每个美国人喝的都是这种低成本咖啡，甚至在美国最好的餐厅里也是如此。还有一种做精品咖啡的生意，它是由伊萨亚斯所在公司的创始人在1963年发展出来的。而星巴克——这家拥有3.2万家门店的超大公司，作为领头羊，迅速将这种生意遍地开花。现在，这种精品咖啡再次细分，所谓的第三波浪潮手工咖啡馆把咖啡品质做到极致，像制造高品质红酒一般，它们的咖啡经过严格的原料甄选、精良的制作、增鲜调味和评分程序。

不管有没有细分，咖啡都是大生意——仅全球出口金额就达到286亿美元。在一个每天卖出14亿杯咖啡的世界，通过再次以磅或者按杯售卖，这些出口产品可以至少产生出当初出口金额的5倍。

然而，与报纸杂志和网上报道反复提及的说法不同，咖啡并不是世界上仅次于原油，第二最有价值的贸易商品。人们早已接受这个多年以来一直重复提起的传说，或许是因为人们对以下说法能产生强烈的共鸣：即世界上有两种黑色的神奇事物——石油和咖啡——推动我们不断向前发展，虽然它俩的影响方式有所不同。但最基础的研究都表明，咖啡不是世界上第二最有价值的贸易农产品，更不用说将咖啡与世界上大宗交易商品做比较，如石油、天然气、煤炭、氧化铝和其他金属以及宝石。然而，咖啡是世界上十大进口农产品之——准确一点说是位列第六——次于大豆、小麦、玉米、橡胶和酒，高于牛肉、香烟、奶酪和大米。

没有一个咖啡的原产国能在咖啡人均消费量上排在前列，除了巴西，它是世界上第十大咖啡人均消费国。尽管美国是世界上咖啡消费最多的国家——只有把整个欧盟消费的咖啡量加起来，才能让美国次居第二——但从人均摄入咖啡量来算的话，美国则会落后很多，它位列第22名，与波兰和匈牙利并列。斯堪的纳维亚人是世界上喝咖啡喝得最多的人，其中又以芬兰人占据首位，这个国家的男女老少每年人均消费超过21磅的咖啡——大约每天2.7杯，是美国咖啡人均消费量的3倍还多。

如果咖啡豆树在每个地方都能生长，杰伊·伊萨亚斯的生活会变得简单很多，为欧洲和美国人提供新鲜美味咖啡的挑战也会小很多。但上述情况不可能发生。咖啡是一种热带灌木，适应于特定的气候，这就排除了在欧洲和北美种植咖啡树的可能性，而咖啡的主要消费者都生活在这两个地方。美国的每个州都在消费咖啡，但只有一个州——夏威夷州自己有种植咖啡树，根据全世界的咖啡产量来看，它的产量微乎其微，尽管其出产的科纳咖啡豆很著名而且也是出了名的昂贵。而欧洲根本就没有商业化的咖啡树种植农场。

因此将咖啡送到世界上大量消费咖啡的地区需要巨量的交通运输——不仅仅从原产国运到消费国，而且会经过一个交通网络，那里有中间商、经销商还有买卖国家。德国境内没有商业种植咖啡树的商业农场，但它却是世界上五大咖啡出口国之一，它给其他国家充当经销商，同时也是世界上制造无咖啡因咖啡的领先国家，它通过一种加工方式将咖啡的刺激因子去掉，但使咖啡豆仍处于生绿的状态。然后它会出售提取出的咖啡因（主要出售给医药行业），再运出咖啡豆。美国进口的咖啡有5%直接来自德国——超过哥斯达黎加、秘鲁和尼加拉瓜等咖啡原产国。

每年总计超过1.42亿袋咖啡（每袋重132磅）在港口和国家之间运输，且运输过程复杂。每棵咖啡树每年能长出将近一磅生绿的咖啡豆，所以需要培植很多咖啡树，还要请很多采摘工人才能满足这个世界对咖啡的胃口。

我在十三日星期五煮的是一种中度烘焙的咖啡，来自于埃塞俄比亚的一个村庄——耶加雪啡，它位于斯丹摩地区的赤道高原地区，当地的种植者认为第一棵咖啡树就生长在这儿，这里的人们依然使用古老的方法来加工咖啡。这个地方到底是不是世界上所有咖啡的起源地，这从来没有被证实过，也可能永远无法证实。但毫无疑问的是，这里会出产一些让人们高度赞赏的咖啡豆。

当这些咖啡豆从耶加雪啡运往亚的斯亚贝巴（埃塞俄比亚首都）时，我的咖啡豆开始了它们的旅程，这段路程崎岖不平，长250英里，在亚的斯亚贝巴，咖啡豆会经过最后的加工和包装。埃塞俄比亚是一个内陆国家，所以咖啡的下一段旅程是穿过边境抵达吉布提共和国的繁华商港，这段路是536英里。在那里这些咖啡豆会漂洋过海北上穿过红海和苏伊士运河，到达地中海。它们会穿过整个地中海，然后通过直布罗陀海峡到达大西洋。通常在这段旅程中会沿途停靠很多港口。然后货船再次朝西南方向驶向巴拿马运河进入太平洋，在那里货船会朝西北方向驶向加利福尼亚，杰伊·伊萨亚斯在那里等着收货。

假设咖啡的这段旅程都是直线航程，那这段路程约有1.1万海里（相比之下，将咖啡从咖啡的头号生产国——巴西运到纽约只用走5000英里的海路）。但在到达目的地之前，运载咖啡的货船一般不会在海上直行，因为货船通常走一条比较迂回的路线，根据需求在其他港口上货和卸货，因此最终的里程会多出很多。

由于不同品种的咖啡是单独运送的，然后在消费国经过烘焙之后混合在一起，所以根据来源地，混合咖啡的里程是单品种咖啡的两倍或三倍之多。在美国销售的大多数商业咖啡是混合的，里面有来自拉丁美洲和亚洲的咖啡豆，而且很多受大众欢迎的精品咖啡销售商也会销售混合咖啡，其中包括星巴克的一些最受欢迎的咖啡。这意味着：普通美国家庭（两个中度咖啡消费者，喝的是混合咖啡或者是全豆咖啡）平均每年需要的咖啡豆必须走上不少于57.2万英里的旅程。我家喝咖啡的速度和芬兰人更相似，所用咖啡豆的旅程约有170万英里——这个数字还只是算上咖啡豆从农场到达美国大陆的交通路程。从港口到烘焙工厂再到经销商再到杂货店再到咖啡厅当然也会增加旅程。如果家里买了脱咖啡因的饮料或者使用每次做一杯咖啡的咖啡机，那么里程会更多，因为咖啡机使用的很多咖啡胶囊——例如，雀巢的咖啡胶囊——产自欧洲。

这个巨大的咖啡产业是从北非的一个地方慢慢发展起来的，这地方可能位于埃塞俄比亚西南部的高原，但不一定就是耶咖雪啡。DNA分析推测第一棵小粒种咖啡树就出现在这片区域，时间大概在50万年到100万年前的某个时候。咖啡树是会开花的常绿植物，叶片闪亮，果实像红樱桃（外观像，味道不像），而在现代人开始欣赏这种植物之前，咖啡树就已经存在很久了。

这种樱桃里面藏着咖啡豆，其实这不是一种豆子而是两颗半圆的种子。

咖啡树是从一个被称为茜草科的植物大类中进化而来，这个植物大类还包括栀子花、绣球花以及某些植株，它们能为一些重要药物提供关键原料，例如，奎宁，第一种治疗疟疾的有效成分，以及香豆素，用于制作抗凝血药物——华法林。尽管咖啡煮出来后几乎不含卡路里，但咖啡是这个植物类别中唯一真正的"食物"，其种类繁多，其中阿拉比卡豆最受赞赏和被广泛使用。

关于发现阿拉比卡种子美味的事情有一些传说，直到被妥善准备和烘焙之前，阿拉比卡种子的秘密一直没有被发现。人们最喜欢的起源故事是一个阿拉伯传说，讲的是一个名叫卡迪的牧羊人，他年轻聪明，有一天他观察到它的山羊进食咖啡树的果实后变得异常狂躁。这个男孩很是兴奋，他走到最近的一家修道院，给其中一个僧侣展示了这种果实，并告诉他这种果实的神奇功效。这位将信将疑的神职人员将果实扔进了火堆，结果被燃烧的果实散发的香味迷住了。然后这位神职人员和他的同伴们决定就像煮茶一样将烤过的咖啡豆放入沸水中，所以咖啡就诞生了，这起码也算是一个传说吧。卡迪和神职人员的故事有很多版本，但可以肯定的是几乎所有这些故事都是虚构的，因为卡迪的故事没有被记录过，直到800年后，人们才说这事曾经发生过。但这个令人着迷的起源故事一直传到了今天。

关于人们烘煮咖啡的经历，也就是我们今天所知道的，第一条可靠的历史记录要追溯到15世纪的阿拉伯半岛也门地区，在那里苏菲派（伊斯兰神秘主义派别）的修道院会在宗教礼拜上用到咖啡。但咖啡实在太好了，僧侣们无法自己独享，于是很快咖啡就传遍阿拉伯、波斯、土耳其和中东的其他地区，咖啡馆简直就是中世纪时期的星巴克，它们开始如雨后春笋般出现在伊斯兰国家的各个角落。不到一个世纪，有商业头脑的威尼斯商人将咖啡带到了欧洲。最开始欧洲人将它当作异教邪物，准备给咖啡下禁令，但教皇尝过咖啡之后，在1600年颁布教皇敕令为其正名，并将咖啡赞赏了一番，咖啡这才躲过一劫。从此非洲的种植者和欧洲的进口商之间的咖啡贸易开始蓬勃发展起来，荷兰商人发现在爪哇岛和锡兰也可以种植咖啡树。法国人不甘示弱，将咖啡带到了他们的殖民地，于是很快加勒比群岛上就开始兴起咖啡种植园。然后阿拉比卡植物在南美也有了立足之地，在那里它们生长旺盛，最后巴西和哥伦比亚也成了世界上主要的咖啡种植国家。紧接着的是一段漫长的殖民主义、奴隶制和剥削历史，这种剥削情况持续了好几个世纪。直到最近，迫于行业改革和公平贸易运动的压力，依靠咖啡生活的家庭农场和手工业者的生活条件才得以改善以及得到相应的补偿，他们大约有2500万人，分布在50个国家。

在海拔3500到5500英尺的热带气候里，阿拉比卡咖啡树会茂盛生长，丘陵地区的背光区域则最能培养出质量上乘的咖啡豆。大多数咖啡豆都是手工采摘的，每棵咖啡树都要经过多次采摘，因为每过六到八周的时间就会有新成熟的咖啡豆。次等的咖啡豆则一次性用机器全部摘完，如果地形允许机器操作的话。

新鲜采摘的咖啡果实必须马上进行处理，因为外层的果肉很快就会腐烂，会有损里面咖啡豆的味道和质量。这段过程会决定做出来的咖啡质量，伊萨亚斯每年都会去参观他的咖啡豆采购农场，看看这个过程是怎么做的，以及做得对不对。至于阿拉比卡咖啡豆，其最常见的过程——称为湿加工——需要将咖啡豆浸泡在类似于游泳池的开放水池中，经过自然发酵使果肉脱离咖啡豆。然后干燥咖啡豆，这个工作是在小农场完成的，把咖啡豆撒在户外的天井或平台上，然后用手偶尔翻动它们。大庄园会使用大型的工业翻滚烘干机完成这项工作。一旦干燥完后，最后一步会用脱壳机器脱掉包裹咖啡豆的一层薄薄的羊皮纸状壳，这层壳就像花生的薄皮。一些农民——包括耶加雪啡的农民——仍然使用的是古老的"日晒法"，他们先把果实像葡萄干一样放在太阳底下脱水，然后经过碾磨使果肉和咖啡豆脱离。这种方法做出来的咖啡豆很难保证质量始终如一，但只要做得认真仔细，这种咖啡的味道会层次丰富且香味浓郁，变得极具价值。

所有这些工作通常都是在咖啡的来源国完成的，常常在农场附近，并且在一些地区即使是最小的家庭农场也能自己完成加工，或者几家小型家庭农场一起合作加工。其他的种植者会依赖当地的企业购买一些新鲜采摘下来的浆果，加工农场从其他种植者手上获取到的本地咖啡豆。但在这个阶段，咖啡树不能离加工农场太远。这个阶段如果需要走很长的路的话，会耗费大量时间，这样会降低咖啡的品级并由此影响咖啡的价格。所以至少在咖啡世界里，古老的规则依然有效：时间和距离就是敌人，没有技术、集装箱或先进的外包工厂可以阻止果实腐烂，在果实腐烂之前提前完成加工。

咖啡豆经过加工后，人们根据其大小、坚度、外观和质量把它们分为14个等级：高级咖啡豆被供应给像伊萨亚斯这样的精品咖啡买家；剩下的则以更低的价格被卖给商业买家或速溶咖啡工厂；最低级的咖啡豆因为质量太差而无法出口，不过若真有这样的咖啡豆的话，就会在本地销售。

数十人会参与决定该怎么处理咖啡豆每个阶段的采摘与加工，他们中任何一个人都可能会毁了整批咖啡。"这是咖啡的现实，"伊萨亚斯说道，"再没有其他方法能将咖啡豆质量变得更好了，但在这个过程中却有1000种方法能将它变得更差。"

当咖啡树果实通过最后的研磨变成生绿的咖啡豆时，有的规则开始不再适用了：这种绿色的咖啡豆很坚固，能保存几个月甚至一整年，需要很少的照料或者完全不需要照料。这些绿色的咖啡豆会被运到代理商和经销商的手中，代理商和经销商每次会小批量地购买一个地区的咖啡豆，再将它们卖给出口商，这些出口商会和来自世界各地的咖啡买家以及买家的经销商和代理商做生意。这是一个复杂的过程，在顾客买到咖啡豆之前，咖啡豆其实已转手多次，而这是一件很寻常的事情。有时候咖啡可以不通过这些中间人直接被购买到，而这些"品质咖啡"的出售方式就像销售上等的葡萄酒一样。伊萨亚斯说，50年以来，美国咖啡豆与茶叶公司一直从同一家咖啡代理商直接购买耶加雪啡，这样咖啡豆与茶叶公司可以从咖啡诞生地邻近农庄的小地主手中购买到质量上乘的咖啡。

还有另一种与阿拉比卡咖啡的品质有天壤之别的咖啡品种，它长在中果咖啡树上（或罗布斯塔种），通常称为罗布斯塔咖啡。它主要生长在巴西以及相对来说最近才进入咖啡行业的越南，越南产出阿拉比卡咖啡的量不高。顾名思义，罗布斯塔咖啡树（robusta有健康之意）就比阿拉比卡咖啡树好养活多了，不那么挑剔海拔和气候，适宜生长在平原，可以进行机械采摘，简单又便宜。它甚至多含有50%的咖啡因。罗布斯塔咖啡对于现代世界来说很完美，但除了一点：它的味道。大多数人都觉得它既苦涩又辛辣，远不如阿拉比卡咖啡的吸引力。

但就像低端酒一样，罗布斯塔咖啡也有吸引人的地方——便宜。低廉的价格使得它成为速溶咖啡的优先选择，可以抵消生产速溶咖啡过程中增加的成本，并且这种生产过程不会破坏咖啡的味道。知名商业品牌制作罐装混合咖啡时常常将罗布斯塔咖啡和阿拉比卡咖啡混合调制（具体的混合比例保密）。这又是一种节约成本的方法，控制罐装咖啡的成本。据伊萨亚斯所说，另外一种节约成本的方法也是以牺牲咖啡味道为代价：商业烘焙咖啡是在较低的温度下进行的，这是为了在烘焙以及干燥咖啡豆时尽量避免减轻豆子的重量。相较于一磅完全烘焙的咖啡，一磅烘焙不完全的咖啡所需的咖啡豆数量更少。所有这些都能让人们买得起咖啡，但这也是精品咖啡似乎比很多传统的罐装咖啡好喝很多的一部分原因。

美国的咖啡来自于世界各地。如果把美国咖啡市场的前10位供应国所供给的咖啡全部混合在一起，那么下面就是配方：

巴西：29%

哥伦比亚：18%

危地马拉：8%

越南：8%

墨西哥：7%

印尼：6%

秘鲁：5%

哥斯达黎加：4%

尼加拉瓜：3%

萨尔瓦多：2%

上面数字加起来有90%；剩下的有5%来自不生长咖啡只做经销商的德国，剩下的百分比则来自其他咖啡生产国家。

如果把我们货架上和商店里的咖啡全部倒出来调和在一起，这种在全球游历甚广的混合物尝起来是什么味道呢？这就像把每一种酒，便宜的、贵的，红酒、白酒，甜的和不甜的，全部倒在一个杯子里，或者像把水彩颜料的所有颜色全部混在一起置于调色板上。对酒、画和咖啡而言，结果是惊人的相似：恶心又浑浊的棕色混合物。

杰伊·伊萨亚斯每天6点15起床，不出意外的话，他会与妻子康妮共享一壶咖啡。他们住在卡马里奥的一家烘焙厂的附近，这座小镇坐落在洛杉矶港北部75英里处。它的地理位置选择与战略需要无关，更多的是因为公司的创始人，他决定在80岁时把家搬到风景如画的沿海农业区。美国咖啡豆和茶叶公司的总部和分销中心仍然在洛杉矶。

伊萨亚斯家的咖啡壶是一个普通的倒水壶，他主要的要求就是这个壶能保温，不需要在壶下方装加热元件就能给煮出来的咖啡保温。他建议说，长时间加热会烧煳咖啡，破坏咖啡的风味。他最喜欢非洲的咖啡，尤其是耶加雪啡的咖啡，但他会把这些咖啡留到工作的时候再喝。他的妻子会加奶油，这与非洲咖啡的高酸度并不搭配，留有酸酸的余味。所以在家他主要用的是拉丁美洲的咖啡豆，它们和奶制品很搭。

在工厂里，在做完每日的工作任务后，如查看电子邮件和核查咖啡的市场价格，伊萨亚斯会加入烘焙大师杰西·马丁内兹的连环品尝实验室。每天联合包裹或联邦快递会将世界各地的代理商、经销商和种植者空运过来的新批次咖啡样品送到工厂。马丁内兹早已使用台式烤炉准备好今天的样品，将它们煮成了咖啡，并在高高的环形测试转台上放了一排小咖啡杯。每份样品——今天的样品来自哥斯达黎加、哥伦比亚和马来西亚——都会分别煮五杯咖啡，这样可以更好地检测样品的不一致性。每批样品咖啡豆会装在小托盘里放在桌上，并打上标签陈列展示咖啡豆和其烘焙后的外观。评判咖啡豆不仅要尝味道还要看它们的长相；如果一批货里有太多变色、残损或过小的咖啡豆，那这批货会仅因为观感质量不佳而被否决。

当咖啡温度达到室温时，他们俩开始咖啡连环品尝法，这种温度是评判咖啡的理想状态。咖啡太烫或太凉都会影响准确辨味的能力。两人绕着桌走，俯身靠近每一杯咖啡轻嗅其味道，然后再用茶匙舀一点品尝。啧啧的啜饮声充满整个房间。那声音很大声，几乎是滑稽夸张，但这样做有一个目的：大量的空气会伴随着少量的咖啡进入口腔，这样可以使饮品分散在味蕾上。然后将茶匙冲一下，再去舀下一杯，品尝过程非常快，一杯接一杯，一批接一批，首先尝到的味道是微妙的，接着会尝到更浓更强烈的滋味。他们两人绕着转台交叉走动，就像拳击手绕着擂台转圈走动一样。

最后，他们会坐下来根据咖啡的一些特点给咖啡打分，包括其香味、味道、甜味（咖啡豆里有很多蔗糖）、酸度、稠度、均衡、一致性和余味，以及煮过咖啡后杯子是否是干净无残留（反之则会留有一些残渣）。最后一项评分标准是品鉴师对咖啡的整体印象。

每个类别的最高分是10分，只有总分至少达到80分以上，这种咖啡才会被称为"精品咖啡"。伊萨亚斯总是想找到评分更高的咖啡。相应地，这项工作有一个配套的手机应用叫作"连环品尝实验室"，伊萨亚斯在他的安卓手机上用这个应用来记录分数。这天的咖啡评分全部在80分以上，他们给这些咖啡都下了订单。

同时，在工厂里，烘焙正在有序地进行，马丁内兹早在凌晨的时候就发动了烘焙机器开始预热。这些烘焙炉正在对五六百磅的咖啡豆进行烘焙，每台烘焙炉都价值100万美元。这些烘焙炉工作起来就像大型的干衣机：带挡板的圆柱形滚筒，下方有气体火焰加热，另一端开口处则吸入空气。当烘焙完成后，加热装置也会暂停，但滚筒会继续旋转并倒入3加仑的水给这些咖啡豆降温，防止烘烤过度。这些水几乎会立即蒸发，但这个过程能使温度降低。

同时，两台意大利制造的自动包装机正在快速大量生产早上烘焙过的咖啡豆的包装袋，这种机器有气动旋转的臂杆、漏斗和刀片，发出嗞嗞的声音。在工厂的其他地方，两台日本茶叶包装机器正在生产精美的尼龙网茶包，它们旋转起来像在催眠，姿态优雅，芳香四溢，每小时能生产5000袋茶包。

机器将新鲜的咖啡包装在数层复合材料中，包装上公司商标一侧的下方隐藏着一个单向阀门。这个阀门可以放出新鲜咖啡豆所释放的二氧化碳，于是就解决了罐装咖啡不新鲜的问题。机器里涌出一袋袋大小不同的包装袋：1磅的卖给零售商，3磅的卖给大超市，那些淡银色重五磅的包装供给公司的咖啡店，制作出一杯杯的咖啡。

在每一包咖啡密封之前，纯氮气已将氧气赶出包装袋，这样咖啡就不会氧化并在袋内腐败。通过这种方式，烘焙过的咖啡可以保存并保留其大部分的风味长达数月。这是一种折中的方法，伊萨亚斯说，烘焙后的24小时内是咖啡口味最好的时候。而他也承认他的确能尝出味道的区别。但这仍是对老式工业罐装过程的一次重大改进。

美国咖啡豆与茶叶公司的物流很复杂：装在集装箱内的货物要花费六到八周的时间才能从非洲、印尼、中美洲和南美洲以及墨西哥运到美国。进入美国三分之二的咖啡是通过奥克兰港运进来的，奥克兰港对一些特定商品提供优惠税率，而咖啡就属于这些特定商品之一，另外的三分之一通过洛杉矶港运进美国。签订过合同的运输和物流公司将生绿的咖啡豆、大批量的茶叶和植物以及其他原料运到该公司在洛杉矶的配销中心，在这里咖啡豆与茶叶公司会给餐巾纸、杯子、盖子以及现代咖啡馆里拥有的所有其他有关物品印上商标，这些东西是从全球采购回来的，会与咖啡和茶一起卖给特许经营持有者（分店）。拖车会以一天一次，一周五天的频率满载着生咖啡豆、茶叶和其他材料将它们运到卡马里奥的工厂，然后将拖车卸在装货区，又带出另一辆拖车，上面装着前一天烘焙好的咖啡、袋装和盒装的茶叶以及其他咖啡制成品。接着这辆卡车返回洛杉矶仓库，下一天会继续重复这个过程。

短途卡车从洛杉矶出发把物资运到一些区域的美国咖啡豆与茶叶公司的商店和连锁店，它们大约有一半位于南加州。长途卡车则把物资运输到距离更远的全国各地经销中心，或者开往港口来供货给国际特许经销区域和外国顾客。很多咖啡又返回到了最初种植它们的地方，绕了一个成千上万英里的大圈子，这是因为咖啡豆与茶叶公司在很多偏远地区如卡塔尔、沙特阿拉伯、越南、巴林、德国、印尼、韩国、墨西哥和蒙古都有分部。浓拿铁和摩卡混合物在国外的销量非常好，销量甚至超过美国，因为咖啡馆已经变成了世界上人们（特别是年轻人）常去的社交场所。

现代的科技和物流使这一切变成了可能，它们能从很远的国家把咖啡豆运到加利福尼亚烘焙、准备以及包装，再将咖啡豆做成制成品运回原产地进行销售。这条交通量巨大，蜿蜒绵长的路在某种程度上带活了经济——这是门到门时代的神奇之处，也是问题所在——在这个过程中，解决了全球约1亿人的工作，让他们工作在持续增长的咖啡行业里。

伊萨亚斯说科技几乎毁了咖啡，但现在科技也在拯救咖啡，帮助它传播。然而，他说在某种程度上，咖啡绕了一个大圈，回到了它以前的纯净时光，那是很久以前美国南北战争的老兵们迷恋咖啡的时光。他指出附属于烘焙工厂的培训店作为证明，这是已经充分成熟、用来培训咖啡师的咖啡馆，如果大众找得到它的大概位置就能进去品尝，或许跟着咖啡的香味可以寻找到，即使是排放控制的排气后燃器都无法完全消除这种香味。在这里你可以品尝到美国南北战争时代的咖啡滋味，这种咖啡是由刚烘焙出炉的咖啡豆煮出来的，烘焙的香味还飘在空气中。

"正是这种味道曾经让咖啡开始了它的旅程，"他说，"但你现在不需要上战场就能尝到了。"

每星期四架失事航班

CHAPTER 4

Four Airliners a Week

我需要走上一英里才能到达咖啡豆与茶叶连锁店，在那里我可以找到埃塞俄比亚耶加雪啡咖啡豆，我和伊萨亚斯都喜欢这种咖啡。

　　咖啡店很快给我做出了一杯咖啡，然后我要走到公共汽车站，一辆长滩运输公司的红色混合动力公交车会把我送到圣佩德罗（中途需要转一次车），参加一场关于洛杉矶港口的会议。这次会议的全部议程都是关于未来的海运技术，尽管会上将会对现如今瘫痪的港口拥堵问题进行激烈讨论。乘坐公交比开车要多花半个小时，但我不用担心停车的问题，而且我可以在途中看书。这是一个合理的折中方案，而且走两英里到达公交车站也是做了一点身体锻炼，减少了一点碳足迹。一个典型的美国家庭每年产生的碳排放量达48.5吨，大约是全球平均水平的5倍——其中最大一部分来自交通。

　　在过去，弄清楚怎样在南加州坐公交曾是一项艰巨又令人沮丧的事情，我很少考虑乘坐公共交通，而且乘坐之后通常都会后悔。交通部门做的很多在线指南都很差或者不完整。但如今的智能手机的地图应用成了美国很多城市的罗塞塔石碑[1]，实时提供公交、电车和火车的前进方向、到站地点以及到

1　译者注：1799年在埃及尼罗河口罗塞塔发现的一块石板，上面刻有希腊文及埃及象形文字等，为研究古埃及文字提供了条件，这里指提供了便利。

站时间信息，这样我们就不用再仔细查看公共汽车站里难以理解的时间表，相比之下历史上破译齐默曼电报反而显得轻而易举。这可能是智能手机最有用最能改变人们生活的一种能力，它帮助人们充分利用各种交通资源，提高出行效率，从位智软件（社区交通导航应用软件）可以帮助人们避免交通堵塞，到火爆的共享乘车和汽车租赁，再到私人快递服务的新浪潮，再到步行和自行车道得到改善。四分之一的智能手机用户会使用手机获取公共交通信息，十分之一的用户经常这样做。这可能可以解释为什么2014年的公共交通客流量比过去59年来都高（诚然，相较于智能手机到来之前的一个世纪，美国人对公共交通的使用率还是较低）。

大多数时候去公交车站时，我会沿着太平洋海岸高速公路往北走，其实沿途的风景并没有名字听上去那样美丽。1号州际公路的很多路段上——太平洋海岸高速公路到当地的路段——可以看到陡峭的悬崖和沿着公路起伏的海滩，但我所在的城市太内陆了，根本看不到海。1号州际公路是一条拥挤的四车道公路。在我去开会的路上，会跨过混凝土筑堤的圣盖博河，它将洛杉矶县和奥兰治县隔开，是主要住宅区、两个大型零售、餐饮与娱乐中心的过渡地带。

不知为何，这座桥南边的人行道少了四分之一英里，行人不得不走到自行车道或是杂草上，这些杂草环绕着一块贫瘠的土地，那片地上只有一些石油钻塔上下摆动，像是巨鸟在啄食。这说明在市中心外围休闲地散步是不被鼓励的：这是以汽车为交通核心的百年计划产物，虽然这个产物是无心之失。上千个住在海豹滩（Seal Beach）的居民只要走过那座桥就可以达到河对面的餐馆、电影院和商店，但是几乎没有人会走这一小段距离，因为这段路并不好走。这段旅程令人非常紧张，时速50里的车在你的耳边嗖嗖作响，尽管时速要求是在40英里以下。人行道再次出现在桥上，继续通向北方，但是自行车道却在高速公路前面一点的地方毫无征兆地消失了，变成了汽车行驶的第三车道。骑自行车的人如果不知道避开这个陷阱，就会突然发现他们周围都是疾驰的、正准备驶入他们车道的汽车，这些细节以及设计存在着潜在的致命危险，而这样的细节和设计在这片区域（和美国大部分地区）都很常见。

今天当我走过这个地方时，我亲眼看到一个骑自行车的人只差几英寸就会受重伤。由于这辆汽车的驾驶员变道时欠考虑，没有处理好变道，可以说是与骑自行车的人擦身而过，差点撞倒了他，但这辆车随即就追尾了一辆越野车，发出一阵嘎吱声。驾驶员停下车，出来检查汽车受到的细微损伤。双方耸了耸肩，苦着脸地望着对方，眼神里满是指责，互相询问了一下保险信息。但这却把道路给堵住了。

每天都会发生这种事情，就像行人走在人行道上经常差点被撞倒，以至于城市居民几乎都不再关注这种事情。但我一直记得这件事情，因为这个骑自行车的人对我说了一些话。当时我正走在他右边，对他的遭遇同情地摇了摇头，同时也感叹一些司机的粗心大意，而我们的十字路口一旦发生事故，往往是重大的事故。他拖着他的自行车走出街道，移步到人行道上，两腿叉开站着，用手捋了捋他的长头发，使自己冷静下来。他用颤抖的声音对我说道："这已经是我第三次遇到这种事了。"

"真的吗？"我问道，"你是说这一周之内吗？"他摇了摇头，说道："只是在今天。"

汽车是主角。一个世纪以来，这都是一条真理，它是工业时代不可匹敌的前进力量，硅谷软件主宰的时代中依然活跃的野蛮的活塞动力机器。早在鞋罩（19世纪英国上流人士穿戴使用）、高顶大圆礼帽和童工盛行的年代，汽车已经主导了美国的日常文化，比其他改变人们生活方式的东西如广播、塑料、冰箱、电网以及妇女选举权都要早。

全世界一共有12亿辆汽车，它可能不是庞大的交通格局里最重要的组成部分，或者说不是最经济有效的交通方式；载货的船队在这方面才是王者。我们喜爱的汽车重3977磅，它们架在车轮上靠内燃机驱动。然而不管我们多依赖它们，或是没有它们我们会感到多么无助，汽车都不会是交通系统里最不可替代的一部分。它们依然是像亨利·福特T型车这样的大马力汽车，虽然经过改良，外观更加精致，安全系统提高（尽管没有你想的那么安全），但它们仍然具有一种相同的基础DNA，即效率非常低下。我们的汽车与过去关联太强，从未摆脱与骡马运输时代的密切关系，它们的形状和大小仍以马车为基础，发动机的输出功率也仍以18世纪古老的单位——马力为度量标准。马力！我们测量发电厂、核反应堆以及计算机处理器难道会测量它们与多少匹马等同吗？从技术的层面上看，令人惊奇的是，长久以来任何现代的设计或者技术都没能将传统的汽车替代，然而移动电话逐渐取代了固定电话，随即智能手机又将非智能手机赶下宝座。同样的兴衰更替还发生在其他一些设备身上，如以煤炭为动力的货船、蒸汽机车、飞艇、电报、留声机、打字机、真空管和胶片相机。

然而汽车仍然是主角。这是几代美国人所体验到的交通方式。我们也按照直觉，用车时来测量距离：噢，去那家商店只用开15分钟的车。汽车在我们文化中根深蒂固。我们将它们与个人自由联系在一起，让它们参与我们一生当中所有的重要时刻。结婚时，我们会将汽车装饰得非常俗丽，它载着我们进入婚姻生活。我们开车把新生儿从医院送回家时会拍很多照片发在Facebook上，在产前派对上，我们会送待产妈妈儿童汽车座椅，为孩子第一次坐汽车做准备。我们坐着汽车去上班，在汽车里吃饭（据估计，美国有19%的人在汽车里吃过饭），还在汽车里约会，在汽车里缠绵。我们会在汽车上使用很多擦光剂、车蜡、个人装饰、宗教符号以及政治口号，然后炫耀它们是最好的汽车。最后，我们会组织一支锃亮的黑色汽车车队，载着我们走过最后一程，把我们送到墓地。

汽车超凡的移动能力甚至能决定我们在哪儿生活以及我们要怎样生活。

一直以来，美国的城市规划会着重考虑方便汽车移动、停车和我们对这些汽车的依赖程度等问题。美国有足够的停车位，它们的面积加起来可以覆盖特拉华州以及罗德岛州的每一寸土地——相当于每辆车可以享有8个停车位，这些停车位加起来共占有我们城市密集核心区域30%的空地。我们同样对汽车投入了巨量的情感。我们花费数十亿建立新车道和高科技交通控制中心，只希望将我们在路上的时间减少几分钟——数十亿美元就为了这几分钟——因为开车时若行程受阻，即使间隔时间极短，我们心中都觉得这很难接受，但若是在餐馆排位吃饭或者看球赛时等着买啤酒，我们却很愿意花这点时间。研究人员记录过很多次这种现象：行程耽搁时——等公交车、找车位或堵车——人类大脑对每分钟的感觉比正常的时间流动要快两到三倍。人类的这种心理是条件反射，或许甚至是天生的。这或许可以解释为什么选民通常更愿意投票支持"交通末日"这种项目，这种项目承诺更快速的通勤旅程，但却往往无果。然而选民却不会投资给公交和地铁，很显然，它们可能更能节约资源，但同时由于它们遵循时间表，在指定站台和车站停靠，人们不得不忍受令人讨厌、精神折磨的等车时间。

在汽车还未发明之前，街道设计主要目的是为了方便步行。路上的规则很简单：行人为大。当有轨电车出现后，它们是开放的，乘客只要在它们经过时跳上去就可以了。现在大多数大道都是为了开车而设计的，如果有人在路上奔走，那是为了不给车挡道。在很多地方，车道都是禁止行人通行的（除了在紧急情况下，在美国大多数州内，在高速公路上行走都是违法的，甚至会有生命危险），或者干脆不修建人行道（当作节约成本），再或者很多人行道是年久失修的（洛杉矶城的人行道臭名昭著，可当作最好的例证，甚至连市长都承认是种耻辱）。在美国的一些州，法律规定行人要避免与汽车起冲突，不要找汽车的麻烦。法律和习俗都如此偏向汽车，以至于当汽车撞到行人而被起诉时，往往被当作违反交通规则，而不是人身攻击，即使在行人受伤甚至死亡的情况下。

最后，千禧一代的确渐渐地不再选择开车出行，也不认为每个人都应该拥有一辆车，还有少数城市正在建造一些适合骑自行车、公共交通和步行的街区，使人们更平等地使用道路，但这种趋势很缓慢，而且具有争议，仍然处于萌芽时期，无法动摇汽车文化的主导地位。对全美16岁的青少年来说，在驾驶考试的折磨中幸存下来，收到代表着胜利的驾照，仍是美国一个伟大的世俗仪式，和洗礼、受诚礼和坚信礼具有同样的意义。拿到驾驶证标志着童年结束，意味着全新的独立生活和一种机器带来的自由，在这种情况下，汽车不仅是交通工具，还是一种象征，还是整个秀场的明星。

所有这些历史、文化、仪式以及人和机器之间的情感都有助于解释为什么我们很难看清汽车真正的代价和本质。那么汽车的本质是什么？很简单，从任何一个角度来看，如今汽车配置和使用的方式都很疯狂，而且并不是一种有利的疯狂。它更类似这种疯狂：今年夏天我在县集市上看到的油炸鱼子酱夹馅面包价格居然是125美元1个，成本效率同样都不合理，只是汽车很有可能置我们于死地。

但等等，汽车象征着方便，难道不是吗？这种汽车的魅力和承诺一直让我们着迷，这还要追溯到全能的福特T型车的诞生，它号称功能多样，不论在公路上还是在山路上都能畅快行驶，一些人把拥有这样一辆车称为自由，而它所带来的方便是不容忽视的卖点。人们信得过它，它随时可用，说走就走，全听主人的差遣，按主人的计划办事。这是一件公交车和火车都做不到的事情，即使优步共享车也需要你去等待。不论车主什么时候想要上路出发，汽车总会在那儿等待主人。我们不用满头大汗地骑自行车，也不用把时间浪费在走路上面，美国人一直是开车去商场的，送餐员也是这样把比萨送到我们的家门口。汽车并不疯狂，反而很神奇，对吧？

但这是一个圈套。这种便利的代价就是要接受汽车对经济、环境、能源、效率、气候、健康和安全所不断造成的灾难。我们没能认识到汽车的缺点所造成的社会和经济损失，这意味着我们要暗地里为这些缺点买单。没有这笔资金，现代汽车没法占据主要地位或者根本无法生存。

所以汽车的缺点是什么？首先，它们极其浪费金钱和燃料，由于现代内燃机的效率低下，每花1美元购买汽油，就有80美分白白浪费了。而我们的基础设施和日常生活中没有一个部分能比现代汽车更浪费能源和金钱了。

当燃烧燃料时，汽车会向空气排放有毒物质和颗粒废料，引发癌症、肺病和哮喘。这些排放物会大幅缩短我们的寿命——不是短时间内，而是长此以往人类的寿命和健康会受到不利影响。据麻省理工学院估计，每年有5.3万美国人因汽车污染而过早死亡，而如果没有这些尾气排放，他们平均还能多活10年。当我们提取、运输以及提炼汽车燃料时，这个过程也会带来间接的环境、健康和经济成本，同时由于大量汽车燃料依赖国外进口，国家需要承担巨大的国家安全成本和风险。

作为一种投资，汽车则是一种最浪费的投资——摩根士丹利投资公司将它称为"世界上最未充分利用的资产"。因为汽车平均有92%的时间处于闲置状态。算上所有的成本（燃油费、保险和折旧费），美国车主平均要在汽车上花费12,544美元，然而每周却只使用14个小时。如果开一辆越野车呢？那得再加上1,908.14美元。

然后还有气候的问题。我们的"门到门"活动是全球变暖的一个主要原因，我们固执地使用老套、浪费又低效的交通模式和运输机器，进一步恶化气候状况。但汽车是真正的罪魁祸首吗？那其他的运输方式是怎样的呢？例如，就每运输乘客一英里（或每吨货物）的碳排放量而言，飞机常常是排放量最多的运输方式。据估计，乘坐喷气客机从纽约和洛杉矶之间往返飞行释放的二氧化碳量，比一个普通美国人整年全部碳足迹还要多10%。

但这并不是全部的真相——这是用数据掩盖，而没有阐明一个更完整真相的例子。相比汽车的全部里程，乘客的总飞行里程可以说是微乎其微：60%的美国人从未踏上过飞机，绝大多数人一年内只会坐一次往返航班。如果航空运输是唯一的交通尾气排放源，我们未来的气候环境将会变得更加有光明而不是更差。但令人遗憾的是，航空运输并不是我们的主要问题，在美国交通排放的温室气体中，其只占8%。相比之下，汽车和卡车一起的碳排放量则占总交通碳排放量的83%。

此外，由于燃料成本的增加和激烈竞争，航空公司的利润一直下降。因此出于必要，航空公司已经将每运送一位乘客一英里消耗能源的效用提高了很多。飞机能源利用率的提高一部分是由于工程学的发展，很大程度上来说也是由于更有效率的订票系统，让机舱坐满保持盈利（虽然挤着不舒服）。总的来说，现在的飞机比1970年的效率高了74%——所以说对于长途旅行，开一辆普通的美国汽车比坐飞机对气候的不良影响更大。驾驶越野车或者中型汽车从纽约到洛杉矶比坐飞机对地球的影响更糟糕。这个说法是真的，一部分原因是汽车燃料效率的改善速度远比飞机慢得多，还有一个原因是美国人越来越喜欢一个人开车，这导致近些年来驾驶汽车更为低效，以及每运输乘客一英里都会排出更多的碳。

因此汽车对气候构成了最大的威胁，而全球变暖之后，自然灾害如飓风和干旱会越来越严重，海平面上升，食物供应链压力增加，这都会给我们的基础设施、家庭和生活造成不利的影响。如果汽油和汽车的定价实际上要反映真实的成本以及它们所施加的损坏，汽车恐怕会像恐龙一样不复存在。一加仑汽油的价格将远不止10美元。从这些可以看出，我们实际上要偷偷地为我们的汽车付出多大的成本。

而这甚至还没有算上我们默默承担并买单的一项最大的成本：汽车致使许多生命无辜消亡。它们是美国人（特别是年轻人）可避免的导致伤亡的主要原因之一。

现在人们有各种材料、技术和科技来修补汽车的各种缺陷，并且从长远来看，相比维持现状，修补这些缺陷的成本会更低。但人们愿不愿意接受或者意识到汽车的缺陷，这又是另外一回事了。

奇怪的是，现代汽车最直接毁灭性的后果——车轮下的屠杀——似乎不能引起公众的强烈抗议和关注。吉姆·麦克纳马拉是加利福尼亚州高速公路巡逻警察的小队长，这些巡逻警察80%的时间都在处理车祸，而吉姆认为当一个问题"很严重但却不集中"时，公众将不再关心这个问题并变得麻木。他说无论是气候变化或是车祸，如果这个问题没有一次性造成轰动的后果——就像一架载有几十或几百人的飞机坠毁——那这个问题很难引起任何人的注意。很少有人能知道他和他的同事们每天近距离看到的是什么：几吨重的金属飞驰着撞向混凝土、砖块和树木，继而对卡在安全带里的人（或者不系安全带，这种事经常发生）做出何种残酷之事。麦克纳马拉的回答很简短，他说："都不是什么好事，你饱餐后不会想看见那些东西。"

相比之下，普通驾驶员对车祸有着完全不同的体验，他们不过是看过一眼路边的汽车残骸、一些玻璃碎片以及一闪而过的弯曲金属，片刻后，这些东西就会在后视镜中消失不见。

在这种时刻，大多数时候人们看见的主要是汽车，很难看见人身伤害，因为血迹和尸体很快就被干净的黄色或橙色塑料裹尸布包裹，幸存的人则立即被转移接受治疗或被送到安全的地方。对于路人而言，他们很少能弄清楚是什么造成了车祸、它到底是怎么发生的、为什么会发生以及到底是谁该负责任。所以大多数时候，当路边发生车祸时，绝大多数驾驶员把这当作是一件烦人却无可避免的不便之事——对他们而言，这只是另外一个绕道和交通堵塞的原因，一个通过后才会让人放松的堵塞节点。越来越流行和强大的智能手机交通应用甚至能帮助精明的司机远离那些因车祸而造成的堵塞路段，司机们更没有机会瞥见路边上的车祸。除了那些亲历车祸的人以及清理现场的人，越来越多的人在平常生活中看不到车祸现场。在某种程度上，许多人能意识到有很多人在车祸中受伤或丧生，这让他们感到担忧，但大多数人即使知道也不为所动。

大众对车祸冷漠，对空难会非常关注，这种对比非常强烈。空难总是会造成人们极度的恐惧，占据媒体头条，人们也会不惜代价调查起因。当把满载乘客的客机失事与只载一人的汽车车祸对比，这看起来可能有点违反常理，但是这种关注度差异不能因为载人量而被正当化。恰恰相反的是："9·11事件"后的14年里，美国本土发生了8次客机坠毁事件，其中包括地区性航空公司、国家级或者国际航空公司。这些事故的死亡总人数达442人。每月平均遇难人数少于3人。

而"9·11事件"后的同一段时间内，美国街道和高速公路车祸死亡人数（也包括儿童）高达40万人。在2015年，每月因交通事故身亡的人数超3000人。

车祸死亡人数如此多，这相当于美国人每周都有4架航班失事。

大众对车祸死亡人数的反应可以说明一些问题。从2014年6月到2015年5月这12个月内，美国共有779万次航班起飞降落。这是一个很大的数字，航空旅行确实是交通的一个重要组成部分，但说到美国人通勤的方式，这个数字就不值一提了。美国人每天会乘坐汽车1.1亿次。

飞机失事的调查公布后，政府会颁发全国安全公告或对飞行员进行强制性的训练，而车祸往往不会促成相似的做法。人们不会对一块汽车残骸进行全面调查，也不会想办法防止类似的悲剧在未来重演，但这些在航空领域是强制性的。在汽车领域，有的只是当地法医给出的常规报告，以及警察提供的事故细节信息，但对于如何避免类似事件却不会提供相应的指导。新闻媒体甚至都不会报道大多数车祸，包括那些致命的车祸。而那些报道车祸的新闻只会描述人员伤亡和财产损失，但几乎不会报道事件的起因，好像一个人就是想撞车。当然，当发生了任何造成了伤亡的事故，美国人的解决方式是去进行诉讼，但几乎所有的这些诉讼都被保险公司悄悄解决了。只有当事故涉及汽车的一些安全缺陷，错不在驾驶员时才会有例外。在这种情况下，媒体会大肆报道，公众的反应也更加热烈，尽管联邦政府在50年内都有权因安全原因召回汽车，但每天因安全缺陷在高速公路上导致的伤亡人数只占很少的一部分。

美国国家安全委员会首席统计官肯·克罗斯把路上的一天称为"平静的灾难"。他最应该了解公路上到底发生了什么：他的工作就是制作美国年度意外伤害和死亡的统计纲要。克罗斯是和蔼可亲、低调朴素的美国死亡专家，他要研读那些法医的检查结果和警方报告，从州政府机构和联邦机构处提取数据库做出一张图，说明人类是如何杀死自己的。他的工作就是发现这些趋势，注意一些奇特的事情，例如意外中毒的人数越来越多（大多数是乱用处方药），以及发现一个真相，即打击酒驾的活动已经拖延了几十年。克罗斯说，一沓沓放在他办公桌上的文件显示，尽管车祸在逐渐减少，因汽车而造成的伤亡数量仍然是灾难性的。

车祸是40岁以下美国人死亡的主要原因，也是导致65岁及以下的美国人死亡的第五号杀手（仅次于癌症、心脏病、意外中毒和自杀）。

112位美国人中就有一位可能死于交通事故。概率稍小于1%。

每年因机动车伤亡事故带来的经济成本和社会影响损失高达8360亿美元。这只是直接经济成本——算在税收和保险费里的医疗费用和急救人员费用头上——等于美国的每位公民（包括儿童）须缴税784美元。

数字太巨大，不容易理解，所以做一个简单的对比，也许更好理解一些：如果我们的公路是一个战场，那大概是美军遇到过的最危险的战场。

首先，根据克罗斯的统计，在美国2014年因机动车事故的死亡人数达3.54万人。除了美国南北战争和两次世界大战，美国在任何一场战争的一年内都没有牺牲过这么多人。这意味着美国高速公路上的死亡人数比越南战争、朝鲜战争、伊拉克战争、阿富汗战争、1812年战争（1812年至1814年之间，英美两国的战争，主战场在加拿大边界）和美国独立战争时期每年的死亡人数都要多。

现在想想美国每年在车祸中的受伤人数——仅算上那些严重受伤需要到急症室进行创伤护理的人数：250万人。高速路上的受伤人数比美国在第一次和第二次世界大战，以及越南战争、朝鲜战争、伊拉克战争、阿富汗战争、1812年战争和美国独立战争的总伤亡人数还要多。这个数字还不是这些战争每年的伤亡人数。美国一年内因车祸而造成的伤亡人数比所有这些战争期间加起来造成的伤亡人数还要多，多出的人数则相当于美国南北战争中北方军的伤亡人数。

若将范围扩大，包括美国每年因车祸而致使轻伤，但是需要求诊的受伤人数，这个数字可达430万，远超美国军队曾参与过的每场战争中的伤亡人数总和（包括美国南北战争时期的南方军）。

在美国驾驶汽车一年比参加所有这些战争都还要危险。而汽车仍是主角。

第五章

黑色星期五

CHAPTER 5

Friday the Thirteenth

2015年2月13日星期五，这天美国公路一如往常。美国的公路全部加起来有407.1万英里，这张由柏油路、水泥路和土路构成的公路网将我们的国家各处相互连接起来，从华尔街到主要道路，从港口到仓库，从消费者到商场——还有从驾驶员到死亡。

喝醉的年轻艺人选择步行回家而不是酒驾，却不料会被喝醉的驾驶员撞倒。绘图艺术家在雪夜小心地开车，结果却正面撞到在州际公路上逆向疾驰的汽车。还有一种疯狂的事情经常发生：一个床垫掉在了高速公路上，床垫这种柔软的物体本来是起缓冲作用的，但要是有辆汽车高速地撞向它，便会引发了一起致命的连锁反应——死亡弹球游戏，这些球（汽车）重达两吨，中间相撞的地方是保险杠。

这一天，美国公路上的伤亡人数和以往每天一样，都可以按24小时制来计算：

每15分钟就有一人死亡。
每12.6秒就有伤员被送到急诊室。

每7.3秒就有一人严重受伤需要就诊。

每2.8秒某地就会发生一起车祸——可能有人死亡、受伤或是财产损失，或者三种情况都有。

车祸随时在发生：在你读这句话的时间里，美国的公路和街道上发生了两起或多起车祸。

13日清晨，新罕布什尔州发生了一起严重的车祸，它导致高速公路的双向车道全都关闭。车祸发生在弥尔顿镇的16号公路，它的车流量不多，路旁树木繁茂，距离缅因州国道很近。这条公路不得不禁止汽车和卡车通行，这样现场急救员才可以快速到达事故现场，帮助伤员止血，救出汽车里的人员，试着为没有生命迹象的人进行心脏复苏。接着调查员、法医和拖车会先后来到现场，最后到来的是清洁人员，他们会移走车祸后的残骸以及摆放在公路上提示绕道而行的标志，重新恢复势不可挡的车流。四小时后，午夜0点多，这场车祸没有在路上留下任何痕迹。这次车祸发生在星期四，但它的余波持续到了星期五。

由于前夜发生致命车祸，美国的大多数日子都是从关闭某处的车道、街道或高速公路开始的。

一直以来，维多利亚·罗斯都会在双向车道高速公路上向南行驶，到达她在马萨诸塞州里维尔市的家。这时候她的吉普自由人越野车越过了中心线，移到了北向的车道上，这是那天第一起由于跨道行驶引发的车祸事故，这种车祸很常见。当她的越野车迎面撞向一辆斯巴鲁傲虎旅行车时，这位57岁的女人当场死亡，而这辆被撞到的车一直合法正规地在北向车道上行驶。被撞到的驾驶员艾利森·史密斯是非营利机构新英格兰州电力委员会的环境专家，营救人员把31岁的她从面目全非的车里救出来，然后匆忙送到当地医院没多久之后，她就去世了。她车上的一位乘客，波士顿布兰代斯大学体育学院的院长凡妮莎·考克斯也在医院的急诊室去世了。斯巴鲁车里的第三位乘客露西·波拉德，她是一位预科学校的老师，驾驶员艾利森·史密斯的妻子，她虽身受重伤，但是幸存下来了，罗斯的吉普车的一位乘客也是如此情况。一条搭乘罗斯吉普车的小狗由于伤势严重，人们不得不给小狗实施了安乐死。

汽车在车道上漂移，不管是向右偏移或向左偏移（官方术语是车道偏离），这都标志着驾驶员分心驾驶或者开车时打瞌睡。但通常情况下，调查员很难确定罗斯突然进行致命转向的原因。最能说明原因的人已经去世了。

13日星期五发生了多起这种原因不明的漂移导致的车祸。吉莉安·L.吉莉·雷贝尔就是其中一位受害者。40岁的吉莉是当地加油站和便利店的工作人员，社区的每个人都认识她，她总是亲切地和客人打招呼，还喜欢各种各样的动物。星期五那天下午两点半，她在宾夕法尼亚州拉克万纳镇上的I-80公路上开着车，车身越过了公路的中心线。她的克莱斯勒漫步者小车撞到了长满草的公路中央隔离带，打滑后车身翻转了四圈才嘎吱一声停下来。由于开车时她没有系安全带——车祸死亡的另一个常见原因——车身翻滚时她被甩出车外，当场死亡。

10分钟过后，87岁的迪克·摩根死在他的福特F-150小卡车里，他当时正驾驶在明尼苏达州的19号高速公路上，死亡原因和上述一样，他越过中心线迎头撞向一辆二轮拖车。查德·希尔博恩是一位33岁的狱警，他在密歇根州的沃什特瑙县的监狱值完夜班后，在回家路上以同样的方式身亡，他漂移过中心线迎头撞上一辆正在驶来的皮卡车，另外一位驾驶员受到重伤。当天有20多起这类致命车祸意外：汽车越过车道、开进有明显标志的障碍区以及冲进田野和树林。这些事故没有一起涉及机械故障或恶劣天气，也没有证据显示有醉驾行为，这意味着存在一些本可以避免的错误——分心驾驶、疲劳驾驶或超速驾驶。

早在1979年，美国和英国就做了大量研究，结果表明90%~99%的交通事故都是由人为过失造成的。超速驾驶（30%的交通死亡归因于该因素）以及分心驾驶（26%）加在一起占所有事故成因的一半以上。还有一种最常见的致命车祸的原因——酒驾（30.8%的交通事故死亡归因于该因素），毫无疑问，它属于一种人为过失，其他草率疏忽、不合格和违反规则的驾驶行为也属于人为过失，包括：紧跟前面车辆、闯红灯、不礼让行人、在非机动车道上行驶、不安全的驾驶速度以及疲劳驾驶（而不是累了就靠边停车休息）。所有这些都是故意行为，与"意外"这个名词所描述的正好相反，虽然人们经常把这些交通事故描述为"意外"，但这往往是不正确的。虽然这些致命的后果并不是有意为之，但这些行为绝不是意外。

到目前为止，除了拆弹专家和脑外科医生的工作，大多数人做的最困难、最复杂以及风险最高的事情就是开车。然而驾驶培训和考驾照的门槛太低，几乎人人都会通过（最终大家都会过）。所以不必感到惊讶的是，犯下这种错误不管是蓄意犯罪还是出于疏忽，它是几乎所有车祸的元凶。如果元凶是其他因素，那才该感到惊讶。

真正令人惊讶的是，即使人为过失这种错误非常普遍，却很少存在一些机制能有效避免因驾驶员草率或大意的行为而导致的致命事故——不论是预制还是减少，或者加重刑罚。

星期五下午，蒂梵妮·斯特拉瑟正准备穿过丹佛市波尼布雷街区繁忙的街道，她推着坐着两个孩子的双推车，耐心地等着行人通行的绿灯信号。5岁的奥黛丽有视觉障碍，她发育迟缓。坐在她旁边的是3岁的奥斯汀，他是奥黛丽早熟的弟弟，自称是奥黛丽的"大哥哥"，她的保护者和引路人，他正倒数着日子迎接一周后他4岁的生日。这一家三口准备去买冰激凌，然后再去图书馆。

在同一个十字路口，驾驶员琼·辛可梅尔也在等绿灯，78岁的她是一位退休教授，现在是月刊社区报纸《华盛顿公园简介》的园艺专栏作家。辛可梅尔刚完成在社区图书馆的志愿工作，这个图书馆也正是斯特拉瑟一家准备去的地方，这时辛可梅尔开车左拐驶向人行道，撞到了斯特拉瑟一家。蒂梵妮和奥黛丽仅受轻伤，但奥斯汀被拖行了几英尺，头部受到致命创伤。辛可梅尔说她没看见人行道上的一家人，因为午后的阳光太耀眼了。

经过长时间的调查，丹佛市地区检察官指控她粗心驾驶致使一人死亡及两人受伤——科罗拉多州将其定为轻罪，处以最高1000美元罚款和一年有期徒刑。然而，最高惩罚只是理论上的，实际刑罚会比较低。检察官提出了控辩交易（在刑事诉讼中，检察官与被告人进行谈判，说服被告人做有罪答辩，以换取在质控方面的让步），只要琼·辛可梅尔承认罪行，则免除其牢狱之灾，但琼·辛可梅尔要做200小时的社区服务以及参加驾驶课程，抵消一项粗心驾驶的罪状。

在情绪波动的庭审会上，辛可梅尔向斯特拉瑟一家道歉，但奥斯汀的父母请求法官驳回被告的控辩交易，采取最长监禁并禁止辛可梅尔开车。蒂梵妮·斯特拉瑟在法庭上竖起她儿子的遗照相框，瞪着法官说道："难道在人行道上撞死一位儿童的代价就只是做一段时间的社区服务吗？"

法官倒是的确驳回了控辩交易，但接受了一种稍微修改过的方案（这套方案是在庭审现场匆匆完成的）：一天拘留外加30天家庭监禁，若辛可梅尔想保住驾照的话还必须通过一个驾驶课程。

抛开醉驾案件不谈，这些判决大概是全国当天致死车祸诉讼案中最严厉的惩罚了。那天早些时候在密歇根州的奥本山发生的一起车祸则更具有代表性。一位33岁的机械师驾驶在75号州际公路上，另一辆汽车在南向车道上违章驾驶，显然这位机械师为了避开这辆汽车，使车辆转向，他的福特护卫者失去控制，撞到水泥中间墙，停到了右车道。随即一辆雪佛兰美宜堡又撞到了这辆破损的汽车。福特车驾驶员约翰·斯蒂尔最近刚买了一套房子，正忙着给房子装修，结果就身受重伤，几周后因颅脑损伤并发症去世。目击者认为黑色福特越野车（前文所提到的违章驾驶的车）撞到了斯蒂尔的汽车并肇事逃逸，引发一连串死亡事件。随后警方向媒体请求帮助寻找更多的目击证人，好在神秘的越野车驾驶员自首了。调查人员确定这辆越野车与斯蒂尔的汽车根本没有物理接触——只差一点就会撞到。这辆越野车车主的结局是：收到一张违章驾驶的罚单。

更具代表性的是：那天早上6点30分，得克萨斯州康罗市有位驾驶员驾驶在繁忙的105号国道上，这位驾驶员向左转向开到逆行车道，逆行车道前方有一位年轻人以每小时55英里的速度开着一辆摩托车。由于这辆汽车突然转道，摩托车驾驶员根本无法闪避，只能与这辆汽车猛烈撞击。那时17岁的特伦顿·福琼正要去见他女朋友，准备去高中上学之前一起吃早餐，但他却在路上被撞死了。在警方报告中，汽车驾驶员因这起车祸被追责，因为他没有让道，但他却没有遭到刑事指控。

加州公路巡警里流传着一个老掉牙的笑话：如果你想杀死一个人又不想担责的话，就开车撞死他吧。

这可不好笑——事实就是如此。只要驾驶员没有酒驾，致人受伤或死亡的驾驶行为极少被视为犯罪，而且很少受到重大处罚，例如剥夺驾驶权（尽管这项政策影响有限，因为2008年的一项研究发现：美国五分之一的车祸中的车主都没有合格的驾驶执照）。违章驾驶可能会导致连锁反应，造成重大伤亡事故，但这种疏忽或草率的行为往往都会被视为一件普通的交通违规或一次简单的"意外"。只有在极少数的情况下检察官才会提出正式刑事指控如"车祸杀人罪"，这些指控往往会变为轻罪或交通违规。有一个很好的例子：有一位20岁北达科他州的女子，2014年她被指控开车时使用手机，据称她开车太不专心，导致其以每小时80英里的速度追尾了另一辆汽车，中途甚至都没踩一下刹车。一位89岁的老人死在了另一辆车上。在这桩案件里，驾驶员被重罪起诉，但最终经过控辩交易，重罪被降为轻罪，这位女子须接受一年的无监督缓刑，并保证一年之内若她没有发生其他交通事故，就可以抵消这条轻罪记录。

在其他案件中，司法系统有意为汽车暴力寻找借口，这使法官不断从轻判决。就像在2013年发生的一起死亡事故，3岁的艾莉森·廖和她的祖母手拉手走在纽约皇后区法拉盛的大街右侧的人行道上，不幸被汽车撞倒了。皇后区的地区检察官拒绝起诉这位撞死幼童的越野车驾驶员，原因是他当时没有醉驾或吸毒。相反，这位驾驶员只收到了2张交通罚单。这些罚单是被一位刚正不阿、铁面无私的法官匆忙之下开出来的，同时他受到无能的机动车部门的怂恿，只进行了47秒的听证会，甚至没有仔细检查这件案件的事实真相。这个司法系统的目的就是在一天之内尽可能处理更多的传票，根本没有时间去关心一位3岁儿童的死亡。

这样的判决结果非常常见，尽管在大多数案子刚开始的时候，检察官很少会对肇事者发起严厉的指控。2014年，《华尔街日报》梳理了交通和刑事司法的数据，结果显示在纽约发生的95%的交通死亡事故的肇事者没有受到刑事检控。俄勒冈州也做了一个类似的分析，结果表明在俄勒冈州，在没有醉驾的情况下造成车祸死亡事故的话，驾驶员其实不用担心会背上刑事责任。驾驶员在美国刑事司法体系中似乎享有崇高的地位，然而在发达国家中，美国的这套系统已经算是最为严厉的系统之一了。

没有任何一件商品能像汽车一样从根本上塑造我们的法律、设施规划和公众舆论。正如马车式汽车曾传奇性地重新定义美国的交通一样，汽车引发了诸多更深远的变化，而其中我们描述汽车暴力的用语变迁影响最为深远。20世纪20年代，有个通用术语叫"汽车杀戮"，现在已经演变成"死亡事故"。这两种描述公路死亡的说法之间有极大的区别——早期的描述术语带有愤怒和指责的意味，现在的术语则没有责难的意味，而且很官方——这种区别或许能解释另外一件看似无法解释的事情：汽车的设计和使用方式使其成为儿童、青年以及40岁以下人群的头号杀手，而几十年来美国公众已经默默地接受这样一个结果。

乔治亚州福塞斯县2月13日晚发生了一起车祸,司法调查员梳理分析现场残骸得出结论,在高中老师泰勒·奥利弗的福特皮卡车漂移出县公路之前,他正在用手机发短信。当他意识到自己的错误时,奥利弗似乎试图将汽车转回沥青路上,但他的车失控了,汽车反而失去了控制。他的皮卡车在路上滑行越过中心线,驶到了相反的车道上。一辆"超重型"的福特F-350卡车——正用一台山猫前端转载机拖着一辆24英尺的拖车——在奥利弗皮卡车副驾驶的那一边行驶。两辆卡车都从路面侧滑,撞到了路堤。卡车里的驾驶员和乘客都没有受伤,但在福特车里的奥利弗受到了致命的头部创伤。

北卡罗来纳州格林斯博罗的调查员推断罗杰·麦克亨利也是死于注意力不集中,他是联合包裹的员工,当时他的车斜行到了40号州际公路分岔的"三角点"。在亚利桑那州的弗拉格斯塔夫市,一位驾驶员开着一辆满载啤酒的二轮拖车,他驶离路面,撞进40号州际公路上的涵洞而不幸身亡,由于散落的啤酒瓶和残骸,高速公路的西行路段不得不关闭半天。曼迪·J.托尔是另外一位分心的驾驶员,死在一条她熟悉的路上,那儿是她住的地方。她斜开进了一条水沟里,之前她在这条路上安全行车无数次。这位26岁的美容师在印第安纳州波特兰市的巴顿库特美容院工作,她没有系上安全带,当她的汽车翻转时,她被甩了出来,遭受致命创伤。有一半的车祸都是在离家5公里之内发生的。

由于这种事故太过普遍,分心驾驶——特别是开车时使用手机——近年来已经成为公众讨论、立法、警察严打等的重点,此外,它还引发了很多误解。

分心驾驶的问题不在于手机本身,而在于人脑,在于美国国家安全委员会所说的"多任务处理迷思"。这是一种普遍但错误的观念,它认为人类擅长同时做几件事,不管这些事情是开车、烹饪还是跳舞。在做大多数事情时,这种观念并不会造成什么害处,但如果当你正以每小时65英里的速度驾驶的时候,"多任务处理"在这时候风险就太高了,远不是观念错误所能一笔带过的。我们在这讨论的不是边走路边嚼口香糖,而是需要思考和注意力的工作。事实是，当同时做多件事情时，不管我们主观上感觉如何，人脑不可能同时将注意力分散在两件认知任务上。电脑能做到，但人不行。我们生来不适合多任务处理工作模式。

人类大脑真正擅长的是在需要投入心神的工作之间来回切换——转移注意力而不是分散注意力，当切换回去做一项工作时，我们可以从上次停下的地方继续做。所以当驾驶员在开车时玩手机、拨弄车载音响或是递奶瓶时，他们并不是在开车。他们正将注意力从一件任务切换到另一件任务上时，有时候这个切换过程相当快，但任务绝不是同时完成的。

这就是分心驾驶的本质，并不是只有低头看手机而不看前面的路况才算分心驾驶。当对驾驶员的脑部进行扫描时，我们发现他们讲电话时虽然眼睛直勾勾地看着前方，但大脑处理动态图像的区域的活动量减少了三分之一或更多——这就是大脑分心的确凿证据。有很多致命的车祸都归因于这种"忽视性盲区"，通常又称为"视野收缩"。当驾驶员讲电话或者做其他与驾驶无关的事情时，他们的注意力会如此集中于这些无关驾驶的事情，以至于当他们的眼球从驾驶环境里获取信息时，他们的大脑能感知到的不足一半。他们看上去好像很专心——这些驾驶员甚至可能认为他们很专心——但他们的确是分心的驾驶员。这与技巧、练习或经验无关，而是人类生物机制。

几年前，美国运输部拍了一个公益服务视频，这个视频讲述的是密歇根州大急流城发生的一起致命车祸，这场事故能说明前文所讨论的多任务处理问题。一位20多岁的女子在城市街道上开车时正与教堂的某个人打电话，她在那所教堂里与一些读小学的孩子们一起做志愿工作。目击者后来告诉警察，她讲电话的时候直视着挡风玻璃前方——没有低头，没有发信息也没有拨号。然而她还是在十字路口闯了红灯，当时交通灯已经变换了有一段时间了，有几辆车已经在她的视野范围内前方开过，但是她仍然开车前进，没有刹车也没有鸣笛，直接加速闯进了十字路口的车流中。她与另一辆时速48英里的车相撞，致使车中12岁男孩不幸死亡。

问题不在于人类无法做一位好驾驶员。当集中全部注意力时，人类可以成为出色的驾驶员，我们能在大脑里演算出安全的通行轨迹，就像一位橄榄球明星四分位和他的接球手一样，他们演算估计并且出色地完成了一次距离40码的传球。同时，大脑非常善于忽略错误的警报，由于不用非得对每个潜在危险作出反应，车流从而能以正常速度运转。大脑也能够立马分辨出路上随风飘荡的气球与闯入车流的行人之间的区别。这听起来好像很简单，但是无人驾驶汽车会同样快速地在气球和行人面前停下来。

不论我们手上有没有手机，人类都不能在长时间内保持专注，全身心投入其中。开车能成为一件无聊的事情，路况单调，我们太熟悉路上的街道或十字路口，以至于我们几乎不会花过多精力去关注路况。这时候人类大脑为了安全驾驶而投入的专注力开始减弱，因为人类不擅长在做重复和日常工作的同时保持警惕，应对可能出现的危险，这些危险可能会突然发生，让人始料未及。机器人和计算机擅长在这种情境下工作——这就是为什么在长途飞行中自动驾驶仪成了必不可少的工具。

使用手机、全球定位系统设备以及专注于其他与驾驶无关的工作（吃东西、化妆、使用电动剃须刀——几乎每件事都能使人分心）会增加车祸风险。所以美国每天都会出现分心驾驶。而结果都是致命的：我们知道每小时会发生一起这类车祸死亡事件。

当危险可能发生时，不论是前面的车猛然刹车，或者是司机没有注意到前方的停车标志，或者路面转弯时分心驾驶，在分心的驾驶员重新投入专注力并且做出反应之前，许多糟糕的事情能在这段时间发生。

吉姆·麦克纳马拉说道："你正把你的性命交到了道路上每天与你相遇车辆的驾驶员手中。"这位加州公路巡警局官员的语气明显表明他不喜欢驾驶中的这一面。麦克纳马拉知道人们每天都在打破这种信任。他亲眼见过车祸，他还清理过车祸后的现场。这种事情发生得太迅速，而且太容易发生：很多驾驶员不能抵制去看短信或者翻看播放列表的诱惑，毕竟这些事情只花几秒钟，但这些事情能轻易地使司机面临车祸的危险。问题是许多车祸就是这样发生的：两辆时速65英里的车相向而行，约每秒移动190英尺，你要做的事情就是低头看你的手机，无意中越过中心线，只需要3秒，原本相距两个足球场的两辆汽车就会迎头相撞。

"我希望我们能让人们记住低头看手机的后果，"麦克纳马拉说，"我们每天都能看到这些车祸所造成的惨状和悲剧。"

即便人们有时间做出反应，从分心的状态中突然重新集中注意力会导致人们过度操作——比如突然用力打方向盘或急踩刹车导致汽车漂移。这种事情在每一天也都会发生好几次。

警察很难证明分心驾驶。酒后驾驶可通过酒精测试证明，超速驾驶可根据交通摄像头、冲击力、打滑痕迹和物理伤害计算出来，但分心驾驶极少留下确凿的证据，在没有目击证人的情况下，我们只能凭空推断，却得不到证明。但是现在我们对1700件青少年司机车祸时在车内所录制的视频进行冷静的分析，结果推测分心驾驶这个问题比之前预想的还要严重。有两种类型的车祸极为突出：有89%是偏离车道的车祸——汽车漂移进路肩或者驶离路基——和76%的追尾事故是分心驾驶造成的。

这些视频都触目惊心，在这一场接一场的车祸中，没有发生重大伤亡纯粹是侥幸，而不是因为司机驾驶技术高超：在这些青少年盯着手机看几秒钟的时候，化妆或者往路边看时，他们的汽车就会驶出马路，撞到其他汽车的尾部，或者驾驶员矫正过度导致汽车打滑失控。在视频中发现七种最常见的分心表现：

与一个或多个乘客互动：占比15%

使用手机：占比12%

盯着车里的某件东西：占比10%

盯着车外的某件东西：占比9%

唱歌/跟着音乐摆动：占比8%

打扮：占比6%

伸手拿东西：占比6%

　　美国交通安全汽车协会基金会在2015年3月发布了该项研究报告，该研究发现每10起中等严重和极其严重的青少年车祸里，就有6起是由于分心驾驶。

　　每天孩子们都会开车去往位于芝加哥郊区的新雷诺克斯市的林肯路中央高中，他们几乎会用各种方法来逃避学校每年125美元的停车费用。这些孩子们为了不交这笔费用，他们的首选方法是将车停在美国30号公路的远侧，这条公路横跨整个校园。但这种免费停车方式有一个缺点，这些孩子们为了赶去上课，他们必须在高峰时段冒险穿过繁忙的四条车道。当学生们开始横穿高速公路时，他们会发现自己被困在了混凝土中央隔离带上，这条隔离带将东行和西行的车道分开，他们只得等车流慢一点后再穿过公路。伊利诺斯州曼哈顿市的这位17岁男孩迪伦·威斯科夫也是这么做的。当他穿过高速公路时，不知道是绊倒还是滑倒了，抑或只是判断失误，这位高三年级学生走出中央隔离带，跨进了一辆卡车的西行车道上。卡车驾驶员还没有来得及刹车就撞死了迪伦，心理辅导师被请到学校帮助一些焦虑不安的学生，而在家中的迪伦的父母不得不面对他们儿子的房间，房间里堆满了几箱皮卡车的零部件，他和他的父亲准备在周末用它们修理旧车，这是迪伦最喜欢的消遣方式。

　　迪伦去世的前一天，他发了最后两条推文，一条幽默中带着挖苦，另一条则很黑暗尖锐："女孩们给我打的4分是我这学期得到的唯一一个4分（满分10分）。"他下面一条推文写的是："不开车难受死了。"

　　在这个黑色星期五，行人与汽车这个组合令人不安，多起严重的事故是因为这两者没有协调好而发生。70岁的莎朗·加里森是亚利桑那大学的金融学教授，下午五点她沿着图森市的高速公路大道散步，在路上被后面转弯的一辆车撞倒，第二天重伤不治而死。许多人在网上表示遗憾，对她本人赞赏有加，其中包括在她漫长职业生涯中执教过的学生、企业领导人以及同事们。撞倒她的驾驶员立即停车并与警方协作，但没有收到法院传票。亚利桑那州法律更加偏向司机而不是行人，当行人走在没有人行道的路肩时，他们应该直面车流，以此假定他们可以安全地躲过来来往往的汽车，而不是汽车应该避让行人。

一个小时后，在加州的沙漠温泉，44岁的爱德华·曼宁，四个孩子的父亲，在每日通勤的路上被一辆经过的汽车撞死了。这条大道的两旁是居民区，在这个度假小镇这条路算是臭名昭著，因为它的照明条件很差，没有人行道，虽然限速每小时40英里，但是驾驶员经常超过这个速度。在新闻发布会上，一位市政府官员承认照明和超速确实是这个地区需要解决的老问题，但他也表示由于没有公共资金可用来改善道路条件，行人走路时要更加小心。这次车祸死亡事故发生几个小时后，在阿拉巴马州，一位54岁的妇女被一辆通用运动型汽车撞死了，当地时间是傍晚，这位妇女正在得克萨斯州的边界小镇多娜的一条公路上散步。

在得克萨斯州的新布朗费尔斯，托尼·乌洛亚被一位逃逸司机撞倒致死，车祸的确切时间无法确定。驾驶员撞倒这位65岁的退休工人后没有停车，因此没有留下太多的证据，只留下一个骨折的男人卧倒在地，嘴里不断痛苦地呻吟着，血流了满地。为了保持健康，乌洛亚退休后刚养成跑步的习惯。他才结束日常的跑步锻炼，跑到了靠近35号州际公路的临街道路，从那里回到家仅需五分钟。那个肇事逃逸的驾驶员逃跑后过了多久人们才发现乌洛亚？如果进行急救他可能会活过来吗？这两个问题困扰着乌洛亚的家人，他们说乌洛亚离家那么近却孤单离世，这是他们最无法释怀的一件事情。

在美国，每天共有16个行人因为机动车事故而去世。另有466人因此受伤。只有三分之一的车祸伤亡可能是行人自己的过错：2013年，20%的车祸是由于行人跑进街道，7%的交通事故与穿行人行道方法不得当有关，6%的交通事故是由于行人在道路上站着、躺着、嬉戏或工作。但绝大多数车祸更像是夺去爱德华·曼宁和托尼·乌洛亚性命的车祸，这些车祸不是驾驶员有意而为，却是由于他们的粗心大意、漠不关心的态度或是更糟糕的原因，而这些现象太普遍了，它们原本是可以避免的。

肇事逃逸在行人死亡事故原因中大概只占到五分之一。而各种类型的肇事逃逸事件（汽车撞行人、汽车撞自行车以及汽车撞汽车）多年来都呈上升趋势。荒谬的是，城市扩张的道路和随时通行的高速公路系统使得逃逸变得更加轻松，逃逸事故在这些城市尤为普遍。近年来，洛杉矶周刊做了一次数据调查，结果发现洛杉矶城将近半数的车祸都是肇事逃逸事故，而且这类事故造成的伤亡率是全国平均水平的4倍。2014年，发生在行人、自行车和其他汽车的车祸肇事逃逸事件造成27人死亡以及144人严重受伤；同年，洛杉矶所有备案的肇事逃逸事故（包括停车场刮擦和无人受伤的小车祸）超过2万件。而能逮到逃逸驾驶员的案子只有不到20%，超过一半的案件根本没法调查。

针对此问题，去年全国进行了一次全面调查，结果显示2011年美国发生了1449起致命肇事逃逸事故。

针对驾驶员和行人之间的纠纷问题，随着时间的推移，人们对这种事情的态度已经发生了极大的改变。20世纪20年代，汽车开始大量出现在城市街道上，而之前主要是行人占领着城市街道，这个变化导致行人的伤亡数量迅速上升，引起了众怒。人们要求改革和保护行人，城市开始偶尔会发生骚乱、出现抵制汽车的集体自卫行为、大规模游行和对汽车暴力表示抗议。商务部长（后来的总统）赫伯特·胡佛（Herbert Hoover）针对此问题发起了一次联邦调查。

1924年11月23日，针对胡佛的调查，《纽约时报》的头条惊叹道："美国掀起反汽车暴力的热潮。"这个故事的插图含义深刻：图上画着骷髅死神，披着斗篷，驾着一辆巨大的跑车，车轮底下轧着数百个孩子。为了解释"汽车死亡事故的惊人增长"，新闻故事的开头就提醒《纽约时报》的读者，汽车是比第一次世界大战还要大的威胁。文章谈道："和平年代的恐惧比战争年代的恐惧更骇人。汽车是比机关枪更具毁灭性的机械。粗心大意的汽车驾驶员比炮兵造成的死亡人数更多。街上的行人似乎比战壕里的士兵更不安全。"

当时普遍的观点是：撞到人的驾驶员显然是粗心大意的，他们在行人聚集区，特别是有儿童的地方，开得太快或者不够专心。迫于压力，汽车制造商在发动机里装了"限速器"，防止汽车在人口高度密集地区的行驶速度超过每小时25英里。结果表明这个速度值挑选得很好。后来的研究表明，发生车祸时，若汽车行驶速度小于每小时20英里，绝大多数行人能幸存，很多受害者死亡是因为汽车行驶速度超过每小时40英里。

当时，在市场营销和游说的连续炮击下，汽车的制造商、经销商、俱乐部以及相关行业不仅击退了像"反进步"这样的要求，也驳斥了汽车对个人自由是一种侮辱的说法，他们成功地重新定义这次争论，将驾驶员的责任转移到了行人身上。"乱穿马路的人"这个词就是在那时候出现的，公众和媒体会经常提起它，通常还会配一幅卡通画，画着一些傻瓜和乡巴佬傻乎乎地跑进车流中。以前人们认为车祸是粗心大意造成的，而这种观念开始淡化，人们越发认为车祸是无可指摘的意外——或者是因为行人的过失，他们在走向车辆前，没有看两边的路。接下来又有一个观念流行起来，那就是行人阻碍社会、交通和商业的发展——因此行人只许走人行道，若横行公路则要受到惩罚。为了管理不断增大的汽车车流，人们重新规划城市景观、安装交通信号灯，但这些举措也限制了行人出行。

在经济大萧条之前，人们重新定义了驾驶员与行人的相关权利，从那时起，重新定义的相关权利就一直主导着当代的法律、街道规范和思维模式。如今驾驶员对"阻碍"他们交通的行人根本没有耐心，虽然交通规则允许行人在绿灯的情况下通行，但是由于还是存在被心不在焉或分心驾驶员撞倒的风险，行人踏出人行道时变得犹豫起来。超速是汽车与行人发生车祸的主要原因，然而大多数驾驶员经常超过标明了的限制速度，许多驾驶员报告称若不超速行驶，他们根本不可能跟上交通车流。工程师设计的道路经常会助长超速行为，因为适合的道路设计速度远超标明的限制速度。当一个小孩跑到街道上被车撞到，现在的流行观点不再像60年前，人们当时会把责任归咎于孩子的父母，因为他们管理有疏忽。在丹佛，4岁的小孩奥斯丁·斯特拉瑟与他母亲合法地过马路时被撞死，人们普遍不确定该将奥斯丁的车祸事故当成一次犯罪，还是一次可能发生在任何人身上的不幸意外。驾驶员承认自己开车太过粗心大意导致孩子身亡，但即便如此，人们依然不确定该如何定性这次事故。大众的反感情绪是可以理解的：在丹佛市，驾驶员撞向一位推着婴儿车过人行道的母亲，这是一件可怕的事情，但驾驶员又做了什么不寻常的事情吗？在注意力不集中、不耐心和决策失误时，哪个司机不曾转错方向并且依然踩着油门继续向前？小奥斯丁的死亡解释是驾驶员被刺眼的阳光挡住视线，但这不能作为理由。在遇到可见度较低而且有行人出现的情况下，驾驶员正确的反应应该是停车，直到公路上的视野变清晰，而不该轻率地冲向人行道。其他驾驶员在各种情况下也总是会做出错误的决定。1000次里有999次不会发生什么坏事。驾驶员辛可梅尔以及斯特拉瑟一家只是不幸的意外。因为驾驶员辛可梅尔犯了一个其他人每天都在犯的错误而被判处其严厉的监禁，这对很多人来说太虚伪了。但人若是因为粗心大意而杀死一个孩子，把这件事情看轻也不是一个解决方案。到目前为止，规则、习俗和实践之间的冲突已经麻痹了道德以及导致了数十年致命车祸不断的现状。

在一些像纽约和洛杉矶的城市，一些备受瞩目的项目力图让社会摆脱这种现状，将会划分出许多供行人和骑自行车的人使用的区域，设立更低的速度限制，使行人生活在一个更安全的世界。人们经常用"零伤亡愿景"这个口号来描述人们做的这些努力，期望创造出一个零交通死亡的人类环境。就目前来看，总的来说美国人在这点和交通安全上做的努力远远落后于他们所模仿的欧洲，美国人也一直饱受激烈的政治斗争和矛盾信息的折磨。即便是在"零伤亡愿景"城市，驾驶员们就是不想放慢速度，但通常他们是可以放慢速度的。近些年来，洛杉矶和纽约的警察局应对大量行人死亡的方法不是惩治新驾驶员，而是进一步对乱穿马路的人处以高金额的罚单。

另一种致命的模式在2月13号出现了，从海蒂·J. 斯普林格的事故开始。52岁的海蒂在克利夫兰医学中心做麻醉护士。当时她漂移出自己车道，而当她意识到这件事时，她过度矫正了自己的汽车，导致车轮急扭，然后她就被甩出了她的宝马X5系列越野车，撞到了公路的水泥中央隔离带。阿拉巴马州汉密尔顿市的佩德罗·帕德龙·桑切斯也以类似的方式让他的雪佛兰索罗德皮卡车失控，当时他驾车在253号公路上，他的注意力有片刻不集中，于是他就偏离了公路。在翻车的过程中，他也被甩出了他的卡车。几乎在同时，一位18岁的驾驶员也因为急转弯过快被甩出了汽车，撞破了农场的篱笆，汽车接连翻滚了四次。与此同时，克里斯托弗·肖特以高速偏离了一条乡村公路，撞到了路易斯安那州568号高速公路沿线的一条沟渠，那里离他的家乡沃特普洛夫镇不是很远——肖特的雪佛兰皮卡在这种冲击下变成一辆空中飞车，越过两个车道后才触及地面，因为冲击力太大，他的皮卡车翻滚了好几次，而他也被甩出了皮卡车。这一天正好是肖特的19岁生日，肖特不久便在那天去世了。

那天以这种方式发生的车祸不只有这三起。这些车祸有三个共同点：它们都是致命的；在可怕的巨大冲击下，驾驶员都被甩出了他们的汽车，遭受灾难性的损伤；这些驾驶员都没有系安全带。

车祸的物理原理非常粗暴简单：在车辆迅速减速的情况下，没有系安全带的人、宠物和物体会在车内变成飞弹。艾萨克·牛顿于1687年用他的第一运动定律解释了这种现象，这个残忍的物理原理永远不会改变：若有一辆汽车仅以每小时30英里的速度行驶，当它发生碰撞突然停止时，车里的每个物体都不会固定在原处，而是继续以同样的速度朝前前进，以巨大的冲击撞击它们周围的物体。对美国的普通成年男性来说，这种冲击的效果大致与一个

12吨的物体掉在他们头上一样。一位专业拳击手最厉害的大弧度抡拳的力量不足其二十分之一。所以人们才会飞出挡风玻璃。他们的身体会使方向盘弯曲或破碎。后座的乘客会飞向前排的人，致使双方受伤或死亡。如果你怀里还有一个婴儿，你会感觉婴儿似乎重达数百磅，婴儿会脱离你的怀抱，在受冲击的过程中你不可能将其抱紧。

这是速度达每小时30英里的情况。若速度达到每小时60英里，人会像炮弹一样飞出窗户和挡风玻璃。在这种事件中，官方通报死因用的术语是"硬物撞伤"，这是验尸官检查致命车祸时最常见的一个发现。这个冷冰冰的临床术语指的是，当人体变成一个高速抛射物体撞向金属、公路、石头、树木或地面时，人体所遭受的内部或外部损伤。而现实情况比这个冷冰冰的术语更加糟糕。

在车祸中，安全带是防止人体变成炮弹的最好方法。关于安全带的数据让上述说法无可争辩：2013年的研究发现，在致命车祸中幸存下来的乘客有84%的人都系了安全带，只有16%的幸存者没有系安全带。总有一些故事说在车祸中幸存下来又没有系安全带的人是因为他们"撞空"了。这种事情会不时发生，但更多时候没有系安全带的人都遭到撞击而死。

在过去50年里，使用安全带的比例一直在稳步提升。总的来说，87%的美国人说他们开车或坐车时都会系安全带。这个比例因区域，以及这个州是否会给不系安全带的人处以严厉罚款而异。2014年，美国西部汽车乘员使用安全带的比例领先全国，达到95%。美国南部次之，与全国平均水平持平，达87%。而美国东北部和中西部则以83%排在最后。

男性可能系安全带的比例比女性低10%。乡村居民可能系安全带的比例比城市居民也低10%。

还有一小会儿就快到午夜，一对已婚夫妇和他们的女儿在阿肯色州洛诺克县因车祸身亡，他们的水星轿车被一辆比他们的轿车重得多的越野车追尾，随后他们的轿车打滑，发出刺耳的尖声后脱离路面撞到了树上。格利纳·米歇尔·奈特，38岁，是当时的驾驶员，她的丈夫奥德列·巴基·奈特，以及他们的女儿安拉西亚·奈特都在车祸中当场死亡，事发地点离他们在阿肯色州斯图加特市的家约40英里。而驾驶水星登山家越野车的驾驶员毫发无伤。

这两部车的重量和体积的差异太大，这说明了一种在美国20世纪90年代出现的致命趋势。当天发生了好几起相撞车辆体积差异太大的车祸，这是其中一起。那时候美国道路上的交通死亡人数在20年内持续下降，然而这个数字此时又开始增长了。这种变化与另一个趋势的时间刚好重合：一种新式轿车很快获得大众青睐——运动型多用途车，它更大更重，实际上它被归类为轻型卡车（与皮卡的类别一样）。

令人困惑的地方在于：重量更重的汽车应该会更安全而不是更危险，然而交通死亡人数在上升。

研究人员很快发现了真相：根据圣地亚哥加州大学的经济学家米歇尔·J.怀特所言，美国公路上正进行着一场"军备竞赛"，人们购买的汽车的体积越来越大。

那时候越野车变得非常受欢迎。实际上，怀特在她2004年的论文里有提到，坐在越野车里的驾驶员和乘客会更加安全。她发现在车祸中，不管是哪辆车的错，坐在越野车内的乘客比坐在体积更小的车内的乘客遭受重伤的概率要低29%。然而，这件事的另一面展现了增加的安全性所要付出的高额代价：在同一场车祸中，坐在小车里的乘客更可能遭受重伤的概率要高42%。同样地，不管是哪辆车的错，重量较轻的汽车里的乘客更可能被撞成重伤。

而且将各种类型的汽车的车祸考虑在内，怀特发现，每辆越野车或者轻型卡车中少死一人，轻型汽车乘员、行人、骑自行车或摩托车的人就要多死4.3人。怀特总结道，所谓更安全的越野车实际上"非常致命"。

她通过计算得出，如果将轻型皮卡和越野车换成传统体积和重量的轿车，所带来的安全效益与系安全带所带来的安全效益的程度是一样的。

这件事有一条简单的底线：重型车让其他绝大多数人更容易死亡。如果我们都开轻型车，我们都会更加安全。

但越野车和一些更新型的同类车如"多用途车"越来越流行，尽管有些新车模型没有其原始版本的体积大。2014年，越野车和多用途车在美国汽车市场中的份额首次超过了轿车。同样地，在过去的40年里，所有种类的汽车都变得更重了：于1973年进入市场的初代本田思域小型汽车的重量是1500磅，但现如今其重量超过了2800磅。

加州大学伯克利分校对怀特的研究工作进行了扩展，就汽车重量对安全性的影响做了更详细的研究，结果发现汽车重量增加1000磅，相比其他汽车，其在一场车祸中使一个人的死亡概率提高到了47%。该研究的作者总结道，超重车辆每年给社会带来的额外成本是1360亿美元——然而越野车的车主并不承担这种成本。作者也计算出，超重车辆给国家带来了更多的伤亡人数，他们的汽油税的合理份额应该从现在的每加仑18.4美分涨到2.17美元。

支持者认为，对这类更加致命的汽车征收费用作为其使用的代价将会带来一些好处，比如这意味着取消补贴以及引入市场力量，可能重型车的需求会不复存在。但对于一个宣称相信市场力量超过公共补贴的国家来说，绝不愿意或有兴趣让驾驶员对他们自己的选择付出真正的代价。自1993年以来，美国政府就没涨过汽油税。

从一个更加积极的角度来看，汽车的重量正在由于其他原因而慢慢变轻。从1980年到2006年，所有汽车的重量都增加了26%，政府要求提升燃油经济，这助推了汽车的减重。美国客运汽车的平均重量不到两吨。一些很谨慎的汽车制造商在考虑用更轻的铝或碳纤维复合材料代替一些更重的钢铁零件，理论上可以在不损失安全保护的情况下将汽车重量减少一半。其他的一些趋势例如全自动汽车的问世，会使美国人转向使用体积更小的汽车，因为理论上讲若用机器人代替人类驾驶员，星期五发生的每一场车祸几乎都可以避免。将体积大、质量大的汽车作为更"安全"的选择的军备竞赛就可以画上句号了。

布莱恩·拜耳是肯塔基州斯宾塞县埃尔克里克地区新上任的法官，2月13日早上，像其他工作日一样，他开始了每日早晨的例行日常。他给8岁的儿子杰克逊穿好衣服、吃过早餐后，准备送他去上幼儿园。那是寒冷的一天，他的妻子也准备好外出工作，拜耳决定跑到外面将他的皮卡车开到车道上先空放着，用加热器将车内暖一下。当他回到家时，他看到他走之前关闭的前门全敞开了。他担心他的儿子，于是跑到屋内，开始寻找并呼唤杰克逊，但他没找到儿子。恐慌之下，拜耳再次跑出屋外。他担心如果这次他不知道怎么就开了门（以前他儿子没法打开关紧的门），他害怕杰克逊可能会掉到家中的池塘里。然后拜耳在皮卡车下面看到了他唯一的孩子，整个人蜷成了一堆。

这个孩子不知道怎么跟在了拜耳身后出了门，试图在屋外跟上他爸爸。当拜耳倒车时，他儿子走到了卡车的盲点处。杰克逊被皮卡车撞倒，当皮卡车停车到位时，他被车前轮碾压，当场死亡。

拜耳拨打911求救，但他知道那不会有任何帮助。然后他打给他的妻子阿曼达，她马上从上班的地方回到了家，这样他们可以抱起他们唯一的孩子，他的照片几乎挂满了家里所有的墙面。

很多驾驶员认为倒车时机动车没有"盲点"。但是他们有盲区，堪萨斯州"孩子与汽车"倡议小组已经把这个信息作为防止倒车车祸的一个重要部分。小组分发的一张海报很有启示性，展示的是一辆靠着房子的黑色越野车，车后有62个幼儿园儿童盘腿坐着，占据了大部分车道。坐在方向盘后面的驾驶员根本看不见车后有孩子。

据美国国家公路交通安全管理局估计，由于大多数汽车和卡车身后方存在盲区，加上驾驶员易忽视倒车的风险，这导致每年有210人死亡以及1.5万人受伤。将近三分之一的死者年龄低于5岁，另外还有四分之一是年纪超过70岁的成年人。"孩子与汽车"倡议小组估计每月有50名年龄在15岁以下的孩子在汽车倒车时被撞倒或碾压，其中48位儿童需要紧急救护，还有2名儿童死亡。

汽车的倒车摄像头可以消除盲区，其已出现几十年（20世纪50年代首次展出了其原型）。从本世纪开始以来，安全维权人士和一些家长（他们的孩子在盲区身亡）一直在举行活动，以倡议提高倒车摄像头的普及性，使其和安全带一样随处可见。2007年，联邦立法强制所有新车都必须安装倒车摄像头，即便始终有人伤亡，该法案一再推迟实施。最后联邦立法决定于2018年5月前，美国出售的所有重量低于1万磅的新汽车都要安装倒车摄像头。但联邦政府的这项立法直到2014年才完成。有一些汽车制造商在要求下达之前已经主动在他们生产的汽车上装上了倒车摄像头。

摄像头仅仅可以降低倒车时发生车祸的风险，但不能根治，因为驾驶员仍须注意视频上的情况。只有能代替驾驶员的自动化系统，当有物体出现在车后就会刹车防止发生碰撞，这样才能根治倒车时发生的车祸。这种技术现已存在——好几种上路的新型大型卡车已经安装了这种类似的前置防撞系统——但轿车还没有被要求安装。

同时，布莱恩·拜耳也因当时没能做些事情来避免儿子的死亡而感到极度痛苦，其他家人也因为这点感到非常失落和愧疚。"如果当时我车上安装了一个倒车摄像头会怎样呢？""如果我把车窗放下来会怎样呢？"他在一个电视采访中痛苦地说道，他同意上镜是因为他想提醒其他家长这种他之前从未想到过的危险。"我在想，如果我当时带上孩子和我一起上车会怎样呢？"

星期五通常是酒驾发生最多的一天。今天也不例外，有一些人什么都没做就死了，仅仅是因为和酒驾的人在同一条路上驾驶——什么也没做，只是选择相信路上的其他每位驾驶员。

下午两点，匹兹堡城外，在宾夕法尼亚州56号公路，有一辆越野车在前方有车驶来的情况下左转向，造成一名男子死亡，另有两人受伤。34岁的越野车驾驶员杰里米·乔纳森·布莱斯通从案发现场逃走，这起车祸变成了警察的追捕行动。布莱斯通有酒后驾驶的前科，被三个州的警方通缉。

另一位61岁的驾驶员托马斯·佩特是越战老兵，也是当地的农民，在这场车祸中死亡。两辆车里都有一位乘客，都严重受伤。警方在三个小时的搜索中使用了猎犬和一架警用直升机，最后在附近的一个小镇阿波罗抓到了布莱斯通，当时他停在一个商店买了包香烟，看起来对刚才发生的事情毫不在意。

几个小时后，在佛罗里达州的肯尼斯城，65岁的马克·R.埃尔哈特在经过离家只有几个街区的第五十八大街时，被一辆吉普大切诺基越野车撞死。警长助理报告40岁的驾驶员特洛伊·E.唐纳利有视觉损伤症状并拒绝接受酒精呼气测试，之后他因涉嫌酒后驾车以及杀人罪而被逮捕。唐纳利有三次酒后驾车的前科，最近一次是在2004年。

晚上十点半，路易斯安那州沙文市的当地艺人谢恩·夏奇·奥瑟曼特（Shane "Shaggy"Authement）从名为马丁·J.的卡车停靠站（也是一个酒吧）走回家，他家在两公里外的隔壁小镇蒙特古特。和人们一样，夏奇很喜欢聚会，大多数人对聚会的喜爱程度都不及他，但这位28岁待人友善的男子有一条铁律：酒后不驾车。他不会做那样的事情。如果别人酒后驾车，他也不会坐那人的车。而且他会把朋友的钥匙拿走，这样他们就没法开车了。为了遵守自己的原则，夏奇从路易斯安那州58号公路的路肩上走回家，这时一个醉酒驾驶员开着一辆丰田凯美瑞把他撞死了。这位53岁的驾驶员和这位小心谨慎的艺人住在同一个小镇，这位驾驶员被指控过失杀人。

尽管几十年来惩治酒后驾车的法律越来越严厉，警察对此严厉打击，进行随机检查，举办活动提高公民意识，但酒后驾车仍是造成交通死亡最重要的原因。这和现在普遍的观点互相矛盾：经过长时间的松懈执法，近些年人们对酒驾的态度发生了很大的转变，人们对酒驾变得非常反感。这种转变太巨大以至于有个术语——"特定驾驶员"已经成为了一个日常词汇。然而近些年酒后驾驶杀人的记录数据仍然居高不下。美国国家安全委员会的肯·科沃斯将酒驾称作为"我们都打击过的一面墙",并认为它是妨碍我们减少车祸死亡人数的主要障碍之一。

看看这些可怕的数据:

> 每个酒后驾驶的驾驶员在第一次被捕之前平均已经酒后驾驶80次。
>
> 每两分钟就有一人在酒后驾驶引发的车祸中受伤。
>
> 美国每年因酒后驾驶直接损失2000亿美元。
>
> 因酒后驾驶被捕的驾驶员有三分之一是惯犯。
>
> 最可能酒后驾驶的驾驶员年龄段是21~25岁(将近占所有事故的四分之一)。
>
> 在周末,31%的致命交通事故与酒有关。在工作日,因酒后驾驶引发的致命交通事故仅比周末的酒驾致命事故的一半少一点(占所有致命交通事故的15%)。
>
> 男性酒后驾驶的概率是女性的2倍。
>
> 2012年,超过2900万人承认酒驾过——超过得州的总人口。
>
> 每三人中就有两人在生活中遭遇酒后驾车事故。

的确,自从20世纪70年代酒驾致命事故数量达到最高值,当时60%的交通死亡事故与酒驾有关,后来,酒后驾驶造成的死亡人数已经大幅度减少。70年代因各种原因导致的交通死亡人数达到峰值——54,589人,而那个年代过后,汽车设计发生了几个重大的改变,加上政府开始规定法定饮酒年龄,这些都使得酒驾死亡人数大幅减少。

在美国许多州把法定饮酒年龄降低到18岁之后,20世纪70年代出现了一次酒驾相关的事故数量的攀升。在80和90年代,法定饮酒年龄又再次提高,于是这种趋势开始有了好转,其中部分原因是反醉驾母亲协会这个组织进行了一些提高公众意识的宣传活动。

另外，1968年颁布了一部联邦法，要求除公交车之外，所有车辆都必须安装安全带。而在此之后，各州法律要求人们真正系好安全带，否则他们将会面临高额罚款，这大幅度减少了交通死亡人数（虽然没有降低交通事故数目）。同时人们也想出了一些车祸发生后的保护措施：安全气囊及更防撞的车架和车身。还有一些其他的技术能弥补人为错误，从而真正地防止车祸，例如防抱死制动系统，其在20世纪80年代后期变得十分普及，使致命的连续碰撞的风险降低了18%，偏离路面（特别是汽车在弯道失去控制）而导致的车祸死亡人数减少了35%。所有的这些都意味着，过去可能是致命的车祸（不管是酒后驾车还是其他因素）都变得不再那样危险，人们还能幸存。

再加上提高法定饮酒年龄的影响，到21世纪早期，这些变化已经使得酒驾致命事故减少了一半。从那以后，酒后驾驶的死亡率一直维持在所有车祸死亡人数的三分之一左右，这就意味着2014年酒后驾驶共造成大概1.2万人死亡。

驾驶员在新车上多花几百美元就可以安装一些设备，它们分析驾驶员的呼出气体，若驾驶员喝了酒，这些设备就不会让他们发动汽车。这种技术在有些州应用得很成功，那里的法官要求酒驾嫌疑人在开车时使用这种技术，但只有少数案件采用了这种方法，即便是在那些惯犯身上都很少采用。这种技术非常简单，市面上销售的只有口袋大小，可以装在手机上。所以技术根本不是问题。触摸感应器可以通过"嗅探"皮肤来测量血液里的酒精度，这项技术正在被测试，并且前景良好。有人提议更加广泛地使用锁定酒驾驾驶员的设备，或者把它们安装在新车中，但这类提议并未得到支持，最后都无疾而终。

尽管回报是巨大的，把这些设备全部安装在新车中也将会是一件巨大的工作。但是在这15年里，它们的身影逐渐变得随处可见，这个小玩意儿预计能在车祸中防止5.9万人死亡、125万人受伤以及减少3490亿美元的车祸受伤成本，远比安装这些设备所花费的成本更多。

有一个令人惊喜的变化出现了。有一些证据表明，共享乘车服务减少了酒驾而被逮捕的人数，至少年龄小于30岁的人因为酒驾而被逮捕的数量越来越少，他们是最常使用共享乘车的用户。每位共享乘车的驾驶员都知道载客的高峰时间和地点：酒吧关门时守在酒吧外面。共享乘车行业的佼佼者优步收集了加州的17个市场的数据，结果显示优步进入市场之后，涉及30岁年龄左右的驾驶员酒驾数量下降了6.5%。

2015年2月13日发生了当天最后一起致命车祸，它是由加州圣安娜市55号高速公路快车道上掉落的一张床垫引起的。晚上11点40分，这张任性的床垫致使四辆汽车发生连环车祸，进而导致肇事逃逸、警察搜捕、醉驾逮捕、两人受伤，还有一名驾驶员死亡，以及留下了一个谜：这张床垫是哪儿来的呢？55号高速公路的北行路段也被称为科斯塔梅萨高速公路，直到14日日出时它才恢复通行。13日晚上，加州公路巡警在应急探照灯的强光下拍摄汽车打滑痕迹，测量汽车的轨迹，试图慢慢还原当时的情形。

53岁的辛西娅·布洛克是科斯塔梅萨的居民，她是第一个撞见床垫的驾驶员，这张床垫不知道是哪位驾驶员在高速公路的左侧车道上扔下来的。布洛克的车是1982年产的丰田赛利卡，车的前端撞到了床垫，打滑后失去控制，又撞到水泥中央夹分道线，滑行后停止在快车道上。此时布洛克的车得不到任何援助，而一辆福特货车立即就撞到了车的侧面，将车的整个驾驶座撞凹进去了。加州公路巡警确定货车驾驶员是加州欧文市19岁的舍温·阿里·赛博瑟鲁，他设法将他的货车推到了公路前方500英尺的路肩上，然后据说徒步逃离了现场。同时，这辆货车将布洛克的丰田车推到了另一条车道上，此时有一辆1999年产的丰田轿车从后方驶来，丰田轿车转向开到了逆行车道上，然后与一辆1995年产的本田汽车正面相撞。

每辆汽车都严重受损，布洛克的丰田汽车经过四次汽车相撞以及一次水泥地碰撞后，看起来就像是穿过垃圾场的压缩机后的样子。驾驶座的车门摇摇欲坠。丰田的车顶破碎，前端已经被压扁。车轮歪斜着，碎掉的玻璃满地都是。在加州公路巡警赶来之前，布洛克就已经去世了。其他车上的两人在住院，都有待康复。

警察在赛博瑟鲁的家中找到了他，并以涉嫌酒后驾驶将其逮捕。后来他被检方指控肇事逃逸以及车祸杀人罪，致使人受伤或死亡。然而，造成这一切的罪魁祸首——扔下床垫的人——却无从得知。

在整个加州以及美国，往高速公路上扔东西的事情每天都在发生。加州运输部管理着一个堆货场，里面堆满了在车道上找回的残骸，并安排一些特殊工作人员和加州公路巡警一起从高速公路上捡回一些物体。这份差事是这镇上风险最高的工作，因为不管是在白天还是夜晚，路上的交通就没停过。抽水马桶、电视机、爆裂轮胎、椅子、手提箱以及各种床上用品包括床垫经常出现在高速公路上，在它被清理前，高速行驶的车辆要试图躲避它们。还有一个长期存在的问题，那就是有一群盗贼在高速公路上留下烂摊子。他们从高速公路的照明灯、信号灯、标志上偷走数英里长的铜线，甚至连嵌在道路里用作交通传感器以及水泵上的金属都不放过，留下了一个充满交通危险的烂摊子，花费加州数千万美元去补上这些物品。这种老鹰抓小鸡的游戏从未停止，他们从高速公路系统里拿走重要的部件，并在原地留下碍事的垃圾，将工程奇迹变成雷区，甚至连床垫都有炸弹的威力。

与倒车摄像头一样，前置防撞系统早已存在，它可用来避免整个致命的弹球机效应。大型客机已经采用防抱死系统几十年了，这是对飞机失事不遗余力调查的结果，调查结果证明了安装防抱死系统很有必要，值得花这个价钱。但那是航空运输。人们不会对床垫引发的车祸进行那样艰苦的研究。那个把床垫扔在高速公路上的凶手粗心又愚蠢，并不会承担后果。也不存在什么命令、公众压力和意愿给予汽车像飞机一样的保护。在海上航行的集装箱满载着运动鞋、割草机或废金属，而为了免受损伤，即便是它们都比装着人的小集装箱（指汽车）受到的保护都要多——这些小集装箱里载的可是我们自己和我们所爱的人。汽车被区别对待了。

于是2月13日的交通屠杀结束了。每天都和2月13号一样开始和结束，其中伴随着破坏和关闭道路。头一天的残骸带来的后果还会延续到后一天早晨。

大量的汽车伤亡事故反而为那些最粗心大意的司机提供了免责保护，实在是有太多粗心大意的司机了。大多数驾驶员都会超速行驶。在方向盘前面使用手机太过常见。在醉酒的驾驶员中，只有很少一部分人被捕。针对那些把大街上或者高速公路上其他人置身于危险的人，如果要让他们真正负起责的话，难度就像控制一次大海啸。我们有精力调查航空事故、食品安全或流行病，但我们根本不会花同样的精力也没有资金、人力或公共需求去彻底调查交通事故带来的死亡。

2014年，埃博拉出血热在美国致两人死亡便引发了全国性的恐慌。2015年，一位副驾驶员故意使一架德国客机坠毁——一件真正独一无二的事件——导致全球都开始讨论怎样构建自动防止故障的系统，防止这种最罕见的事情再次发生。这是人类行为中一个奇怪的方面，极小的一些风险——最不可能伤害我们的——是我们最害怕也是我们最努力想去掌控的风险。这种反应是种本能而非反射。我们每天要面对更大的风险，比如开快车以及在车辆很多的高速公路上分心，它们却被认为是正常以及平常的一件事。除非我们有意识地去细细考量它们，否则我们的大脑会功能性地忽视它们。这就像异常事件迫使我们高估风险，但习惯只会使我们过度低估风险。每15分钟就有一人死于交通事故，而且每3秒就会发生一起车祸，而我们却只将它们当作白噪声。不这样做的话，我们每天就会不敢开车。而且我们也绝对不敢将婴儿系在汽车座椅上，并以每小时65英里的速度在高速公路上行驶，因为一旦速度超过每小时35英里，汽车座椅根本就提供不了什么保护。最终习惯战胜了一切。

当说到要让差劲的驾驶员为他们做的高风险而且糟糕的决定负责任的时候，实际实施中也会有一些障碍。结合我们当前的基础设施和汽车情况，若真要强制实施道路规则，这会给警力带来极大的负担，那就不仅仅是偶尔设置充满争议的检查点去试图围捕和惩罚酒后驾车的驾驶员，尽管它们可能起到震慑作用，这种做法极少能逮捕到驾驶员。

当政府试图严厉打击人们清醒时发生的汽车暴力时，政府的做法经常引起争议，而社区对政府的做法也意见不一，甚至引起民愤。2月13号清晨，纽约的一位公交驾驶员在人行道上轧到了一位女学生（她严重受伤但不致命，当她被公交碾过时，一条腿被压碎），当警察逮捕这位驾驶员时，《纽约每日新闻》谴责称这是对一位纽约市公交驾驶员的虐待。纽约市交通协会主席抗议纽约市新《优先驾驶权法》的实施，认为它"令人发指、不合逻辑以及不尊重工作人员"，还将纽约市街道安全宣传组组长称为"一个自认为既先进又聪明的傻瓜"。这个协会之前发起了一次罢工行动，因为2014年12月另一个公交驾驶员在人行道上轧死了一位78岁的妇女，驾驶员要面临法律制裁。罢工的原因是驾驶员被控告为轻罪，而在这起案件中，在行人有权利过马路的情况下，驾驶员仍然将行人撞倒了。违法的驾驶员并不是急急忙忙地赶去上班，也并不是屈服于令人遗憾的、尽管可以理解的人性弱点。他们是职业公交驾驶员，每年的底薪是67,444美元，另外加上大量的加班费，在一个比美国其他市区更多行人穿过人行道的城市，他们的工作首要责任是安全、机警和合法地驾驶。然而即使政府尝试让那些对无辜的行人造成伤害的司机承担应有的责任，人们会出现抵制和质疑情绪。

2015年2月，在俄勒冈州的斯普林菲尔德市，一位68岁的男子被指控在126号国道上闯红灯（这条路是斯普林菲尔德市的主要街道），导致三个孩子的死亡和他们母亲的重伤。经过几个月的大量搜索、调查以及犹豫不决，当局发现这位驾驶员撞到这家人的时候，他既没有喝酒，也没有超速行驶或者开车时使用手机，于是没有对他提出任何指控。为了支持官方的结论，当地报纸评论道这只是个意外，这个意外发生的街道两旁都是居民区，限速每小时40英里，而世界上大多数以这种速度相撞的汽车和行人都会带来灾难性的后果。这个驾驶员违反了开车的两个基本规则——"红灯停"和"让小孩"，他不能也不会表现出他好像在掌控一个像枪支一样致命的机械，方向盘后做的每一个轻率的决定或是干的每一件任性的事情都是生死攸关的。就像我们一直都在轻视那些不可避免的、致命的后果，我们一直以来都在轻视开车的危险和风险。经历多次修饰后，州级报纸评论道："只有用'意外'才能准确地描述出在那个十字路口发生了什么……'只是一场悲剧的意外'。"

从某种程度上说，这种冷漠是可以被理解的，因为我们主角——汽车代表着一个可怕的真相：美国的公路和车辆系统正是按照当初的设计预想来运作的。

查尔斯·曼隆自称是一名"交通恢复工程师"，并在明尼苏达州创立了非营利组织强大城镇（Strong Towns），他公开谴责他的职业，因为其设计的交通系统会使汽车和行人发生致命的碰撞，而且这种碰撞是不可避免的，这些设计师一开始就明白这一点。曼隆问道，谁最该为俄勒冈州发生的致命车祸负责呢？是一时疏忽错把红灯当绿灯的驾驶员吗？或是应该责怪那些工程师吗，他们设计的住宅区街道的时速比最高限速还要快每小时20~30英里？再或是那些决策者吗，他们将居民区的限制速度提得太高，以至于每次汽车与行人相撞时都会带来灾难性的结果？三个孩子去世的那天街道有着四条车道，其中的一条是中心转弯车道，而这种设计会把一些危险的车速引入居民区。

曼隆观察道："速度是诱人的，我们设计道路的目的是为了高性能。我们能责怪那些驾驶员利用了我们的成果吗？我们知道他们会这样做……这说明我们没有将街道和公路清楚地区分开来。"

曼隆认为，随着时间的推移，街道和高速公路之间的区别变得模糊起来，这也是汽车暴力让人困惑的地方。他认为街道应该是一个创造财富的空间，而高速公路的存在就是为了让人们尽快从A点到达B点。

伟大的街道依靠复杂性而繁荣壮大，如今的街道混杂着行人、骑自行车的人、汽车、公交、电车、送货车、小学生、购物的人和做生意的人——典型的主要街道风貌，这类混杂的街道安全、氛围悠闲。想一下你喜欢去散步或逛街和观光的街道，在那里你可以慢慢开车或干脆转向停车，但没有人会因此生气、按喇叭或者瞪着你，你就知道街道应该是什么样了。伟大的街道促进商业发展和社会繁荣，并且帮助建立一个强大的城镇。

而修建高速公路的目的完全不一样。高速公路不认可复杂性。它们建有禁止掉头的路障。它们也没有交通信号灯或人行横道。行人和自行车禁止在高速公路上通行。如果人们不先下高速公路，他们也就不能停车参观路边的景点。高速公路的服务目的很简单，就是把我们和货物快速地运到较远的地方。它们可以把你带到街道上，但它们不是街道。

"两者我们都需要，"曼隆说，"但我们不需要的是既是街道又是高速公路的路。"

然而现代的城市充斥着这种两者兼具的大道。曼隆杜撰了一个有用的术语——"街路"，来形容这些通常看起来不太雅观的混杂物，它们出现在战后城市郊区开始扩张的时代，伴随着以汽车为主的交通工程理念的兴起。俄勒冈州的致命车祸就是在这种"街路"上发生的——这种运输通道最难说清楚它是属于街道还是高速公路，然而两者的功能它一项都没有做好。虽然"街路"提供商业活动（快餐穿梭通道、沿路商业区以及大型连锁商店），但是却不适合人们步行，它们通常也不能产生那些伟大的街道所带来的经济效益。同时，这些快速宽阔的"街路"干道还有转弯处、停车场和人行道，减慢从A点到B点的车流速度，给驾驶员带来延迟成本，促使他们开车的时候超速。

这种令人不快的混合使得"街路"成为很多车祸的现场，特别是那些汽车撞倒行人的车祸。官方的回应策略——如果真有官方回应的话——通常是给道路装上护栏或屏障，或者像在俄勒冈州一样加强警察巡逻。唯一有效的解决方案大家都能想得到，但却很少使用，曼隆说，在有很多行人的场所，车速不能超过每小时20英里。这意味着只存在纯粹的街道和高速公路，并将混合的"街路"从路的集合中剔除出去。

然而问题是"街路"已经成为了美国城市景观的一个重要组成部分。不管怎样转变，这都是一个漫长而艰巨的任务——也是具有争议性的任务。推行这个观念已经把曼隆从明尼苏达州圈子里的内部人员变成一个政治上被拒绝的局外人。他目前的事业是让公众支持一条高速公路的改造，这条废弃的高速公路穿过他居住的布雷纳德小镇中心区域，他想将这条路转变为适合骑自行车和行人走路的街道。他说，太多的人将繁荣与高速抵达某地联系在一起，却忽视了一个证据，那就是真正的街道——速度慢并且安全的街道——对于创造财富起到了重要的作用，比"街路"强太多。

"除非我们改变态度，"他说，"否则这种悲剧仍将继续，这是不可避免的。"

如今这些马力强劲的汽车、街道、交通工程以及人类的行为等因素加在一起，每年都会造成3.6万人死亡、250万人受伤。这个数字不是个人选择某种交通方式后意外产生的副产品，而是设计策略以及设计缺陷带来的可预见得到的结果，这些设计策略和缺陷已经成为了交通系统和人类生活的一部分。汽车便捷、速度快，而大部分汽车在尺寸和性能上都远超过我们所需要的。因为通常车上都只有一个人，75%的时间里车里的大多数座位都没有人坐。我们要为汽车的便捷、尺寸和速度付出一部分代价，那就是每15分钟就有一人因交通事故身亡。

而在处理人的过错和汽车的缺陷之间出现了两种不同的做法，值得我们去关注。

当驾驶的机器出现设计缺陷时，立法机构、法律体系、宣传组织和媒体就会立刻采取行动。2015年2月13日是普通的一天，这天因常见的人类错误导致了一场普通的交通屠杀。通用汽车公司宣布因动力方向盘的一个缺陷需要召回8.1万辆轿车——这个缺陷导致了一场车祸，但没有人员伤亡。2014年，通用汽车公司因点火系统的故障召回了220万辆汽车，这个故障会使汽车突然停止，导致124人死亡。2015年5月出现历史上最大的一次召回事件，涉及多个汽车制造商在美国出售的3400万辆汽车（全球有5700万辆），这些汽车都装备了由日本高田株式会社生产的有缺陷的安全气囊。修理这些汽车至少会花费该公司20亿美元，还可能出现数额更高的数十亿美元的诉讼费用。这些有缺陷的安全气囊在车祸中会喷出金属碎片，就像手榴弹炸出的弹片一样。与这个问题有关的事故已导致6人死亡、超过100人受伤。

为了让汽车制造商负责任，通常需要数月甚至数年的调查并施加监管压力才能使其发起召回。这是一个很大的工作量，而不管它多重要，其涉及的伤亡人数太小，几乎没有做过统计的登记。

当涉及驾驶的总伤亡率时，绝大多数过错都在于驾驶员，而不能将其推给汽车及其组件的机械缺陷。

但是当车祸发生的原因是方向盘后面的人类而非汽车本身时，我们的做法则完全不一样。没有一次召回是想改装汽车让醉汉无法启动汽车，或者让驾驶员无法超速，再或者在汽车行进过程中禁止驾驶员使用手机。目前汽车的设计允许甚至帮助完成这三种致命的行为，尽管世界上已经有技术能够防止这些行为，而且花费不算高。不使用这些技术也可看作是设计缺陷——人机在路面上的交互作用中的缺陷，这种缺陷比差的安全气囊和有缺陷的点火开关造成的死亡人数多得多。"召回"汽车修正这些人类设计缺陷中的任何一种，每天都可以阻止30人死亡以及2200人受伤——其阻止的伤亡人数比历史上任何一次汽车召回都要多。那才是真正的"零死亡愿景"。

相反，美国人已经束手投降，将每天大量的伤亡一笔勾销，当作现代社会交通运输不可避免的成本。这些致命的驾驶行为和设计就像流行病一样广泛，它们造成的结果是可以预见得到的，但人们没有将其看作是缺陷而称其为"事故"，这种措辞选择的含义是人们被两吨高速行驶的金属撞到是某人不小心造成的，在某种程度上讲这和被雷击没什么两样。但它们是不一样的。前一种在很大程度上是可以预防的，而另一种就没那么好预防了。

另外还有一个区别：一位美国公民在其一生的时间里被雷击致死的概率是1/136,011，而死于车祸的概率是1/112。

比萨、港口与情人节礼物

CHAPTER 6

Pizza, Ports, and Valentines

一位港口工人埋怨道："港口现在一团糟，我接不了活。"他已经转行成了来福车的专职驾驶员。他在会场外接我，这场会议讨论的是未来的环保港口。但我的驾驶员更加关心港口的功能失调问题。他轻轻地拍着他黑色轿车的方向盘，说："所以现在做来福车和优步的专车驾驶员只是想挣点钱糊口，很多人都在做这行。当然，这远没有我们'运罐子'挣的钱多。"

运罐子。港口工人将他们从货轮上装卸集装箱的工作称为运罐子。他们在巨大的港区（终点站）来回搬动这些罐子——等着将它们装到卡车或火车上。然后其他工人再将新货装到船上。成堆的空集装箱垒在港口的无人区，很多集装箱会空着运回亚洲。货船到岸时装有很多进口商品，但是离开港口的货船很少会运走商品。

通常这些集装箱船的回转速度很快，因为在这个行业里时间就是金钱，每天洛杉矶港口和长滩的联合港口上运输的商品价值数十亿美元，据其销售人员讲,这个港口是美国最快捷,也是最好的船运选择。但2015年2月，船要在这儿等待的时间不是两到三天,而是好几周,因为港口太拥挤了，已超过港口的负载能力——延迟交付减慢了全国的门到门机器运转速度。

今天有27艘货船在苦苦等待着，希望在港口抛锚停下来，这个船队比世界上一半的海军舰队还要大。有些货船为了进入港口已经等了10天之久。造成拥堵的原因有好几种：卡车太少，道路狭窄，桥梁需要现代化改造，但最重要的是，一些装载更多货物的大型船只同时抵达这个老码头。但此时最尖锐以及最具争议性的原因是长达九个月的劳工冲突，在2月13日，它成为公众焦点并且激起了公众的抗议。

在签订新合同时，码头工人工会和航运公司遇到的主要症结是模糊但又关键的仲裁制度。它会影响码头上各个方面的工作，从安全规定到工资纠纷再到使用休息室小憩的规定。而这些事情能使全球贸易的中心枢纽瘫痪。汤姆是第二代港口工人，他的家人都在码头上工作。有数千人受此影响而失业，他也是其中一个。我们开车回家时他解释道，那不是罢工——甚至不是官方怠工行动——而是一项要求遵守每条工作规则的政策，那就好像在路上开车的驾驶员突然都按照限制速度老老实实地行驶一样。航运公司将这称为停工斗争，对此十分愤怒，但工会声称规则不应该被死板地制定和遵守。对于这次出现的僵局，工会、船运公司和终点码头经营人都负有责任：这次抗争减慢了美国西海岸27个商业港口的工作效率，参与抗争的每一方都要负有重大的责任。这些港口共掌控了美国13%的国内生产总值，创造了900万个工作岗位。当这些冲突仍在持续时，汤姆以及同他一样资历尚浅、二十出头的同事们都放弃了这些高收入的码头工作。所以他成了共享乘车公司的专职驾驶员，收到的车费只有他与集装箱打交道时赚到的正常工资的四分之一，有时候甚至还不到那么多。

"我们都希望能解决这件事情，但是我们也不会屈服，"汤姆说，"这种情况对谁都没有好处。"

这还只是保守的说法。当控制着大量国家经济的港口速度放缓时，随着其造成的恶劣影响不断蔓延，这些港口与我们日常生活的深刻关系及其重要性就淋漓尽致地表现了出来。港口瘫痪的影响波及每一件事，从农场到天然气价格到汽车销售，再到情人节的庆祝活动（"问都不用问，"汤姆说这话的时候半开玩笑地翻着白眼，"心形巧克力会缺货，这是一场灾难。"）。很少有商品能在港口负载过度时幸免于难，甚至是我们国家的主食——比萨都不例外。问一下达美乐比萨就知道了。

星期五，我和我的妻子在一家我们最喜欢的餐厅吃饭，来庆祝我们的结婚纪念日。我们十几岁的儿子留在家里，点了一个比萨当晚饭。他使用达美乐开发的在线跟踪比萨的应用程序，这个应用程序可以让他自己设计比萨，通知他比萨会什么时候放进烤箱，并且会告诉他当地达美乐比萨店中的哪位员工在帮他烤比萨，还有他的比萨会在什么时候被送到家里。

所有的这些都掩盖了一个事实，那就是达美乐的实际业务不是制作比萨而是它的物流和运输。单独拥有特许经营权的店——它们才是真正的餐馆，全球有1.16万家——才真正地在做比萨生意。但达美乐公司只拥有300家这种店，大部分用来测试新产品和新的店面装潢。然而，达美乐公司的主要利润来自于给它的加盟店制造、获取和运输物资。可以说提供面团（以及比萨酱、芝士和意大利辣香肠）占其20亿美元总收入的63%。

达美乐在美国大陆上的商业核心是其遍布全国的16个供应链中心。对于南加州和这天我儿子收到的比萨来说，它们的供应中心在安大略市的一个工业园区。唐·丰塔纳是达美乐公司在美国西部地区供应链的副总裁，他很爱吃比萨，为人和善。但他对港口的供应问题而导致菠萝片供货不足感到不满。

丰塔纳抱怨道："我们不得不努力寻找其他的供货商。"夏威夷风味的火腿菠萝比萨是这片地区卖得最火的一种口味之一（每个地区卖得最火的比萨口味都不一样：绿橄榄在新英格兰地区大受欢迎，得州人喜欢吃牛肉比萨）。

菠萝是达美乐公司从国际上采购的少数原料之一，它主要从泰国和菲律宾进口，因此港口堵塞对达美乐也有影响。它也影响了达美乐的其他供应商：有一个巨大的工厂化农场位于加州的中央大峡谷，种植的西红柿专门用来做番茄酱汁。工业酱汁制造商将厂房建在它旁边，其业务也与港口挂钩，因为它们是世界上番茄酱的主要出口商。由于它们不能很快地运出货物，它们的业务量和盈利额都在下滑。

丰塔纳很喜欢炫耀这个区域的业务，这里的业务量在达美乐帝国排名第三，为347家加盟店服务。在仓库他会戴上安全帽，帽子戴在他头上会显得过大。作为一个男人，他太瘦了，他说他一周会吃好几次比萨，尽管大多数时候他的比萨都没有加料，他只喜欢用奶酪和碎红辣椒作为配料。他热情地在两堆两层楼高的面粉前挥手，每堆面粉都足够做出25万份比萨。面粉堆离食物准备区很远，准备区里装备着"流化床"，它们能用空气压力让面粉像液体一样流过管道。面粉堆每周会被填满四次，面粉是被大型油罐卡车拉过来的，这些卡车停在仓库旁边，将面粉从建筑物外面的进气管推进仓库。这个操作过程不会用到面粉袋；否则的话，运面粉进仓库将花费过长时间和过多的面粉袋。

安大略工厂里的所有事情都围绕着商品的运转，丰塔纳说，甚至连"供应链中心"这个名称对他来说都有点冷冰冰、不近人情。在过去，每个中心都被称为"物资供应店"，这个术语来源于达美乐公司创始人的海军陆战队背景。"每个人现在都还这样叫它，"丰塔纳透露，尽管20年前官方名称就已经改了，"当我们用'供应链中心'这个称呼时，没有人知道我们在讲什么，直到我们提到'物资供应店'。"

我的儿子的比萨旅程是从安大略的凌晨四点开始的，那时候14辆大型货车的第一辆带着这一天的物资到达工厂，它装载着两货车的马苏里拉奶酪。这辆货车一共载有2736袋这种奶酪，每袋重15磅，是从奶酪巨头普利乐食品公司设在加州勒穆尔市的分部运过来的，分部位于工厂北部233英里的地区，其做奶酪的牛奶来自加州的奶牛场。另一辆卡车装着936箱酱汁到达工厂，酱汁来自加州法尔博市的托马达克县，这个县是种植番茄的中心地区，位于安大略市以北278英里的地方。泰森食品公司从1400英里外的达拉斯地区运来意大利辣香肠、香肠、火腿和意大利蒜味腊肠，以及从1600英里外的阿肯色州运来鸡肉配料。波斯科维奇农场运来已经切好的洋葱和青椒，它位于100英里以外的加州奥克斯纳德市。蘑菇是五大配料之一，原料来自于361英里以外加州沃森维尔市的蒙特利蘑菇公司。面粉原料来自1500英里以外的小麦产区，但是磨坊会每天运来面粉。阿尔当磨坊厂是食品巨头美国嘉吉公司和康尼格拉公司办的合资企业，位于20英里以外的科尔顿市。嘉吉公司位于1900英里以外明尼苏达州的威札塔市，它运来盐。而糖是从嘉吉公司设在163英里以外加州布劳利市的工厂运过来的。另一些不那么常用的配料——大蒜、凤尾鱼、香蕉辣椒、牛肉条和墨西哥胡椒——是与已经做好的意大利面盘和用来做三明治的鸡肉条和牛肉一起被装在冷冻袋送过来的。空比萨盒一天之内会到货好几次，它们来自33英里以外的圣达菲斯布尔，尽管它们是2200英里以外佐治亚州的一家公司生产的，这使得比萨盒取代菠萝成为比萨产品中来源距离最远的一样东西。这些各种各样的原料被分配到仓库的不同车间，冷藏、冻结或是室温保存，等待当天晚些时候再被装到卡车上运出去。

唯一新鲜配制的原料成分是面团以及新鲜烤制的三明治卷，它诱人的香味弥漫在供应链中心的烘烤区，偶尔在仓库的底层都能闻到这种香味。达美乐公司供应链中心的每件事都围绕着面团的生产周期，每天从早上五点钟的烤箱预热开始面团的生产。

达美乐的比萨面团有6种主要原料，它们会被倒进工厂内3个巨大混料容器中的一个。每个混料容器里都会装超过600磅的面团，里面混有面粉、酵母、盐、糖、水和油。还有一个秘密"福袋"也会被投进混料容器，福袋里面装有少量达美乐专有香料以及面团调节剂，在面团大师胡里奥·里科的监督下，一根巨大的不锈钢搅拌器会揉捏这团混合物。当搅拌完成后，这个巨大的混料容器将被装载到哐当作响的不锈钢电梯上，它会将面团提到约8英尺的空中，翻腾之后放进切割机，这个切割机像捏橡皮泥一样将面团压成圆柱形，再将它们倒在传送带上。传送带飞快地将这个面糊圆柱体传到辊压机，将它们变成棒球到垒球大小的面团球，它们的体积取决于它们要做成的比萨尺寸：小、中、大或超大。面团球会快速经过一个金属探测器，保证里面没有绑带或小段金属污染面团，然后三个流水线工人会检查、压平这些面团，并将这些面团打包放进上千个蓝色塑料托盘中的一个，这些塑料盘高耸地层层叠加在一起。

下午1点30分的时候，一天的生产接近尾声，只剩下最后一团面团，它被用作为学校午餐准备全麦比萨面团。每日学校部分的产量包括：生产足够做10万个比萨的面团，另加7200份部分烘焙过的三明治卷，这需要在供给加盟店之前全部完成。

下午2点，货物开始被装到外送的卡车上。它们是印有达美乐商标的冷藏式大货车，这些货车是沃尔沃生产的，归莱德系统公司所有并由其维修，配备的前置防撞系统就是为了防止追尾。这是将自动化引入卡车运输货物系统中的一小步。这些卡车已经连接了供应中心的电力系统，全天温度保持在2℃，甚至是装货区都要保持较低温度来保护生面团。每辆拖车的内部空间都被堆叠得高高的蓝色托盘填满了，托盘里有10万个面团球，根据比萨的大小分层和划分存放区域。其他原料——奶酪、酱汁、浇头、撒在比萨盘里的黄金玉米粉、餐巾纸、红辣椒，还有比萨纸盒——必须一起塞进这些非常重要的面团托盘里。

晚上8点，第一辆卡车出发将货物运送到加盟店，这个过程一直持续到午夜。每辆卡车都分管着自己对应的地理区域，大概有12~15个运送停靠点，近点的运送目的地点就在洛杉矶市区，远点的有亚利桑那州边境和墨西哥州边境的加盟店，猛犸山滑雪胜地是最远的一站了，距离300英里，需要连夜赶路。供应链中心的目的就是在比萨店打烊的时候将物资送到。但驾驶员有比萨店的钥匙，会把物资都放好，所以比萨店的库存一直都是满的，第二天开门营业的时候，店主就可以开始做比萨了。

这些年来，达美乐不得不在它物流系统上面增加更多的时间预算，因为交通和负载的基础设施减慢了原料配置和比萨运送的过程，而这个过程本就很费力了。在我的儿子还没吃完比萨的时候，第一辆卡车就已经离开了安大略市，带着第二天要用的物资前往海岸沿线和我们当地的达美乐店面。

不仅仅是比萨和港口运输系统异常忙碌，这一天其他交通系统也非常繁忙，在这一系列互相关联的事件中，我们不仅可以瞥见现在的超负荷状态，也暗示了未来的运输混乱。

在加州的山景城，谷歌无人驾驶汽车项目幕后的梦想家们记录了又一天的驾驶情况，他们梦想着利用算法系统而非人类驾驶100万英里。在搜索引擎巨头谷歌改造这辆雷克萨斯自动越野车后，它能和其他普通车辆、骑自行车的人以及行人一起行驶在谷歌校园的繁忙街道，并且不犯一点错误，只是它是道路上最慢的一辆车。但软件似乎有一个人类驾驶员没有的缺陷：谷歌汽车严格遵循规定的限速限制，而这会导致追尾。克里斯·厄姆森是谷歌汽车项目的负责人，他喜欢说："汽车最不可靠的部分就是驾驶员。"

同时，萨克拉门托市的州机动车辆管理局正在努力起草全国第一套针对无人驾驶的交通规则，为未来无人驾驶汽车度过当前的测试阶段完全投入市场做准备，到那时任何人想买这种汽车都可以。车管所声明其主要目标是让人类免受无人驾驶汽车的伤害，尽管目前所有的证据都表明人类更可能会损坏这些无人驾驶汽车。监管机构也为一个问题所困扰：在不中止这项技术继续发展的情况下，如何检测其安全性。一个关键问题是坚持长期让行业内部做安全测试并做出报告的传统，还是让外部专家进行独立的安全测试和分析。10年来通用汽车都没有公开其致命的点火系统缺陷，当这种缺陷被披露之后，行业信任已经被严重破坏。2015年底，人们发现大众汽车在其很受欢迎的柴油汽车上安装非法软件，制造一种污染排量少的假象，而实际上的污染排量远不止那些。

另一个无人驾驶的故事发生在西雅图，零售巨头亚马逊的领导们想用迷你无人机代替人类的运输卡车和驾驶员，但他们在追求这个梦想的过程中遭遇了挫折。亚马逊伤心地得知，新联邦飞行规则要求商业无人机操作员能在视野范围内看到他们正在操作的小型飞行器。这种预防措施很适合这样一些活动，比如无人机房地产检查、为农作物喷洒农药和利用无人机空中拍摄电影场景。这是遥控飞机的爱好者现在需要遵守的规则。但这种措施完全不适合包裹运送，因为现在人们运送包裹采用的操作是一人一卡车，以后它只是将这种操作变成一人一卡车外加一架无人机。它并没有通过省去人类劳动力而节省成本，反倒是增加了操作成本。如果亚马逊想利用无人机进行长距离运输，那么在放出无人机之前，这家公司似乎需要一群说客对议员们进行游说。

在休斯敦市，通勤者们恨不得对国家公路工程师发动无人机攻击，因为大量的车在拥挤的10号州际公路缓慢前进。而10号州际公路已经由从前的8条车道扩张到令人惊奇的26条车道——一项投资28亿美元的凯蒂高速公路项目，它本应该能一劳永逸地解决交通问题。经过6年的扩张，高峰时期，人们曾经在这条30英里从市中心回家的路程上花费45分钟，而现在人们需要花费超过70分钟来通过这条即使不是这个世界上最宽，也是全国最宽的路段。很显然，这种效应是"建好之后人们自然会来"，交通工程师将这种现象称为"潜在需求或诱导需求"。施工开始之前，有人建议建设轻轨线而不要增加车道，用公共交通缓解未来的交通拥堵情况，但这个提议被否决了，理由是建轻轨浪费时间而且花费高。加州的交通官员得意地笑了，相比之下，得州的交通情况更加糟糕。

然而，加州圣贝纳迪诺市的居民醒来听见了郊区生活梦想破碎的声音。这座城市开始举办一系列的市政厅会议，讨论城市破产后可能的结果——没有一个是好结果。圣贝纳迪诺市位于洛杉矶市东部的沙漠地区，它就是现代城市周围郊区的缩影，郊区离不开汽车。它所有的经济都建立在廉价的土地、公路补贴以及免费停车补贴之上，还可以利用廉价土地建立大片巨大的仓库。自从20世纪50年代以来，这些政策创造了以汽车为主要交通工具的美国城市景观。圣贝纳迪诺市从千禧年开始出现了转变，这里的一大片新房子引来了很多新居民，这些房子有大庭院和游泳池，但价格相比洛杉矶城里要少了一半甚至更多。但这也是要付出代价的，通勤者们在路上要花一个小时（或者更长时间），但只要房地产的价格和需求不断飙升，这种交易似乎也划得来。而当房地产泡沫破灭，经济衰退致使就业困难时，人们很显然已经没有能力维持这种美国梦。圣贝纳迪诺市所有的土地开发商均破产，住房失赎率是全国平均水平的3.5倍。现在这座破产城市的经济损失仅次于底特律市。据说亨利·福特真正发明的不是现代汽车而是现代交通堵塞，尽管在圣贝纳迪诺，似乎他真正发明的是现代城市扩张。

在其他地方，人们举办活动公布年度最畅销汽车型号的销量，这恰恰揭示了美国人仍然有多爱传统的燃油汽车，以及若存在更有效率的选择，他们的转变有多快。从全国范围内来看，两款卖得最好的都是皮卡车。加州是美国最大的汽车市场，通常环保汽车的销量都不错，但这次本田雅阁这款传统动力轿车的销量超过了丰田普锐斯混合动力节能轿车，这种情况在这些年里还是第一次发生。这种转变反映了美国的一种趋势——混合动力以及替代燃料汽车销量在下降。由于2014年的汽油价格暴跌，这种汽车在美国也是降价倾销。普锐斯是混合动力汽车里卖得最好的一款，销量也下降了12%。同时，越野车的销量也重新开始上升，尽管过去几年里销量最好的越野车型以偏小型居多。

油价暂时下跌故事中的一个陪衬情节也在今天上演，即两辆巨大的货运列车跨越国度高速开向弗吉尼亚的仓库。每辆列车装载着从北达科他州的一些新兴城市和更北之地运来的原油，享有了比农作物、奶牛和乘客更优先的通行权。这些石油来自巴肯页岩油矿区，是通过一种极端的钻井方法如水力压裂法开采到的。这样的运油火车迅速增长到几千辆，已经成为了美国能源运输系统的运输主力，这也导致了美国在2014年意外地成为了世界上的主要产油国。也正是铁路运输使得市场上的石油供过于求，帮助压低了油价。巴肯市75%的新采石油是通过火车运输的。但这两列隆隆地开向东海岸的火车就像先前那么多出过事的火车一样，永远无法到达目的地。14日星期六，其中一辆火车在靠近加拿大边境的偏远地区撞毁燃烧；另一列火车会开到西弗吉尼亚州的芒特卡本，19节满载着原油的车厢脱离轨道后起火燃烧，爆起的火球在白雪纷纷的天空中冉冉升起。数百个家庭不得不因此撤离，社区停水停电。一项新的联邦规则曾要求油罐车的安全系数需要更高，但铁路行业为此争辩并长时间地将其搁置，当这次撞毁事件发生时此项规则依然处于准备阶段。这条规则将会花费多年时间才能被实施，其中还会伴随着讨论这么具有爆炸性的石油在城镇间穿梭是否是明智之选。

是否应该在社区、学校和购物中心周围运营大型炼油厂也将会是一个受到大家关心和仔细审视的事情，只因为一项似乎无关紧要的任务：一个原油裂解塔的关闭和维修。但这项寻常的日常任务会引发一连串的事件，最终导致5天后的爆炸。这场爆炸由超亚反污染系统引起，也就是被人们所知的流体催化转化器。它发生在占地750英亩的埃克森美孚·托兰斯炼油厂，这座炼油厂产出的石油占加州石油供应量的10%。这个蒸汽缭绕、火焰摇曳的工业基地被洛杉矶城镇的沿海富人社区环绕，这些社区一起被称为南湾。爆炸后的灰尘和碎片大量落到这些街区。4名工人受伤，附近的学校不得不让学生在室内活动。这是自1987年以来这座炼油厂发生的第5起爆炸。

这座炼油厂是美国正在老化的运油系统的一部分，这个系统包括运油火车和轨道。在埃克森美孚公司中，连接炼油厂和港口综合设施的管道长度不到10英里（用于接收原油以及运输船用燃料，虽然这两项工作都因港口拥堵而放缓）。另外一些管道将航空燃料运输到洛杉矶市的国际机场，或者将石油转到该地区的分销终端，再或者接收从北边160英里以外的圣华金河谷油田转过来的原油，这种油是世界上最浓也是密度最大的原油。受这次爆炸影响，这个巨大的石油中心停止生产，并使得加油站的石油价格在几周内迅速飙升。加州随后对这个石油巨头进行了一次安全保障排查，共发现了19处不同的违规情况，有6处被认为是"故意的"。加州政府判定尽管9年前该公司就知道这个转换器存在问题，埃克森美孚还是未能修理好这个引爆爆炸的液体催化转换器。这个缺陷致使爆炸性的压力无法被探测到，直到一切都为时已晚。调查人员报告称，这场爆炸可能会是灾难性的，因为这场爆炸伴随着一种风险，即具有强毒性的烟雾和致命的氢氟酸可能会被释放到人口密集的地区。这个石油巨头遭到56万美元的罚款，但相比这次爆炸对该地区的消费者和企业造成的后果来说，这根本不算什么，他们可以在加油站看到其造成的结果。2015年秋天，当美国其他地方的油价是一加仑2.43美元时，南加州的平均油价已达到一加仑3.45美元。当调查还在继续时，埃克森突然宣布其已将这个陷入困境的炼油厂以5.375亿美元卖给了新泽西的PBF能源公司。

同时，在洛杉矶国际机场附近，一条新的地铁线路正在被快速挖掘中，洛杉矶机场长期因为只有汽车才能进入而被人们所诟病，而它周围全是堵塞的高速公路和街道。地铁将在2020年完工，经过长达25年的失败的计划和诉求来让机场交通更加方便点，洛杉矶市民终于可以像其他主要机场的乘客一样坐地铁去机场，虽然很久以前其他乘客就已经将其当作理所当然的事情。然而，这个愿景还差一点才能实现。其实将这条8英里长的新线路修好后，还要步行1英里才能到达终点站，一些短途旅客捷运系统需要被用来补上最后1英里的路程，这既不方便也浪费成本，并且这也很容易减缓整个运输速度和阻碍乘客行程。

旅客捷运系统是洛杉矶市属国际机场现代化改造计划的一部分，这个改造将要花费50亿美元，最早可在2024年完工，正好给洛杉矶申办2024年夏季奥运会增加筹码。洛杉矶机场是世界上最繁忙，也是受人诟病最多的机场之一，最初建于20世纪60年代，后在80年代扩建（为了上一届在洛杉矶举办的奥运会而建），这意味着它的当初设计能每年轻松吞吐3500万旅客，而现在它已拥挤不堪。它的双层马蹄形通路是通向九家独立航空公司候机室的唯一路径，这条路就是一个噩梦，基本上不管是白天还是夜晚它都处于瘫痪状态，塞满了咆哮的汽车、公交、穿梭巴士，路上烟雾弥漫。它是迄今为止洛杉矶市驾驶员最讨厌的公路。它的现代化计划需要拆除这条马蹄形通路，并将驶进的车辆引导至远处的停车场，这一切都靠至关重要但仍然神秘的旅客捷运系统提供支持。

在其他航空旅行改造中，美国联邦航空管理局对价值400亿美元的下一代空中交通控制系统进行了最后一轮调试和收尾测试。人们对这个超出预算、拖延已久的系统期待了许久，这个系统据说可以增加航空旅行的安全性和效率，人们已经受够了航班延误和航班取消。下一代空中交通控制系统在2015年3月之前通过测试并且投入运营，它将代替简称为"主机"的老旧电脑系统。老系统用的是软盘时代的技术，它已管理美国领空的航空交通40年。推出下一代系统后，第一个阶段是让其接管联邦航空局的20个主要航空控制中心，它们都有参与管理美国的高空航空交通。第二个阶段会升级20世纪70年代的模拟无线电系统以及用全球卫星定位系统更换机场地面雷达中心的老系统。该阶段预计将于2020年实行。这个仍在使用中的老旧地面雷达系统虽然安全，但是效率低到可怕而且更新缓慢，这意味着空中交通指挥员不得不使飞机远离大型缓冲区以避免碰撞。但有了新的卫星系统之后，美国空中飞行的7000架飞机在任何时间都可以更近地在一起飞行而不危及安全，这可以加快飞机起飞和着陆的速度。而且在理论上讲，这不仅会使得天空更适于飞行，预计每年能通过减少燃料浪费、减轻交通堵塞和航班延误问题，它能帮助节省220亿美元。

最后，美国交通部长安东尼·福克斯开启了一个全国公交"基础设施之旅"，他的长远目标是为4780亿美元的联邦交通计划赢得支持，他把这个计划的重点称为"超越交通"方法。他想从"末日塞车"中吸取教训，强调汽车文化中的"流动性"：减少城市以及高速公路的扩张，强调通过连接现有的城市街道以及多样的交通选择促进"近距"增长。这位北卡罗来纳州夏洛特市的前市长是个很和善的人，他说："老方法都不管用了。"为了说明他的观点，他乘坐的公交正在慢速通过南卡罗来纳州际高速公路交汇处，那里一片混乱，破损严重，当地的通勤者称它为"故障交汇处"。福克斯解释道，全国有数百个这样混乱不堪的立体交叉道，但没有钱来维修它们。

福克斯这次公交之行的目标是想推行他的一个想法——更改汽油的联邦税。这项税收收入本应完全能够资助国家公路信托资金，但现实是这笔资金严重短缺。由于僵化的政治原因，18.4美分的联邦汽油税远不够支付该系统所需求的费用，在近期内也不太可能增加，因为从1993年来该项税收一直都没有变化过。因此福克斯和奥巴马政府提议向美国企业的海外利润征收14%的新税，这笔税收的资金将只用于交通工作，而且是当前的汽油税收入的两倍。从字面上看，这是在给美国企业减税，因为现在对美国企业海外盈利的征收税率是35%。然而，这些公司通常会将资金放在海外来避免缴税。福克斯的提议将弥补这一漏洞，并使维护美国交通系统的全过程中有充足的资金支持。许多大公司都可能会支持这个提议。例如，截至2015年苹果公司通过海外销售累积到的海外资金已达到2000亿美元，在美国国内这些资金会被用来做很多项目，包括回购自己公司的大部分股票。如果税率是35%，苹果公司不会将这些钱转回美国，但如果是15%，苹果公司则有可能将钱转回国内。2013年，苹果公司的首席执行官在参议院的一个议员面前说，他希望有这样一个协议，只要这个协议对所有的"纳税人"都公平。

然而，国会会拒绝福克斯的提议。美国人并不喜欢花钱在公路建设上，而且有一些国会议员还要求向人们征更少的税。那这一切与送到你门口的比萨有什么关系呢？

公路建设与每件事都有关系。我们对这件事的态度互相矛盾：超过90%的选民认为完善美国的交通基础设施是很重要的，还有80%的选民说，对于美国保持国际竞争力来说，这是至关重要的。然而70%的选民坚决反对提高1993年规定的联邦汽油税。这也是为什么国会每年都会用财务技巧做账维持这个系统，但关键的维修工作和现代化工程却一年又一年地向后拖。

现代交通景观奇迹与恐惧参半。奇迹在于在繁华的城市景观下，有像恐龙一样大的钻探机用旋转的钢牙凿出地铁隧道。或者是你前一天清晨在网络上点击购买一部新相机、一件衬衫或者为你的身患糖尿病的名种猫购买合适的食物，第二天下午你就可以在家门口收到这些东西，这种满足感来得非常快。然而同样也有让你失望的事情，当你快错过航班时，而你还堵在路上，车只能慢慢开到机场，这种情形会让你流一身冷汗。或者那些丑陋的州际公路交叉出口匝道正好是几条高速公路快速、混乱的交叉口，迫使你在回家的路途中快速地连续急转弯，穿行拥挤的交通车道。3.2亿美国人每天都要看见以及体验这样的交通——前一种令人愉悦，后面一种让人感到痛苦。

但这还只是交通移动运输的表面现象。在这表象下隐藏着我们门到门系统的核心：对抗永不停止超负荷的战争。这存在于老化的设计和未来预算的方方面面，存在于所有的铁道、汽车、能源运输、电缆、管道中，真正的交通战争和其中的原因都和交通负荷有关。

运河时代就是在这样的逻辑下开启的。1840年人们建造出美国第一个真正的货物运输系统，拥有了一条连接东西长达3000英里的水路，这条水路贯穿了从纽约到新奥尔良的路程。之后，更大、更快和更加宽敞的火车代替了运河，因为火车的速度更快，可以到达更远的地方。再后来，新的高速公路、港口以及庞大的物流中心登上舞台。迟早，更加新奇和更有能力的交通运输工具会加入这个交通系统混杂物，增强或代替老旧的运输工具，以缓解交通负荷。尽管一些更新换代的交通工具很快消逝——那个"黄金时代"的飞船眨眼间就隐没了——其他的一些交通发明持续时间达几代之久，有时从逻辑和成本来看，有些发明其实不应该使用得这么久。

交通工具的选择从来都不是纯粹理性的结果。习惯、迷思、文化以及生活方式的影响力可以并且确实胜过了交通选择的实用性和效率的考虑，就如在时尚和艺术行业一样，美国最受欢迎的汽车是皮卡这件事也证明了这点。皮卡发明于一个世纪前，很多农民、建筑商和其他工匠都会开皮卡，于是它开始取代马车成为了实用的交通工具。现在这个年代，在美国只有很少的人住在农场，大多数人都住在城市，因此现在开皮卡车主要是一种生活方式的选择，体验一把都市牛仔传说的感觉。如今皮卡车在很大程度上与大部分车主的工作需求没有关联，因此开皮卡车是一种个人生活方式的宣言而不是实际需求，由于皮卡车的效率不如普通的轿车，皮卡车成为加重交通负荷的又一个原因。福特F系列的普通皮卡曾是美国最受欢迎的车型，它有三个基本款——重型、压缩型以及农场和牧场特别型。现在销售人员将这些车型称为"牛仔的凯迪拉克"，它们的特点是有手工制作的桉木内饰，还有加热或降温的真皮座椅，这种座椅还可以给驾驶员和乘客按摩。它们标价6万美元起。

如果一项技术、结构或者方法实用性强或者讨用户喜欢，或者两者兼备——它既能帮助用户节省时间和金钱，又能提高用户的自我形象——那么用户们会蜂拥而至。1900年洛杉矶修建了一条木制的自行车高架公路，收费10美分，但是这条公路并没有修完，让骑自行车的人进退两难，于是这条公路理所当然地被人们所嫌弃，它在五年后被关闭。1904年，纽约地铁开始投入使用，其间没有停止过工作。投入使用的第一天有15万名乘客乘坐了地铁，票价是5美分，乘客们纷纷表示很满意。这就是"如果你建造了，人们自然会来"的效应，是诱导需求在起作用。有一条原则不管是在交通领域还是其他领域都是真理：先将一件事情做好，然后再将其做大做精，从而促进需求。爱迪生通过灯泡发现了这条原则，类似的产品还有福特汽车（最近是皮卡车）、美国国际商用机器公司（IBM）与家用电脑以及苹果公司与智能手机。对人们而言，新式陌生的产品可以很快成为人们生活的必需品，至少人们是这样看待的。

一旦这种情况发生，一旦人们可以利用运河货船代替马车运输丰收之物，一旦闪亮崭新的有轨电车能够更加快速地在市区和郊区间移动，或者一条新路刚铺设完成，一个港口建成完工，人们对这些事物的需求会开始猛增。交通负荷问题暂时得到缓解，但是同时也伴随着新的交通负荷的威胁。迟早，船只会过多，人们等电车的时间过长，太多的汽车堵住街道，人们不得不再次增加交通容量。于是又要新建一条车道、一个更大的码头、一艘更大的船，还需要新的交通信号灯来缓和车流，减少交通阻塞和事故。增加交通容量需要规划、时间和金钱，而且一旦建成新的设施，又会导致更多需求。这个循环周而复始，人们一次又一次地体验"末日大塞车"，直至交通容量无法再进行扩张。于是不管是出现交通过载，还是突然出现新式汽车以及更宽敞的街道使得交通系统恢复如初：旧式马车会被性能更强的有线电缆车代替，接着有轨电车取代缆车，再接着以汽油为动力的私家车代替有线电缆车，将更宽的街道以及扩张过的公路依旧堵得水泄不通，接着又会出现新事物将私家车取代，没有什么是永远都固定不变的。下一次交通系统重启仍然没有到来，我们依然会继续等待。

这种不确定性起源于20世纪，那时候人们给交通系统的投资金额时少很多。在过去的100年里，美国只见证了两次大型交通建设——也就是说，只有两次力度大，而且是全国范围内的交通容量扩增。事情就是这样，这就是美国的情况。

第一次大型交通建设是具有里程碑意义的基础设施建设，它让美国现代化并且让人们从经济大萧条中重回工作岗位。在此期间，美国建成了林肯隧道、三区大桥以及纽约的拉瓜迪亚机场。还有跨海公路——它的名字就是按字面意思取的——也就是连接迈阿密和基韦斯特的著名的七里桥。第一次建设热潮中还建成了胡佛水坝、大古力水坝、金门大桥、农村电气化以及美国的第一条高速公路（洛杉矶的阿洛约瑟克公路，也称为帕萨迪纳高速公路）。在这次热潮中两大水运系统也同时诞生了：科罗拉多河渠和中央河谷工程，前者供应洛杉矶和南加州的用水，后者供应加州中央大峡谷的农场。这里的农场给全国提供了很多农产品，而且所有达美乐比萨的酱汁都是在这里生产的（当然也有世界上其他品牌的比萨酱汁）。美国的大部分杏仁、洋蓟、李子、芹菜、胡萝卜、花椰菜、花菜——这个名单很长——都是依靠这个水运系统供养的，使中央大峡谷依靠占全国不到1%的农田产出了美国8%的农作物（按美元计算）。很多工程是为了大萧条期间的人们有工作可做，而如今许多当时项目成为了标志性的、作为经济引擎的交通设施工程，例如公共事业振兴署、75万英里的普通公路（同样也很重要）、7000多架桥、1000条飞机跑道以及成千上万不知名的水坝、堤坝、隧道和排水工程。

第二波交通投资热潮发生在这之后的二三十年，也就是20世纪五六十年代，美国利用战后空前的繁荣和发展修建了如今大多数的现代州际公路系统，后来这个系统又反哺美国的发展。这48,760英里的高速公路网明显改善了轿车的出行，但真正的革命在于它对卡车的影响。建造州际公路花的钱带来了好几倍的回报，因为它使得商品运输活动爆炸式增长，这反过来保证了依靠进口的消费经济的腾飞，并为其打下了坚实的基础。港口和集装箱化的快速发展的结果——例如零售巨头沃尔玛和亚马逊——需要州际公路将它们的商业模式变得切实可行和完整，因为那时现有的铁路货运不能应付所有的运输活动，或是覆盖将商品从仓库运到商店和家中的最后一段路程。1996年州际公路系统庆祝运营40周年，据说截至当时，以前建造公路花的每一美元都产生了约六美元的经济生产力。而自此之后，这个数字很轻易地又翻了一番。

之后的美国交通的公共投资成果从来没能超过这两次门到门建设热潮所带来的经济成就。自从州际公路系统完工后，若是按国内生产总值的比例计算，美国像一些欧洲国家一样将一半的资金投资给了基础设施建设。中国给基础设施的投资效率几乎是美国和瑞典的5倍，中国对汽车的依赖性远比美国小，因为中国的公共交通系统被充分利用而且广受大众喜爱。中国每年仍然继续给公路投资，而且投资金额与美国相当（再次解释，投资金额不绝对以美元计算，而是以国内生产总值的比例计算）。现在人们普遍认为美国纳税人给交通系统投入了过多的钱，但是其实21世纪的美国人更加吝啬于对交通系统的投资。

美国交通系统中一些最重要的设施到现在都已经被使用了50到100年了，我们开车、航行以及飞行的时候会经过或者穿过这些标志性建筑物。它们面临老化、年久失修、功能过时或承载车辆过少的问题——而且维修还会被推迟。65%的道路评级为质量不佳。四分之一的桥梁需要重大维修，或者太脆弱而无法承载现代交通运载量。大约有45%的美国人无法用到公共交通。就基础设施的总体质量而言，世界经济论坛给美国基础设施的排名是世界第16位，铁路系统第15位，道路质量第16位。美国是第一个修建横贯大陆的铁路以及州际高速公路的国家，而现在美国的处境确实很艰难。

同时在2015年，美国交通部估计，交通堵塞浪费时间和燃油，一年内因此造成的经济损失高达1210亿美元。这些硬件已经老化——400万英里的道路、街道、铁路、水路和管道——它们承载着美国价值20万亿美元的货物，这些货物都是我们日常所需要的东西，每年在州、城市以及乡间流通。这些系统运输的物资重量超过170亿吨。相比之下，帝国大厦重达36.5万吨。每年美国运输的货物重量相当于46,575幢帝国大厦。如果所有这些货物都用53英尺的标准半拖车运载的话，按照8万磅的合法载重限制计算，将需要4.25亿辆双拖斗卡车进行运输。这个数字是整个美国注册登记的半拖车数量的8倍。

多年来人们疏忽对这些老化设施的维修和现代化建设，2015年7月，这付出了惨痛的代价。靠近加州黑尔市的10号州际公路的东行路段是一座老龄桥（就是修不好它），它在暴雨中轰然倒塌。10号州际公路是加州港口、农场和工厂向东运出货物的一条主要路线，每天有超过8000辆卡车在这段公路上通行。其他的替代路线会使得消费产品、商业和工业产品的交付日期延迟一天，这对如今的经济而言是一个重大打击。如果只算消耗的额外燃油和时间，这次的桥梁事故让卡车运输业每天损失约250万美元。而且这还只是卡车路线中的一座小桥。如果将美国其他6.1座处于坏或者极差的桥梁加在一起，那么商业和经济要承受的风险几乎不可估量。

面对恶劣天气，美国交通基础设施的欠佳状态使得我们具备了第二次世界大战以来最差的应对能力。强风、暴雨和洪水给这些维修不善以及不安全的桥梁、天桥、隧道、大坝、涵洞以及道路增加了额外的压力。仅一场大风暴——2012年的桑迪飓风——就摧毁了纽约和新泽西地区，使东海岸各处的沿海地区陷入瘫痪状态，还破坏了运输食物、水源、能源、商品以及人们靠其移动的门到门系统。桑迪造成了750亿美元的损失。人们用了好几个月恢复常态。如果气象科学家的预测是真实的，我们将进入一个极端天气时代，在这个时代里像桑迪这样的超级风暴可能会变成稀松平常的事情。如果真是这样，美国应该尽快修建出适应性更强的运输系统和运输结构，而不要推迟修理和维护的时间，而且不为其准备资金，放任其变得更脆弱不堪。

不仅仅是公路，铁路客运基础设施也开始朽坏，很多铁路设施都已经用了很长时间。两个世纪以来，所有穿行哈德逊河从纽约到新泽西的客运列车都要经过一条漏水且不稳固的隧道，它是美国最繁忙的隧道之一，而且这些繁忙的隧道大部分都亟待维修。2010年，新泽西州州长放弃了修建新隧道的计划，因为这样他就可以将资金投给公路工程。美国东北走廊（美国最重要也最拥挤的铁路，从华盛顿特区开往波士顿，它会停靠所有的主要城市）有1000座桥，其中一半的桥都已修建了一个世纪之久。有几条仍在使用的隧道是美国南北战争时期结束时挖掘出来的。2014年，美国铁路公司在东北走廊运营的铁路客流量达到了1160万人次，这个数字从1998年以来增加了50%。但是这个铁路系统无法承载这么多乘客，从速度和范围来看它比世界上其他的铁路系统落后太多。

美国城市街道的下水道已有100年历史，它们是非常重要但隐蔽的交通系统，但它一年比一年脆弱。2014年7月，加州大学洛杉矶分校和洛杉矶西区的部分富人区破天荒地被淹了一次，因为主要区域的供水管道破裂，喷起的水柱有30英尺高，每分钟溢出7.5万加仑的水。这次漏水时间是在全州最干旱的时候，而且持续了4小时。弗林、芝加哥、托莱多以及华盛顿的其他社区因使用了过旧以及受污染的供水管道而导致居民患病。美国土木工程师学会的年度工作报告发现，美国大多数地方的供水系统已经超过使用寿命，评分只达D级。运输石油和天然气的地下管道也有同样的祸患。我们传输电力的电网也是靠老旧脆弱的硬件维持着，并且没有备份系统。五角大楼在2011

年得出结论称，六发射击精准的步枪子弹就可以破坏整个东海岸的输电网，这张输电网服务的人群超过1亿人。类似的攻击也可能会使西海岸沦陷，不仅仅会中断电网，还会断掉洛杉矶市大部分地区的用水供应。

这意味着，不用特殊访问权限或者假身份证，美国的电力运输系统就可以遭受到巨大的破坏。另外一件不幸的事情是，如果遭受到攻击，在袭击中损坏的零件都是非常老式的，而且体积有卡车那样大，若要买新的更换它们，而能生产这些零件的最近的公司似乎都位于中国。生产以及货船运输交货的时间估计长达4个月。

21世纪的美国身上有一种特殊的诅咒：几乎每种运输乘客、资源、能源以及货物的主要交通方式都面临过载的问题。唯一的例外是美国14万英里的国家货运铁路系统，它是美国门到门运输中的巨星。它具有独特的地位，因为这个系统是私营的，而且基本处于垄断地位，而这也就解释了为什么它能更好地解决交通负荷的问题。1980年美国解除了铁路管制，货运铁路公司借此可以停止运行一些利润较低的线路（这些线路涵盖包括所有的客运服务），还可以自己设置速度并且可以只增强那些有明显投资回报的路线的运载能力。公平地说，这是一笔巨额投资——1980年以来已经投资5750亿美元，仅2015年的投资金额就达到了290亿美元——但在整个大运输系统中，货运铁路的这种模式无法复制。政府不具备这种灵活性去关闭成本过高的主要道路、水路和桥梁，因为这些设施服务于整个社会，或者为了让公路可以像铁路货运一样自给自足，用户需要付出更高的费用。这就像私立学校和公立学校的区别，前者可以挑选学生并且可以自己设定学费，后者负责教育所有人还不收学费。白宫、国会、州立交通机构、城市交通运输部以及不管是提倡坐公交、骑车、开车或步行的人都同意我们应该尽快勇敢面对交通过载的问题，它影响了其他所有的运输方式。但除了再修建一条车道或支路，没有明确指示下一步应该做什么——而再修建一条车道或支路对于交通而言无异于通过勒紧裤腰带来节食。

我的来福车驾驶员汤姆正在描述着挤满了海岸的一批批货船。每一艘货船上堆满了集装箱，看上去像是漂浮矗立的通天塔。它们都在等待泊位。等待的货船队伍一直延伸到港口向南20英里，从海岸一直到亨廷顿海滩，这个背景对于冲浪者和在海滩散步的人来说实在太令人沮丧。港口工作对汤姆来说本应是一份薪水可观的工作，但现在汤姆需要晚上做共享乘车驾驶员来挣外快。

所有交通新闻中，港口运转速度减慢占领了13日星期五的新闻头条，在过去几天也是如此，在货物运输领域，这个最重要的港口因瘫痪出现了货物积压问题。

由于港口运转速度减慢，本准备把柑橘运往亚洲的农民不得不眼睁睁地看着他们的柑橘腐烂，或者他们不得不低价销往国内，而这连成本都收不回来。牛肉出口量在下降，坚果以及苜蓿的情况也是如此。每月损失的农产品销售总额高达17.5亿美元。塔吉特百货（Target stores）无法得到正常的物资补充，满足不了消费者在复活节的购物需求。自然美国（Nature USA）这家服装制造商的纱线也用完了。汤美巴哈马（Tommy Bahama）不得不摆出上一季的库存衬衫，因为从亚洲运来的新款还没到货。李维斯（Levis Strauss）有三分之一的产品错过当季销售。家居装饰的主要进口商——索弗莱家纺（Softline Home Fashions）没办法将其新产品线的窗帘运给它的主要客户：沃尔玛（Walmart）、潘尼百货（JC Penney）以及万能卫浴寝具批发商城（Bed Bath & Beyond）。它们都要给员工付工资，使投资者满意还要支付账单。它们需要拿到自己的产品。

然后这对情人节来说也是一次灾难。明天就是情人节。

"情人节的生意已经被毁了，复活节销售季的生意也会马上泡汤！"麦格玩具的总裁哀叹道。这是洛杉矶地区的一家玩具公司，通常会雇用600名老练的工人为情人节组装礼物篮。但现在装有80个集装箱的心形制品、玩具和预先包装的浪漫装饰都还堵在海上。他的竞争对手们遇到了同样的问题。在港口上其实可以看到装载这些货物的集装箱船——有些甚至都抛锚了——但是这些船没法卸货。没有产品意味着那些工人都无法工作，情侣收不到礼物篮，麦格玩具也赚不到钱。

像汤姆这种靠当码头工人挣高工资的人，兼职做来福车或优步驾驶员赚的钱比码头发的工资少了太多，以至于现在他们都还不起贷款。对于所有媒体追捧的共享经济和"零工经济"，其工资很低而且没有利润。区域经济和国家经济会遭受长期的损害，因为有些托运人已经威胁说将货物改运到墨西哥港口，或是穿过巴拿马运河将货物运到美国东海岸的港口，当然东海岸的港口能接到业务肯定会乐不可支。这个交通系统一直以来都在勉强运行，不应该就这样垮掉，而且平时活跃的权力掮客和说客也对此袖手旁观。

在一片绝望中，白宫派遣劳工部长去洛杉矶谈妥一笔交易，或者如我的来福车驾驶员汤姆说的那样，有些人应该"得到教训"，在就业还未遭到完全破坏，经济也还未从情人节的低谷中恶化，导致再次全面衰退前。

只有在后来，当政府干预真正起作用时，一项协议在2月之前达成时，人们才会清楚发现劳资纠纷并不是主要的问题，而其他导致运输系统过载的问题也不是那么容易好解决。

"港口的工作确实很好，"汤姆谈起港口时说道，"但谁知道未来又会变成什么样呢？我们又该如何解决交通过载的问题呢？"

CHAPTER 7

The Ladies of Logistics

到底是谁统治着海洋？是拥有强大战舰的海军强国吗？毫无疑问，美国是毫无争议的海上强国。美国有令人惊叹的海军战力，而为此所要付出的代价更加让人惊奇：美国每年要在海军上花费1680亿美元，让世界上最强的海上军事力量随时待命，而这仅仅只是为了防止威胁或攻击。

或者我们应该观察一下另一种海上力量——货船的舞台？货船的目的不是为了恐吓敌人，却是为了提供和补充货物给著名的塔吉特零售公司、其他零售公司、生意人和美国家庭。这些货船供货给上千个客户，而这些货船恰好运送了美国海军以及其他美国军事依赖的80%的货物。五角大楼每日所需的外包商品和其他人一样多。当提到全球航运的超级力量，美国只能算是一个配角。

航运的权力集中方式不像交通系统里的其他领域，全世界有六大船舶公司（没有一家是美国公司）控制着全球超过一半的货物运输。20家跨国公司——大部分都加入了四大超级船运联盟——控制着地球上几乎每件商品的交易活动。

这是史上喧嚣最少的征服与投降，整个美国都乐意参与，而且在某种程度上来说是无意识地参与。因为消费者喜欢看到收银台显示的低价，这比什么都重要。毫无疑问的是，全球化出色地完成了这一点。现代物流的奇迹和高效的全球交通技术已经使得低价变成可能，尽管在闪亮的技术背后，隐藏着最原始粗糙的做法。完成这些只需要做两件事：出售美国曾经辉煌的货运船队和造船厂；将主要消费品的制造工作外包给一些国家，但付给它们的工钱都比较少。这些工作给这些国家的环境造成的影响以及这些国家人民的生活水平和工作条件在美国是永远无法被忍受的。人们兴奋地走向收银台去购买那些低价商品，这往往掩盖了一个现实，即美国人在其他地方为此付出了代价：纷纷倒闭的工厂、更低的薪资、萎缩的中产阶层、政府越来越无力拨款给道路和桥梁建设，以及巨额的公共健康补贴和交通污染带来的环境保护费用。而且如果不能从中国进口大量的商品，没有韩国建造、外国企业拥有和经营的船舰，那么美国——包括美国的武装力量——将无法运行下去。

六大船舶公司控制了全球大部分的货物运输，其中丹麦的马士基航运（Maersk Lines）是最大的船舶公司。从其货船数量、载货能力、收入、利润，以及建造世界上最大、最先进的货船的能力上来看，马士基都是佼佼者。马士基（与其参与石油平台、石油开采、运输和港口码头业务的子公司一起）处理全世界将近16%的货物运输工作，数量相当于沃尔玛商场里销售的六分之一的货物。这使得这家生意做遍全球的船运公司，就海上业务来说，成为世界上当之无愧的霸主。而丹麦的国家人口比马里兰州都还要少一些。如果这还不够的话，马士基与日内瓦的地中海航运公司（世界上第二大集装箱船运公司）还是伙伴关系，它们一起共享使用大量的船只。这两家公司组成的"2M联盟"一起控制着一支拥有1119艘货船的舰队，这支舰队能够运输世界上29%的货物。

虽然马士基船运公司没用任何导弹、火炮或是枪支，当这家船运公司想得到一些东西的时候，或者其他强大联盟的任何一家公司想达成一些事情的时候，整个运输系统都会极力配合。数十亿美元的项目会因此而启动，港口码头会拆了重建，高速公路会增加车道，铁路会重新制定路线，货运公司勉强地接受新成本和交货延期，这些现象都会发生，这些都是因为航运公司很擅长玩一些让国家之间以及州之间反目成仇的把戏，如果它们得不到自己想要的东西，就会把生意转给那些更听话的港口和合伙人。如果洛杉矶港口没有给船运公司开出好的交易条件，那么船运公司总是可以选择休斯敦、萨凡纳、墨西哥或者加拿大的港口。几十年来它一直采用这种方式。这就是廉价商品隐藏着的代价，美国曾经能依靠自己生产这些商品，但现在这些工作被外包给了海外国家，这些商品包括：美国人穿的97%的服装、98%的鞋子、三分之二的家具，还有大部分电子消费品、玩具和自行车。它们都是日常用品，却全部都来自海外。全球的集装箱船队的载货量从1980年的1100万吨猛增到2010年的1.69亿吨，这是因为日益增长的消费者驱动型经济引致载货量需求的增加，之后就对这庞大的载货量产生了依赖。

美国70%的国内生产总值都是来自于消费支出，这对于把中国工厂和美国商场以及家庭连接起来的大型船运公司是喜见乐闻的。不论是从比喻上还是实际上来说，大型船运公司多年一直推动着消费经济。如果它不是最强大的力量，它也会是最强大的力量之一，一直推动着交通系统的发展。

尽管如此，航运舞台并不完全是船运公司说了算。当一个最出乎意料的人接管了洛杉矶多沙的码头，船运超级力量的规则从此就被改写了（至少改写了一点）。通常大型港口经常是航运业内人士负责，但这个主管不一样，她是一位海洋生物学家，开着一辆老旧的粉色福特雷鸟车，喜欢烘焙。她无视玻璃天花板效应[1]，在美国85个主要港口的负责人中，只有两位是女性，而她是其中的一位。2014年，在辞去她的港口工作之前，她与美国最大港口的托运人、卡车司机以及其他根深蒂固的势力较量。洛杉矶港口曾是污染最为严重的港口，停靠着污染最严重的船只，这也是"美国雾都"空气污染主

1　译者注：是指在公司企业和机关团体中，限制某些人口群体（女性、少数民族）晋升到高级职位。

要来源，她在任职期间把洛杉矶港口转变成国际环保运输的模范，而她的港口却依然保持了业务优势。她与运输行业其他女性共同创立了一个非官方组织，叫作物流女强人（代号LOLs），以撼动和重塑交通运输业。LOLs不仅在属于男人们的行业里呼声反抗，她们还用自己的影响力证明，虽然全球运输体系很大部分不受人力控制，但一些才华横溢、工作认真而且有坚定决心的人可以对我们的交通方式、物品的运输以及我们的世界产生极大的影响。而且在她任期结束之前，她发现交通拥堵危机正在到来，她会为此做规划，而她留下来的规划或许能将此根治。

杰拉尔丁·克纳特兹回忆起她执掌美国最重要的交通枢纽之一的八年时光时，她形容这段日子是一段"好时光"，这是港口行业的人们最希望做的工作，也是最困难的工作。她说："想起20世纪70年代，我的第一份工作是在港口水域研究生物，这份工作也很不错——但这份工作并不简单，因为70年代的时候港口水域没有生物存在。我想我兜了一圈又回到了原点。港口也是一样。"

当杰拉尔丁·克纳特兹在洛杉矶和长堤的海港开始40年的职业生涯时，那时候洛杉矶港最有名的物产是金枪鱼，而不是集装箱。港口随后发生的变化则是全球整个供应链开始发生转变的缩影，当地垄断企业逐渐没落，海外外包企业抢占了生意，甚至包括金枪鱼罐头生意。过了很久以后，集装箱革命才会兴起，促成了被超级航运公司主导的南加州超级港口的诞生。当时在洛杉矶港口上捕鱼的有渔船和罐头厂——20世纪早期主要制作沙丁鱼，由法国沙丁鱼公司牵头。等到沙丁鱼资源快枯竭的时候，渔船开始捕捉金枪鱼，同时法国沙丁鱼公司将自己的公司名改为星琪（Starkist）。

1965年左右，克纳特兹在南加州大学攻读海洋生物学硕士学位，她来港口做课程研究。当时进口业务只占据港口工作较小的一部分。当时星琪和它的猫粮品牌九条命（9Lives），以及海底鸡（Chicken of the Sea）、大黄蜂（Bumble Bee）和美国其他的金枪鱼企业，都在洛杉矶设立工厂运营，而洛杉矶成为了第二次世界大战后世界上最大的金枪鱼生产基地。渔船队和罐头厂雇了数千艘船占领了港口，而如今集装箱和大型码头占领了这个海湾。闻一闻早晨的微风，住在港口上方圣佩德罗的当地人就知道工厂做的食品是给人吃的还是给宠物吃的。正常的金枪鱼罐头会散发出又咸又浓烈的香味，而干狗粮或猫粮有一股独特的香味，两者有明显不同，宠物粮的这股味道会在工厂做宠物粮的那天弥漫整个码头。但不管是哪天，不论工厂生产的食品是给人吃的还是给宠物吃的，罐头厂都会将它们捕鱼、烹调和罐装产生的废物倒入港口，而且50多年来它们一直都是这样做的。年轻的克纳特兹穿着潜水衣就这样潜游在一片污水中，而港口要到很晚才会开始努力净化污水。

克纳特兹的理想工作并不是在污水中划水。她是看着黄金时段播出的一个电视专题片长大的，这个专题片由雅克·库斯主演，讲的是他勇敢地驾驶海洋调查船——卡吕普索号，与海豚嬉戏，用优美的法语对着温柔又畏缩的章鱼说话，以此倡导保护海洋。"潜水探险家"的播出激励了成千上万的婴儿潮一代，他们希望从事海洋科学事业，克纳特兹也是其中一位。她在新泽西北部的小镇韦恩长大，她的父亲在当地工厂做冲压裁剪，她的母亲则是一名家庭主妇。她的父母都在经济大萧条时期被迫出来工作，那时候他们都是还没有读完高中的青少年。他们一生都保持着困难时期具备的职业道德，要求他们的女儿在16岁的时候除了完成高中学业之外，还应该找一份工作支付在家的食宿费用。她不敢抱怨，因为父母对哥哥的要求更加严格，她哥哥在14岁的时候就开始挣生活费了。但这的确激起了她去从事自己喜欢的职业的渴望，而不是只能忍受做下去的工作。

在去上学或上班的途中，年轻的克纳特兹会收集一些池塘样品，在她的空闲时间里，她会用哥哥在圣诞节送她的显微镜鉴别里面的原生动物。在大学期间，她找到了一份研究实习生的工作，研究新泽西州汉考克堡市的港口污染问题。在去那儿的路上，每次经过花园州高速公路的收费站时，她都要假装她的25美分丢了，这样她就可以不用钱通过这条公路，她使这种小聪明是因为她付不起这25美分。当她向美国国家海洋和大气管理局军事基地负责该项目的科学家承认这件事时，这些科学家都很心疼她。最终她的导师让她搬到了基地上一间废弃的旧工房，然后给了她一份有报酬的工作。夜里她躺在沙滩上，看着从纽约港驶来的大型货船绕过桑迪岬继续航行。这时，她开始迷上了货船和港口。

在大学毕业后，克纳特兹成功申请上了南加州大学的研究生项目。她开车去了加州，在银湖地区的小镇上找到了一间小公寓，那儿离道奇体育场不远——现在那里非常时尚，兼容并蓄，而以前那里一点也不时髦，非常实惠。她每天早上会很早出门去上课或者去港口，这时她会与她的邻居玛利亚打招呼，玛利亚年纪有些大了，说话带有很重的俄罗斯口音。直到玛利亚去世时，克纳特兹才知道她的隔壁住着拉斯普京（Rasputin）[1]的女儿。克纳特兹的身边似乎总会发生一些不寻常和奇怪的事情。她说，她的日耳曼氏名字原意是"麻烦制造者"。她回忆道，她的一位老板曾经给所有港口的员工做笔迹分析，揭示他们的人格特质。这表明这位特别的港口主管对边缘科学和心理现象的热爱。那时候她觉得这有些奇怪，但是分析结果回来后，她马上就升职了，于是她也就不再抱怨了。这位主管在位仅一年就离职了，他是当地的一位商人，擅长的领域并不是港口而是游乐园和酒店。他任期内最重要的成就就是提拔了克纳特兹。

克纳特兹漫长的港口职业生涯是从一个学生研究员开始，她当时加入了一个由金枪鱼罐头工厂资助的水质项目。这些罐头厂希望科学能证明，它们往港口倾倒的废料实际上对"强化生态环境"是有益的。但结果并不是如此。港口的生物在消亡，海水中亦没有维持生物生存的氧气。罐头厂是这个问题的主要诱因。

"我们出去工作的时候，如果在海水中发现了一点氧气，我们会为此庆

1　译者注：俄国尼古拉二世时期的神秘主义者。

祝一番，"克纳特兹回忆道，"那时候港口里基本没有生物存在，那是一潭死水。"

但这也并不是无法挽救。接下来的三年里，克纳特兹都在潜水做研究，并取得了南加州大学的硕士学位。然后她在洛杉矶港找到了一份环保专家的工作，同时攻读她的博士学位。她负责的主要工作是改善港口糟糕的水质。这并不是因为企业被利他主义所推动，或者想要扮演一个良好公民。由于空气污染、水污染和物种灭绝已经变得非常严重，就连美国国鸟——白头海雕都受到了灭绝的威胁。民主党主导的国会因此颁发了一系列全面、影响巨大、受到公众和两党支持的环境法令，尼克松总统也签署了这些法令，使之生效。1972年的《清洁水法》也在其中。由于法律规定，罐头厂不得不开始妥善处理它们的废料。港口也必须修整或者更换泄漏石油和燃料的基础设施。克纳特兹的首要任务之一是在港口潜水，评估停靠的加油船爆炸后漏油造成的损害。她潜水的时候手上拿着几根白色的长棍，她会将这些长棍插入海底，就像将量油计插入汽车引擎一样，测量沉积在海底港口底部黏性的有毒物质。

港口水质可能需要10年的工作才能得到实质性改善，我们需要一株一株地培育移植的海藻，一块石头一块石头地使海藻繁衍成长（水下植物不是附着在沙子上，而是石头上），让自然慢慢发挥魔力。慢慢地，港口水域的氧气含量再次回升，这使得生物能够存活下来，以前的生态系统复活了。生物重新回到了港口，其中很重要的原因是金枪鱼产业已衰败。过度捕捞、来自于美属萨摩亚群岛和亚洲廉价劳动力的诱惑以及新全球经济的起起落落等因素导致一些金枪鱼的大品牌一个接一个地退出了市场，到了20世纪80年代末，只剩下唯一一家公司——海底鸡，而它也只撑到了2001年。这意味着美国大陆上再无金枪鱼罐头厂。泰国联合冷冻产品公司收购了海底鸡，英国的私人股份公司利安资本有限公司收购了大黄蜂金枪鱼公司。越来越多令人自豪的国内产品被外包出去了，这给美国家庭的橱柜又增加了数千英里的里程。每年每个美国家庭平均消耗19罐金枪鱼。

巨型集装箱码头最终占据了曾是罐头厂的地方。但是随着水质逐渐改善，人们停止过度捕捞，慢慢恢复了水质，港口周围的小型商业捕鱼公司才又多了起来。克纳特兹和她的同事的工作成果超过了所有人的预期。

尽管这项工作取得了成功，这份环保工作并未给克纳特兹带来职业发展的机会。港口领导认为她的部门没什么用，反而会阻碍港口的主要任务：航运、贸易和港口的壮大。她的工作是去探究这些任务是否会给环境带来污染，并提出减少危害的办法。港口最想做的一些工程包括疏浚、填海造地，为那些排出大量尾气的轮船、起重机和卡车提供更多的容纳空间，而这总是会带来负面影响。并且减少这些负面影响通常需要额外的费用，尽管克纳特兹的工作使得港口避开了费用更高的诉讼及工作延期。

当时她非常乐意转岗到一个不同的港口部门，能承担更多责任，或许还能挣更多的钱，升职空间也更大，但克纳特兹很快就认识到港口的职工绝大多数都是男性，女性能进入港口核心业务线的机会太少了。她觉得当时别人对她的态度普遍都是：她已经非常幸运了，因为她是港口上唯一一个做"非传统"工作的女性，意思就是说她做的工作不是文书、秘书、人事或公关。当她申请其他工作时——例如，市场营销——她回忆起一个经理解释她被拒绝的理由，你不能和"男客户们"一起打高尔夫，或者男性员工的妻子不喜欢她和她们的丈夫一起做对外贸易的生意。有时候他们要去国外访问为港口招揽生意，有一些国家认为她只是过来"做公关"的，其中一个主管是这样和她暗示的。当时克纳特兹很困惑，不明白主管的意思，直到她意识到主管的意思是性交易。在其他时间或者换作其他职员，这种事会演变成一些代价高昂的诉讼，但克纳特兹回忆说她从未想过这样做。"我是一个实干型的人，如果靠工作实力说话，我肯定赢。"

1981年，克纳特兹接受了洛杉矶港的对手长滩港抛来的橄榄枝，管理其环保部门。由于两个港口共享一个海港，这两个港口虽然在一些广泛的问题和项目上有合作的必要，但自从20世纪20年代末以来，两者就一直为拉客户而进行激烈的竞争。20世纪20年代人们在长滩底下发现了丰富的石油储量，之前那块地方是高级的信号山街区。因为这个发现，人们有了钱，在圣佩德罗建造了第二个商业港口，这吸引了福特和宝洁在附近建起了大型工厂。60年后克纳特兹来到长滩工作，长滩正在考虑修建一系列大型建筑和改造工程，以适应集装箱船的转变和奔涌而来的亚洲进口货物。克纳特兹的挑战就是处理这些工程给环境造成的影响，这看起来像是一个不可能完成的任务。10个巨大的直码头、80个深水泊位、几十英里的进港铁轨以及22个货物码头将会塞满这3000英亩的港口，其中6个货物码头将被用作大型集装箱堆场，6个码头则处理大宗商品（盐、石膏、水泥和石油焦），5个码头处理石油和散装液体，最后5个码头处理像汽车、木材、钢铁、铝和铁矿石等货物。码头的计划容纳量这么庞大，以至于必然会对环境造成危害，这样一来，港口则没有足够的空间预留给野生动物保护区、公园，或者缓冲区，法律规定要求建造缓存区，因为它可能"减轻"对环境的破坏。

我们很难在利润、保护地球、人类健康和技术可行性之间找到一个大家都同意的平衡点。这也是为什么很多想要改变城市景观的大型工程会停滞多年，特别是一些针对尾气排放的大型交通项目，通常最后只能在法庭上解决。州和联邦法律明确要求减轻对环境的破坏，但是减轻到何种程度却一直存有争议，工程的建筑方会想尽办法少做努力减轻影响，而社区最有可能受到扩展后的港口、货场或高速公路的影响，则会要求施工方尽全力减轻对环境的影响。正当港口左右为难之际，克纳特兹忽然想出了一个大胆的计划，尽管现在这个计划已是一种习惯做法：她想将本是在港口内做的环保减排工作改在港口外部进行。她开始用港口资金修复附近的太平洋海岸湿地；为港口附近的社区修建公园和海滩设施；修复港口外围附近的自然景观和生态栖息地，其具有的生态价值远远高于繁华的商业港口水域。

最初监管机构对这种不寻常的做法非常反感，但当地的社区居民很喜爱这种做法，甚至一些社区候选人开始竞相提出相似的项目计划。当长滩和洛杉矶港口同意共同资助6000万美元，用于修复港口南部20英里外非常重要的波沙奇卡湿地时，"港口外治"的做法已经完全被人们所支持。波沙奇卡湿地为候鸟和其他水生物种提供了重要的繁衍栖息环境，曾经因石油开采、筑路以及蚕食式发展而遭到严重破坏，如今它是一个生态保护区和长期的自然资源保护区。最初的时候，快速扩张的交通系统破坏了这片自然环境，而更加快速的交通扩张几乎毁了这块地方，直到20世纪80年代经过修复，这块湿地才得以恢复。

1988年，克纳特兹不再管理长滩港口的环保部门，转岗成为策划总监，这份工作终于使她可以进入港口最核心的业务，这是她一直以来想要的。在此职位上，她推行了一系列的扩张计划，最著名的就是阿拉米达走廊，耗资24亿美元。这是一条20英里的货运火车干道，将两个港口与横跨大陆的铁路连接起来，这条铁路穿过洛杉矶市中心。当这条铁路修好后，阿拉米达走廊跻身成为美国历史上规模最大而且也是最成功的公共工程项目。但不像近些年的大型项目，它由公营部门与私营机构合作完成，并按时完工，建造价格也在预算之内。美国的其他城市很是眼红这条铁路，因为这些城市没有一个连接港口和横贯美洲大陆的铁路系统。这些城市中最突出的是纽约，它对卡车运输货物的依赖程度最高，因此纽约城内柴油卡车的尾气排放量异常高，纽约居民为此饱受折磨。每年有超过4亿吨货物运进纽约，90%是用卡车运输的。全国范围内看，大约有70%的货物是通过卡车运输的。

阿拉米达走廊解决了西海岸的问题。这个问题的出现是由于集装箱运输和进口量快速增长虽然产生了经济福利，却也产生了一种反作用力（牛顿力学概念）：一大批卡车行驶在连接港口内外的主要街道和高速公路上，加剧了交通拥堵和尾气排放。交通工程师和当地的规划者做出预测，如果港口持续扩张，情况将变得更糟糕。他们认为用火车代替卡车运输货物是一个有效的解决方法。

高效曾是修建铁路的驱动原因，在港口修建铁路早就不是什么新鲜事了。连接市中心和港口的铁路已存在100多年了，当洛杉矶港口还是一片泥地，只放置了几块钉板，勉强被称为港口时，这条铁路就已经存在了。克纳特兹对港口的历史十分着迷，她写了很多文章以及两本书来记叙港口过去不寻常的一些方面，并且非常愉快地深挖港口的故事。早在1869年，菲尼亚斯·巴宁修建了第一条连接港口和洛杉矶市中心仓储区的铁路，他是一位有远见的企业家和白手起家的百万富翁。巴宁也一手策划了圣佩德罗湾的第一次疏浚和码头建设工程。以前，船只不得不在海岸边抛锚，只能把货物放到小船上来回将货物运上岸。当时，巴宁修建的铁路穿过空旷的沿海乡村，这些乡村以前人烟稀少，再不然就是很难穿过。他的洛杉矶-圣佩德罗铁路代表一次巨大的交通进步，以前人们都是驾着马车行驶在坑坑洼洼的道路和放牧场上运输货物。这个新兴的交通方式开启了一场转变，原本浑浊闭塞的港口逐渐成长为欣欣向荣的西海岸经济引擎。

几年后，南太平洋铁路公司抢夺了巴宁的成果，作为当时的公司总裁巨亨科利斯·P.亨廷顿，凭借公司的铁路垄断地位，基本上是强制性地完成了这次交易，以使洛杉矶与他修建的横贯美洲大陆的铁路连接起来。亨廷顿还要求洛杉矶为这条铁路支付60万美元（这笔钱相当于2014年的1150万美元），同时赠给南太平洋铁路公司洛杉矶城区60英亩的优质房产；如若不然，他郑重宣布说，南太平洋公司将把从旧金山出发的火车改道，在其向东行驶时南下驶向海岸，完全绕过洛杉矶。1870年的洛杉矶还没有好莱坞，只是一个5000人的小村庄，如果没有铁路连接的话它只会消亡。在19世纪，大型铁路系统是商业、旅游业和人们移动的命脉，而不讲情面的亨廷顿很清楚这些事情。洛杉矶和巴宁的投降是不可避免的，但这只是亨廷顿阴谋的开始。接下来，他发起了一项运动，使得巴宁修建的铁路收取骇人的高额运费，围困他本应该为之服务的圣佩德罗港。根据新的价目表，市中心虽然只距离港口20英里，但运输货物的费用却比从港口船运相同的货物到中国香港还要贵。亨廷顿想迫使客户将它们的进出口业务转到他自己修建的港口项目上，这个港口位于圣莫尼卡海滨城市，距离海岸30英里，他在那里修建了当时世界上最长的码头。亨廷顿想要在他的小镇、他的土地上（圣莫尼卡）建立美国西海岸的主要港口。他的目标就是控制当时南加州的两种主要交通运输方式：海运和铁路，借此他可以完全主导洛杉矶的未来。

亨廷顿如此大胆的做法本可以创造出美国史上最大的贸易和运输垄断，但经过多年的"自由港"之战，以及国会的对手正好削弱了他的势力和财力，他的梦想破灭了。他的对手们成功地将圣佩德罗湾（洛杉矶的一个港口区）取代圣莫尼卡湾，成为防波堤工程的站点，这个工程非常重要，由美国陆军工兵部队承建。美国陆军工兵部队负责建造南加州第一个受保护的静水港。建造防波堤在当时是一件如此重要的事情，以至于人们专门安装了一条连接白宫的电报线路。于是在1899年4月26日，麦金利总统可以按下电动按钮给施工人员发出信号让他们开始工作。蒸汽机车拖着一长列平车，车上堆满从内地采石场运来的石头，这些石头会用来修建大型的防波堤，这种堤坝用来平息浪潮，保护停靠的船只不受风暴和大浪的袭击。像交通系统中很多其他的重要部分一样，人们并不是根据一些大型的市政研究、工程分析或者项目的客观价值决定美国西海岸未来商业中心的选址和设计（以洛杉矶作为主要城市）。这块大陆最大港口的诞生取决于一些强权人物，他们争夺财富和权力，想取得巨大的胜利。其中还有一个原因是麦金利总统的轻浮想法，他想启动当时美国最大的公共工程项目。如果南加州港口的选址只考虑哪个地方位置最佳，那洛杉矶市是选不上的。若只考虑地理价值的话，麦金利的神奇按钮会将圣地亚哥和某个城市连接起来，但这个城市不会是洛杉矶，而这个城市会变成美国西海岸未来的货物、商业和人口集聚的中心。不论是港口的选址，还是得州扩建的26车道的高速公路（交通反而变得更加拥堵），或者是二战后洛杉矶决定拆除当时美国覆盖面积最广的轻轨和有轨电车系统（半个世纪过后，政府又将花费数十亿美元弥补这个错误），美国交通的未来受到人类的贪婪、权力的游戏和狂妄野心的影响的程度，就如被合理的设计所影响的程度，或许前者影响力还更大。

当港口的选址之争终于尘埃落定时，洛杉矶通过铁路和海运连接了美国东部和剩下的世界。在1900年之前，这个当时只有5000个人的小村庄已经发展成为了一个拥有10万人的城市。而10年之后，人口增长到了30万。洛杉矶市区和港口之间的农村郊区开始演变成一个密集的棋盘，社区、工厂、大型铁路货物中转站陆续地坐落其间，和现在一样的街道和公路网则把这些地方连接起来。深入港口腹地的铁路本是一个突破性发展，但在城市化的过程中，它变成了一个老旧的路障，对托运人和司机来说它成为了一个持续令人沮丧的路段。司机们发现他们被堵在铁路交叉口，数十辆车前后排着队，等待缓慢行驶的火车通过，这段等待时间极其漫长。到了20世纪80年代，巴宁的旧铁路由4条低速支线组成，这几条支线现在归属于南太平洋铁路公司，这几条铁路支线经过超过200个铁路与街道的交叉口。这意味着平均每英里就有10个汽车和火车通行的交叉点。整个路线图变成了一个七巧板，以至于货运火车的平均速度极少能超过每小时10英里，能开到每小时15英里算是运气非常好了。运气差的时候，司机们要花费4个小时通过从港口到市中心这20英里的距离。骑自行车甚至慢跑，都比这快。这些火车长度达6000英尺（1.125英里），每次火车经过时，司机们通常要在交叉路口等上20~30分钟。这些火车全天都在跑动。这个拼凑起来的交通系统一片混乱，这种情况已经有超过100年的历史了，而随着城市扩张，这个绕城交通系统的功能已越来越失调。通向港口的铁路不是为现代交通设计的，更不用说它伴随着死亡和破坏的高风险。因为人类司机被要求耐心地等待20分钟，禁止他们跨越铁轨的却只有交通灯而已。

人们可以通过在街道上方或者下方建设单轨城市走廊——火车行驶的高速公路——来解决这个交通问题，放到现在的话这可能是显而易见的办法，但之前这个方法被强力制止了很多年。若要在密集的城区修建一个巨大的沟渠，考虑到成本、产权、公众的恐惧以及工程挑战，人们就形成了一种惯性："这铁路一直都是这样"。这种思想使得这种糟糕的交通系统存在了几十年。铁路公司拥有垄断控制通行权，这能为它带来丰厚利益，但是铁路公司并没有动机去投资数亿美元，以缓解公众的痛苦以及改善货运系统。这也是为什么这个想法最初来源于政府部门，它由一位区域规划部门的远见者吉尔·希克斯提出。

克纳特兹雇用的第一个大人物就是希克斯，她把他挖过来是为这个项目打头阵。港口可以做到一些私营企业不能自行完成的事情。尽管长滩港口是国有资产，但它没有受到任何洛杉矶的资金资助，反而是洛杉矶因此获益，对于在港口做生意的所有企业来说，港口就像一个地主。希克斯做的每个决定都需要对港口生意有利，投资建设更好的铁路连接系统将会吸引大量消费者，凭借更快的速度承诺吸引更多的货物运输，尽管这对南太平洋铁路公司并不利。希克斯将负责该项目，并在阿拉米达走廊项目作为半公共机构开始营业后，继续担任其负责人。同时，克纳特兹与她的老东家洛杉矶港合作，并担任首席谈判代表，以收购南太平洋铁路公司的铁路、站台、货场和通行权。经过艰辛的谈判，这次收购最终以2.35亿美元成交，从科利斯·亨廷顿手上拿到了阿拉米达走廊的控制权，而他之前是通过威胁和恐吓免费得到了阿拉米达走廊的。不过，这次协议改变了两个港口的货物运输情况，缓解了洛杉矶圣佩德罗湾的交通堵塞，那里的交通情况是美国最糟糕的地方之一。

阿拉米达走廊项目在2002年完工，这个项目将铁路与街道上的车流隔开，它利用了一系列的桥梁、隧道、立交桥以及这个项目的核心来达成这个目的。这个项目的核心是一条长达10英里的沟渠，它有三层楼那样深，50英尺宽，为火车建造的人造峡谷。这缩短了货运火车从市区到港口的时间，以前要花上两个多小时，现在只需要半个小时或更短的时间，而且不会耽误汽车行驶。有些火车将近有两英里长，但其行驶的路上没有闪光灯也没有路口栅栏。平均来说，港口上每驶出一列货运火车就可以免去300辆卡车在路上奔走，每天将近有50列火车从港口开出去。这样算来每天有1.5万辆卡车从拥挤的高速公路和烟雾中被解救出来。运进双子港的货物将近有三分之一是通过阿拉米达走廊铁路系统运出的。流入双子港的货物在不断增加，若没有这个铁路系统，在很多年前这就会给该地区的高速公路系统造成严重的影响，产生大量雾霾。

1999年，克纳特兹从策划总监升为长滩港的二把手总经理。她认为最终她可能当上长滩港口的一把手，但当领导层发生变化时，她的前途变得岌岌可危。克纳特兹试图回到她的老东家洛杉矶港的怀抱，当时新一届当选的市政府开始执政，洛杉矶港的高层工作开始对外开放。但在申请工作的过程中，一些意外的插曲发生了，而且只要涉及克纳特兹，这些插曲似乎就会发生。这件事是从她收到的一封拒绝信开始的，当时港口的职位还在进行首轮筛选。这似乎有点奇怪，考虑到她漫长的港口职业生涯，以及她在两个港口都有一些人际关系，更不用说她在美国排名第二的港口担任二把手。但是她已准备好放弃这个职位，开始寻找新的工作。然而她的丈夫则坚信这封信肯定是个错误。克纳特兹的丈夫很信任她，她也很爱她的丈夫，但她说顶级的猎头公司不可能犯这样的错误。但她也不能打电话说："哎呀，你们真的要回绝我吗？"这看起来太傻了。但她的丈夫不依不饶，克纳特兹最后只得安抚丈夫，不情愿地回了一个电话，结果令她目瞪口呆，经过了长时间的沉默后，猎头大声说道："我们寄错信封了！"然后克纳特兹了解到她早就被安排在周六晚上到机场酒店参加面试——她是最后一个参加面试的。

然而，当她到达一对一的面试地点时，猎头显然已经非常疲惫了，竟然在面试克纳特兹时打起了瞌睡。克纳特兹很苦恼，回到家后她抱怨道："周六晚上，我和一个不是我的丈夫的男人在一起，而且他还睡着了！"

这场荒唐的面试就像她收到错误的拒绝信一样，预示着克纳特兹的工作前景不太明朗。但很快她就得知她成功地进入了下一轮面试：面见市长。接着她接到通知，她将掌管美国最重要的港口。

原来，是她作为生物学家和环保人员的背景，使她成为唯一一个能顺应时代要求的人。那时洛杉矶的港口被笼罩在加州污染最严重的空气中。一些重大的项目本计划改善洛杉矶码头、港口和周围的基础设施，但几乎每一个这样的项目都因诉讼和抗议而停滞不前。她所在岗位的前任来领导港口前，曾在轮船公司巨头马士基工作了20年。他作为业内人士，非常适合经营航运业。但有些组织如自然资源保护委员会，认为他完全没有考虑过港口周边的社区，而且该委员会将洛杉矶港视为健康和环境的主要威胁。克纳特兹来港口工作之前，做了多年与港口行业无关的科学家。她是唯一一位能处理好港口与环保主义者、周围社区之间的摩擦的人，并在港口因过载而瘫痪之前使其走上现代化的正轨。新市长非常明确地说明了新任港口负责人的任务，这个任务就是治好港口。

克纳特兹转而告诉她的员工，他们的任务就是用大型新基础设施扩大港口的同时还想从根本上消除污染，他们将会采用一个内部口号来形容这个任务："这是不可能的，这非常困难，我们居然做到了！"她说，阿拉米达走廊项目曾经实现了这个目标，而同样的方法也可以被用来治理这个港口。一开始，这些互相矛盾的目标看起来似乎不可能同时达成，实现它们看上去非常困难。克纳特兹说道："然而我们还是会完成这个目标。"

环保主义者的指责也没错。加州的科学家已经确定港口是洛杉矶片区空气污染的主要来源。而轮船需要为空气污染负大部分责任。

全世界共用9万艘各式各样的货船，其中约有6000艘集装箱船。这些庞然大物每年要运输1.2亿个集装箱，货物价值约4万亿美元。这些货船也大量消耗着地球上最肮脏的化石燃料。海洋运输业和大型集装箱船的发展使得世界贸易出现了前所未有的爆炸式增长，但这对环境来说是一场灾难。

海运业使用的是船用燃料油，它是一种最便宜也是最脏的燃油，其产生的污染是公交和大货车所用柴油的1800倍，是将原油里的有用物质全部提取完之后留下来的废料。它的密度和沥青相似。当其冷却时，人可以在上面行走。大货船燃烧了太多的船用燃料油，以至于其消耗油量的单位不是以加仑而是以每小时多少吨来计算。超大型货船每天消耗200到400吨燃料油。一艘燃烧这种燃油的大型集装箱船会喷出硫和氧化氮，它们是烟雾和微粒污染的前身，也是导致海洋酸化的主要诱因，海洋酸化会威胁渔业发展和珊瑚礁的生存。而这种货船喷出的硫和氧化氮比50万辆大卡车或将近750万辆轿车排出的还要多。这意味着6000艘大型货船中只要有160艘在航行，其排出的污染物和全世界所有汽车相当。2015年美国政府出台了一项新规定：若轮船在美国领海行驶，在距离美国大陆200英里的边缘时必须使用更清洁、污染更少的船用燃料油，以减少轮船靠岸时排出的污染物。但更清洁的船用燃料油的价格更贵，很多托运人会刚好在限制区域外徘徊，等待消息通知他们下一个停靠港的泊位已开放，然后在最后一分钟全速开到泊位，最大化地利用最脏最便宜的燃料。

货船船队也会排放大量的二氧化碳——大概占全球总量的2%~3%。尽管世界上五分之一到三分之一的温室气体是由汽车排出的，但轮船的数量相对较少，它仍然能排除大量的温室气体。如果将海运业看作是一个国家的话，它可能是导致气候变化的前十大元凶国家之一，它排出数十亿吨二氧化碳，比世界第四大经济体——德国排出的还要多。世界上90%的货物运输由航运业承担，按照其目前的增长速度，到2050年它的规模将是现在的2.5倍，如果人们不认真对待航运业能源使用的问题，无法将其变得更高效的话，到那时全球18%的温室气体都将是由海运业产生的，这是一个令人十分惊愕的数字。

由于二氧化碳排放量的计算方法有一个具有欺骗性的漏洞，这些大型轮船释放的二氧化碳没法算到任何国家的头上。大多数情况下，大型轮船排出温室气体时都在国际水域航行，所以为了计算各个国家排放的温室气体，书面上不存在大型轮船的排放量。但其对于气候、海洋和健康的影响是巨大的。美国作为世界上最大的消费国，是集装箱运输以及相关产品制造业的受益人。从全球范围内看，美国人均温室气体的排放量最多，就绝对排放总量仅次于中国。但中国的碳排放增长量将近有一半是1990年以来外包工作和全球化的结果——中国迅速发展成为出口产品制造商，而美国是最大的消费国。换句话说，中国和美国要为这些碳排放量各负一半的责任。我们外包出去的不仅只有工作和制造业，还有碳排放。即使这种数字游戏使得美国比其实际看起来更加环保，但平均每个美国人产生的二氧化碳是欧洲人的两倍，是中国人的3.5倍。

当这些船只靠近港口和码头时，过去的做法是一直开着发动机，它们会消耗数吨船用燃料油以维持船上的电力需求。船用燃料油会释放出污染物质，使得港口的工作环境不健康，并污染附近的社区。

克纳特兹来到港口的五年里，港口的污染情况得到极大的改善，甚至最激进的批评家都给出了赞美之词：碳排放，特别是与柴油和船发动机尾气有关的排放量，在集装箱运输增加的情况下都减少了76%。

克纳特兹改变了处理船舶和货物的方式，从而导致了这种令人惊讶的成果。起初，这使得洛杉矶和长滩这两个双子港变得与众不同，之后这使得它们成为环保港口运动的世界领导者。

洛杉矶港成为了美国第一个为停驻的集装箱船安装岸电的商业港口。冷铁（亦称岸电）是一个行业术语，指的是当船只停驻时，用巨大的电源插头将船只与岸上的电网连接起来。这种方法让这些轮船靠岸时关闭发动机（因此这个术语带有"冷"这个字，与用烧得通红的煤来维持发动机运转的时代相呼应），但依旧保持它们的电力和制冷系统运转，而不用排出烟雾和有毒物质。

洛杉矶港的第一个岸电插头的安装工作在克纳特兹任期开始之前就已经开始了，这是自然资源保护委员会的重大诉讼案的协商方案的一部分，该委员会已经使得港口的建设工作停滞了数年之久。但新任港口负责人将前任领导人勉强同意安装的岸电系统变成了港口的优势，用零排放的船舶动力作为解决方案，应对"海岸最大污染源"的恶名。起初海运业反对安装新的船载设备，因为这会增加成本。但克纳特兹认为他们能节省燃料并且还能向社区表达友好的态度，他们会因此而受益。并且还有一种可能，将使得公众更容易接受航运业在未来想进行的项目。

长滩港也进行了类似的改革。到2014年底，有一半停靠在港口的货船可以关闭发动机，使用岸基的电源。这一目标并未完全实现——洛杉矶港口使用岸电的普及率接近35%，因为船运公司在拖延安装必要的设备。但即便如此，船舶尾气产生污染物也已大幅度下降，已提前完成原定需要三年努力才能达成的目标。

最开始美国其他的港口试图宣传自己价格更便宜、操作更加简单和监管更疏松。这也确实吸引了一些托运人在这些港口交付货物。但即便洛杉矶港和长滩港有新的环保要求，美国也很少有港口在时间和运输成本上比得上洛杉矶港口或者长滩港口。两个港口的地理位置确保了这一点：从亚洲运送一个集装箱到洛杉矶港或者长滩港口平均需要花费12天、1800美元。再通过火车或者卡车把集装箱运往芝加哥或者东海岸需要再花上5天时间，因此总运输时间是17天。相比之下，从亚洲出发到美国东海岸，通过巴拿马运河绕过西海岸全走水路的情况下需要27天的时间，每个集装箱平均花费4200美元，这还没有算上从港口将货物运到目的地的时间和花销。通过苏伊士运河甚至需要更长的时间——37天。只要双子港（洛杉矶港和长滩港）一直推进现代化，不断地为更大的轮船和集装荷载量做准备，航运公司就不会因为一项环保项目而抛弃双子港，而且其他港口也开始模仿双子港环保的做法。

在克纳特兹的管理下，洛杉矶港平均每天要花100万美元用在维护设施、推进现代化以及港口的升级工作上。她把港口比作一座桥梁，就像乔治·华盛顿大桥或金门大桥一样，必须定期涂漆保护金属结构不受海水侵蚀，但这是一项大工程，且耗时长。一旦涂漆工作完成后，几乎立即需要从桥的另一端重新开始涂漆。作为港口维护的一部分，原本港口边上处理和移动货物的机器是柴油驱动的，克纳特兹逐渐将这些又老又脏的机器替换成依靠天然气、电池或其他低排技术所驱动的机器。

在她的领导时期，克纳特兹在双子港采取的第三个，也是最具争议性的措施是"清洁卡车计划"，该计划意在淘汰老旧、产生严重污染的大型货车，这些货车负责为港口做短途运输。运货卡车这个词要追溯到短途运输货物的开放式马车的时代，这些卡车在港口取来集装箱，然后再运到附近的仓库、铁路站场和其他的联运码头。集装箱中的货物会在这些地方拆分、分类并再次打包，移交给那些长途托运人去运给真正的货主。运货卡车是消费供应链中非常重要但也很麻烦的一环，卡车司机的报酬和待遇都非常差，身份属于合同工而非正式员工。这些司机很多都开着破旧而且肮脏的卡车。

卡车运输和零售业协会试图阻止"清洁卡车计划"，他们对一些部门进行游说，并且向港口提起诉讼，但这些举动都没能阻止老旧脏卡车的淘汰。到了2012年，2007年以前的卡车车型不得在港口工作，整个区域的柴油机尾气排放有了明显减少。

相对于受到波及的托运公司和卡车司机，港口生态系统中的其他参与者更加支持这一系列的环保做法。海运公司最大的开销就是燃料，它们过去一直在寻找更有效率的能源，而岸电系统从长远来看能帮它们省钱。码头营运人从船上接收货物，非常厌烦因环境问题而受到诉讼，这会使他们的扩张计划停滞不前。因此他们把环保港口倡议作为突破目前困境的手段，这也是一种投资，通过联合担心污染问题的社区而获得更多的发展空间。码头工人工会和当地社区也乐意看到这种结果，因为他们自己的工作和生活条件得到了直观的改善。港口附近的社区也不用再去担心容易患上呼吸道疾病以及儿童哮喘。环境人士也对这种改变赞叹有加。码头工人也感到非常宽慰。很多码头工人终其一生都在令人窒息的烟雾中工作，一天工作结束之后，他们的衣服都被柴油微粒染黑了。当把货物从船上提出来时，起重机操作员一直悬停在船的排气管上方，整天都在吸入这些废气。在这个环保计划开始前，码头工人工会的主席对克纳特兹说道："他们想要赚钱过更好的日子，但不想用生命作为代价去促进经济发展。"

从短期上看，人们担心港口环保的做法会增加过多的成本，但从长远上看，后期节省的燃油和低维护费用能抵消前期投入的成本。起初我们害怕其他港口会抢走生意，但这种事情并没有发生，因为环保计划在国际上广受好评，全世界都开始进行类似的改革。

但是港口，或者广义上来说，整个货物运输系统都面临着其他的威胁。克纳特兹明白任何针对绿色港口的争议与这个威胁相比都会黯然失色。港口及其与世界其他地区相连接的交通系统都面临着超负荷的问题，然而公众对此既不理解，也不会对港口感到同情。洛杉矶总是自称为海滩美景、冲浪运动、电影大片和流行影视的故乡和大本营，它也是汽车文化中心、城市化中心和好莱坞之家。它拥有美国大陆上最大的海港，拥有不断增长的消费经济，但洛杉矶从不将自己看作为一个港口城市。简而言之，克纳特兹传递出了这样一条消息：我们还需要进行一个项目，其规模如同阿拉米达走廊——项目也可能不止一个——为此她需要同盟。这时候她开始向"物流女强人"组织寻求帮助。

这个组织大概有50名成员，她们自称是一个社会团体。这些女性工作在以男性居多的物流行业，她们会聚在一起举行快走比赛，一起吃家常便饭，或者参加由克纳特兹组织的食品烘烤比赛。这都是为了积累人脉。

运输活动常常被人认为是一个"系统"，但实际上它支离破碎，令人难以理解。各地的领导者、工人以及改革者被孤立在自己的岗位上，制订着自己的计划，把这些计划推动去扩大货船的容纳量，或者是去建立一个新的分销中心，或者完全根据自己的需要扩大货场，完全不考虑供应链中的其他部分。但当LOLs建立起来后，她们聚集了各行各业的运输部高管，包括铁路、公路、船运、零售、学术界以及房地产。她们中间有仓库和分销中心的开发人和拥有者、加州交通运输委员会和美国货运咨询委员会会员、太平洋商船航运协会的副主席、码头工人工会负责人、洛杉矶海岸警卫队司令部部长、商会负责人以及港口和政府的其他主要成员。

北伯灵顿圣特菲铁路公司计划建造一个新的货运场，称为南加州国际口岸，负责处理政府事务的副总裁因此遭到抗议和起诉，她的LOLs姐妹——克纳特兹和伊丽莎白·沃伦领导了一个叫作"未来港口"的港口业务协会——公开表明支持她的计划。这对整个区域的运输系统来说都是一件好事，这些物流女强人们劝服那些持怀疑态度的公众，用货运火车替换高速路上行驶的卡车以缓解交通堵塞，减少污染，使货物运输成本更加低廉（从而商品的价格也会下降）。接着，克纳特兹特别想推进港口的扩张计划，但这激起了附近社区居民对交通阻塞以及他们的房地产贬值的担忧。于是在当地大学工作的LOLs成员用数据表明港口扩张对社区的经济发展以及就业率增长都有正面影响。

弗兰·英曼，美琪地产的高级副总裁和美国货运咨询委员会的委派人，给华盛顿呈上了LOLs所有成员的想法。她可以提供一个非常独特的角度，英曼的公司是美国最大的私人工业地产所有者，也是很多大型公司仓库的租赁者，这些公司包括：亚马逊、通用电气、赛百味、沃尔玛和绘儿乐。她发现很多人都喜欢说交通系统已经崩溃了，但真正的问题是，大多数人对交通系统毫不在意。她在LOLs的一次活动上抱怨道："大多数情况下，交通系统都运行良好，但没人关注它。人们只会在出现问题时才会开始关注交通。"

英曼苦心钻研交通政策，而她惊讶地发现美国没有全国性的货物运输战略。克纳特兹告诉她其他的国家在这点上已经遥遥领先于美国，尤其是这些国家向外推销本国的港口，以替代洛杉矶港和长滩港。克纳特兹说："加拿大已经出台了一整套全国性的货运战略，而这种战略将会把我的生意偷走。"

LOLs的成员遍及运输系统的各个部分，因为很多人的项目都需要公众支持，她们会花大量时间给政客和公众解释，为什么发展和维护港口、火车以及其他帮助运输系统的项目是重要的。因此，作为一个"社会团体"，LOLs已经聚积了相当的影响力。几乎每一次有关交通的主要会议里都会有她们的身影，或者立法者或者国会委员会主席经常对她们表示致谢。因为立法者或国会委员会主席经常向LOLs寻求帮助，希望她们帮忙寻找正确的数据或者合适的专家，再或是通过她们为高速公路项目、港口扩张或铁路安全法案争取支持。

她们共同努力，促进联邦与加州政府制定一个统一的货运政策，这个政策制定工作正接近尾声，这个政策将会优先拨款给运输设施的维护和升级上面，这对基础设施会产生极大的影响力。她们对克纳特兹在港口启动的最后一个大计划也起到了重要作用，这个计划意将洛杉矶海滨复兴成几十年前那样的餐饮、购物和商业中心。这个计划包括克纳特兹的遗留项目：500亿美元的港口业务和名为"阿尔塔海"的科研中心。她相信这个项目将最终使人们信服洛杉矶确实是一个港口城市，能够创新地解决一些受人诟病的问题：载量不足以及给环境带来太多污染。克纳特兹本希望在新市长的领导下在港口多工作几年，以继续完成她的项目。但现在她的继任者们——前船运公司高管吉恩·沙洛卡现在在管理洛杉矶港，前加拿大联邦快递负责人乔恩·斯朗伯格现已接管长滩港——一方面在努力解决因大型货船和它们的大型联盟而引起的超负荷问题；另一方面要处理因建造更多的铁路站场和增强高速公路运载能力，而招致的法律诉讼和公众反对问题。而那些生活在新建设施附件的社区不得不去面对飞扬的尘雾、轰隆的噪声以及对健康不利的影响。这些社区坚持只有那些新卡车、新火车以及运载它们的强大机器和运输工具使用干净、低排放或者零排放的科技，他们才会不再抗议。港口本身已准备好做出这种改变，但负责港口外部物流的私人铁路和卡车公司表示因为成本的问题，它们只能缓慢进行绿色化工作。因此，港口的工作陷入了僵局。

作为LOLs的成员，克纳特兹经常听到港口工人、铁路公司责任人、激进分子和航运公司的各种各样的忧虑，这使她明白为什么本应该流畅无缝运作的门到门系统常常陷入瘫痪状态，在缓解过载问题时无法达成共识。美国既缺乏支撑性的全国战略，又得不到公众的理解，这造成了运输系统一次又一次的失败。道路扩张虽不能解决交通拥堵问题，但这个计划会被人们所庆祝，政府为此拨款支持建造。高速公路连接路段和新的铁路通道能减轻卡车的拥堵和污染问题，但这个计划被人们反对，被耽误了几十年。因安全问题召回汽车能拯救路上的几百条生命，人们将这作为当务之急，而根本上有缺陷的汽车设计每年使数万美国人失去生命，人们却平静地接受，声称这是开车的必然代价。那些急需发展和就业机会的社区当初欢迎大型仓库入驻，并给它们减免税收，之后同一批社区站出来抱怨卡车造成交通拥堵和加剧了污染问题。LOLs说道："几十年来人们都在忽视和掩饰这些矛盾之处所要付出的代价，但现在它们已经累积到了一个即将爆发的临界点。"港口则表现得最为明显。

一些载货能力更强的新型大型货船被建造出来，甚至连巨大的洛杉矶港口也不能容纳这些大型货船，港口急需扩张和建设。海运联盟为了帮助轮船公司省钱，它们把货物集中在一起，没有章法地将它们堆放在一艘船上。这就好比联邦快递和联合包裹公司为了省钱将快递全部塞在一辆卡车上，然后将它们全部运到美国的邮政仓库，可以预见的是这肯定会造成混乱。这些做法可以帮助船运公司节省燃料和成本，但它们也会造成货物积压和全世界范围内的港口拥堵，让港口负责人左右为难。突然之间，船运公司与港口这一对天生同盟之间产生了冲突，短期内没有简单的办法可以解决这个冲突。交通系统的其他部分不得不接下这个烂摊子，尽量解决海运公司制造的问题。

北极圈开始融化，开辟了曾经在世界顶端被冰块堵住的线路，而长期建立的贸易线路因此而开始发生变化。再过几年，这些新航线将会运送更多的货物到美国西海岸。最后，我们需要不断现代化和自动化货物运输过程，这包括把货物从船上卸载到港口，把货物送进送出港口，尽管这与和码头工人和平相处的愿望相违背，但是港口现代化的程度能决定一个港口在世界的排名和地位。

若要应对这些威胁和破坏，那我们需要做另外一件事情：获取公众的支持。克纳特兹不得不努力去面对公众对交通的漠不关心和无知，这包括交通是怎么运作的、为什么交通很重要，以及门到门世界不只是漫长的通勤路程和交通高峰期。在她的任期初期，她和其他港口领导人就意识到他们需要面对一个危险和根本的问题。在一次提议港口扩张的听证会上，有一位女士对此提出了反对意见，给出的原因是这个项目会使得本就拥挤的高速公路上出现更多卡车。

"为什么我还需要一个港口呢？"这位女士问道，"我已经有了沃尔玛啊。"

有观众小声地发出了附和的声音，他们认为这些卡车应该受到谴责，它们阻碍着人们出行和去做生意。于是克纳特兹又意识到他们不知道这两件事有多么紧密的关系：美国女人脚上穿的鞋子几乎全部产自中国，而大部分从中国运来的鞋子都是通过她的港口进入美国。从南洛杉矶的码头转运铁路到堪萨斯城外的货运场再到美国大陆中心地带的卡车停车场，这是一张完整的连接网，对于维持世界运行是十分重要的，但还是有消费者生气地说："我已经有了沃尔玛啊。"但的确是这位女士的消费选择——还有两亿多如她一样的美国人——首先将轮船和卡车引向港口。克纳特兹不假思索地说道："这位女士不是拥堵问题的受害者，而是问题的原因。"

克纳特兹后面又说道："人们只是想不到，他们不会把交通运输和他们的生活联系起来。"

第八章

天使之门

CHAPTER 8

Angels Gate

几乎90%的美国人说他们的每日行程是从汽车发动机的轰隆声开始的。剩下10%的人说他们的早上行程是从硬币落进公交收费箱的声音开始的、从自行车轮发出的咔嗒声开始的，或者从人行道上的古老节奏的脚步声开始的。美国人口普查局仔细跟踪了这些通勤者相关的数据。当然，除了数据之外，日常经验和偏好也会表明这些数据是站得住脚的。

　　然而这些数据具有误导性。

　　我们太过关注每日通勤的不便之处以及其带来的沮丧，但是我们早上开车或是走路去上班的路程，只是我们通勤路程里最小的一部分。我们的早上通勤不是我们每日移动的第一步，而是更长、更加神秘的日常运输旅程的最后一步，这些旅程可能有上千英里，甚至上万英里，隐藏在我们的日常生活、选择和行为里。

　　如果我们的通勤不是从车道上开始的，那是从哪里开始的呢？

　　这个起点不在其他地方，而是在太平洋峭壁顶部的天使之门。这里海风阵阵，一周7天都开放，创造了美国最有价值的购物单。

　　美国海运交易所的总部位于天使之门，交易所的外墙粉刷着白漆，天线林立，里面有一位非常讨人喜欢的女士。她是4个孩子的妈妈，工作非常忙碌，她叫黛比·查韦斯，负责起草创造了"立即购买、当日到达世界"的"大宪章"——港口轮船排队列表。有了它，查韦斯便手握绝大一部分的美国消费经济。

如果你开车、穿衣服、购物、喝饮料、打电话、在键盘上打字，或者听音乐，那么这些商品的一些部分首先经过的是天使之门。你早上喝的咖啡、买来代替汽车的自行车、脚上穿的鞋子、你汽车的轮胎及口袋里的手机在进入你的生活之前，这些商品的部分或者全部都会经过黛比·查韦斯之手。

"我们这里一直都很忙。"查韦斯说这话的时候是一种轻描淡写的语气。这个女人经常做着这些非凡的事情，以至于她认为自己只是在做些日常事务。

几个时代以来，天使之门因它在沿海地区的优势位置而受到赞誉。20世纪初，天使之门装备了一些大炮，用来击退那些从天使之门下方水域入侵的敌人。后来由于天使之门的绝佳位置，它继而去监察一种更加温和，但同样具有破坏性的商业入侵。商业入侵的方式是：每日大型货船在海面上排起数英里的队伍，上面载有各种各样的商品，应有尽有。

方块状的海运交易所控制中心有一个很明显的建筑特征——面向大海的观景窗，成为加州地形上的标志性建筑之一。天使之门右侧是波光粼粼的海面，层层海浪映照出斑驳的阳光，怪石嶙峋的帕洛斯弗迪斯半岛点缀其中，远处是卡特琳娜岛上苍绿的群山。左侧是硬金属质感的建筑以及庞大的洛杉矶港和长滩港所在的工业区，它们是北美最繁忙的港口，是美国经济的晴雨表和引擎。它们每年能产出4000亿美元。

每天天亮前，查韦斯和她的同事们（海洋信息专家）已经到达天使之门，记录和跟踪驶近的货船船队，通过电话、电子邮件和老式的传真从世界上遥远的航运公司接收隐晦难懂的信息。他们的工作就是为上百艘即将入港的轮船制订一天的行程计划，确保它们可以按时入港、离港、横跨200英里的国际海域线、从远处港口抛锚地点（相当于医生的候诊室）转移到港口码头。一旦庞大的轮船到达码头后，在其出发到下一个港口前，其需要两到五天的时间卸货以及再次装货，然后才能为下一艘船腾出空间，这意味着每个泊位后面都排着队。

这些等待的船队不是什么小队伍：一艘集装箱轮运货船的长度相当于4个足球场首尾相连，其甲板上堆叠着7000个集装箱（现在甚至还有更大的集装箱货船，而我们还在建造更大的货船，但南加州港口暂时没有配备必要的巨型起重机和其他基础设施来容纳它们）。每时每刻都可能有50艘这样的货船徘徊在洛杉矶的双子港周围等着入港。

每天双子港都要处理价值高达15亿美元的商品。港口工作的延误会中断全国的商业流通，致使消费者损失数百万美元，阻碍港口去促成丰富多样的成就和事业：召回汽车的新安全气囊的安装，新款电脑的运送，石油的运输和定价，极为重要的硅片的供应——它们几乎存在于各种商品中，如咖啡机、收银机以及使几十万个十字路口的交通指示灯保持运转的控制器。如果没有货船或者货物运送不及时，上述以及更多的工作将会慢慢停止运行。货船排队列表是启动一个精心设计的交通连锁效应的关键第一步，它如果运作失败，那么其他的交通旅程也无法正常运转。

首先，查韦斯会把行程计划表发给海运交易所的交通控制员和海岸警卫队，他们会盯着雷达和计算机显示器，按照计划表引导和管理入港的船只。

港口领航员会根据轮船排队列表，赶去和货船见面，引导这些满载货物的庞然大物进出它们的泊位。

接着人们根据轮船排队列表配备足够的起重机操作员，他们是港口的贵族，因为他们要从狭窄地段将20吨重的集装箱提上来，这简直不可思议，他们工作的手法如脑外科医生一般精细，赚的钱也和他们一样多。

然后港口工人会聚在一起卸货，码头上的搬运工则会为货船出港作准备。

最后，每隔24小时，人们就会根据货船排队列表来分派4万辆或更多大型卡车进出双子港，载着货物在分销中心、货运站、铁路站场之间来来往往，这三个地方构成了美国货物交通运输生态体系。

美国东部、西部和南部的其他港口都有它们自己的货船排队列表，它们同样也很重要，但洛杉矶的货船排队列表在贸易和运输体系上占有独特的地位，因为美国人买卖的商品很多都来自太平洋沿岸地区，而双子港和圣佩德罗港是太平洋沿岸商品的主要入口。

三分之一的美国日用消费品（有些商品会有更高的比例）会途经海运交易所。这使得天使之门和黛比·查韦斯成为每个人通勤的重要一站——在你离开家之前就早经过了这一站。

这场将每件商品在门到门之间运输的复杂芭蕾舞剧——以及影响这场舞剧表演的超负荷问题——通常是从港口开始的。在美国，集装箱运输的前几名是双子港（洛杉矶港和长滩港）、纽约和纽瓦克港、萨凡纳港、佐治亚港、西雅图港、弗吉尼亚港、休斯敦港和奥克兰港。它们的历史就是交通过载的缩影，特别是洛杉矶港，它既是系统过载的原因也是其中一个受害者。

在19世纪末和20世纪初，驶往洛杉矶南部圣佩德罗港的第一批货船有两个选择。这些船的船长可以选择完全绕过洛杉矶，驶向南部的阿纳海姆码头（现在的海豹滩），它曾经非常繁荣，但现已不存在了。或者他们会在圣佩德罗港外面的泥滩抛锚，把货物卸到小船上，然后再由小船运给岸上等着的马车。出港的时候会反向重复这个过程。这并不是一种令人愉快的做生意的方式。

一旦洛杉矶这个小村庄发展速度稍微减慢，商人们便再也无法忍受不依赖于基础设施所带来的低效率和限制性，他们要求更大的容纳量。此时，人们在帕洛斯弗迪斯半岛下方（长滩港西边的一个半岛）的天然港口建造了一些小码头。这吸引了更多载容量更大的货船来到圣佩德罗港，很快，人们不得不建造更大的码头。贸易进一步增长，获取利润的机会也增多了，也正是在此时，菲尼亚斯·巴宁，这个有事业心的特拉华州人曾在加州建立了一个新的港口城市——威明顿，开始做很多努力疏浚港口通道，以容纳更大的船只在洛杉矶做生意。同时巴宁也开始制订计划，修建铁路连接港口和市中心。

洛杉矶城发展迅速，很快贸易需求使得港口过载，于是这些简易的码头演变成了大型木质码头，这些码头排列成一道优美的曲线，这样就可以使码头最长的一部分与海岸线平行，使得码头变得更长、带有更多泊位，而不用占用航道。接着，从这些扩张后的码头进出的货物变得太重了，已无法用手搬运或马车托运，于是人们将铁轨铺设在码头上，蒸汽机拉动着货车车厢往返于码头和装载区，这些车厢上装满了货物和谷物。这些机械化的码头设计吸引了更多的货船，从而使得那些保护货物的仓库出现短缺，于是又出现了一个需要解决的过载问题。1917年，洛杉矶经济繁荣，为了解决该问题，政府建造了市政仓库一号，这是一个有6层楼的混凝土庞然大物，是当时芝加哥西部最大的仓库，很多年来也是美国西海岸最显眼的沿海建筑。驶近港口的船只在还未看清港口上的其他部分之前，可以通过看到这个高大方形的建筑来确定正确的导航线路。很快它变成了加州的商业活动和贸易中心，它的体积令人着迷，在几十年来也一直促进港口的发展，造成需求的高峰。

市政仓库一号的地基用了3000根地桩，以支撑24,688立方米的水泥和1200吨的钢筋。它的墙壁有3.5英尺厚，使这个建筑在全年没有空调的情况下具有稳定的室内温度。当时建造这个仓库耗资47.5万美元（2014年的950万美元），它有12英亩的贮存面积和16个电动起重机为这6层楼服务。该仓库的底层有一个极好的功能，这也是它引以为傲的地方：仓库地基是凹陷的，下方有多条铁轨穿过其中心，两侧均有水泥站台——为货运建造的地下站台，可容纳24节火车车厢在仓库里卸下所有的货物。

在20世纪的大部分时间里，市政仓库一号是港口里唯一的保税仓库（指经海关批准专门存放保税货物的仓库），也是所有货物到达港口后最后堆放的地方，这些货物既包括金条，也有马戏团的大象。在20世纪50年代，这个仓库被指定为免税进口和再出口货物的外贸区，踏进这个建筑从法律上讲相当于出了趟国。

相比港口上的其他设施，这间仓库和其无可匹敌的载量使得洛杉矶成为了世界贸易的中心，多年来有效地缓解了过载问题，以适应一个不断扩张的港口和一个不断发展的城市。只是集装箱化的兴起终结了市政仓库一号在美国西海岸货物运输的统治地位。尽管仓库里面的复古设施到今天依然适合存货，但如今它最有价值的功能是被好莱坞的制片人当作随时可用的布景。底层的铁轨和水泥站台很容易被装饰成一个逼真的纽约地铁站，足够让每个大型好莱坞工作室在日工资的水平上节省大笔人工费用，并且不需要连夜拍摄（洛杉矶港口经常被用作为各种电影的背景；特米诺岛上海岸警卫队的办公楼是一个地中海风格的大庄园，里面长着棕榈树，这里也常作为电影背景，在很多电影中都有出境，例如在电影《义海雄风》当作古巴的关塔那摩湾）。

后来露天的集装箱堆场开始兴起，其使用频率超过了散装仓库，但即便如此，这个巨大的建筑因为它的高度依然被人们使用了很多年，来满足港口的另一种日益增长的需求——信息的需求。该仓库的高屋顶和地理优势使得它成为了海运交易所和极为重要的货船排队列表的第一个大本营，也是使用最久的大本营。

和门到门系统中其他主要环节一样，货物运输系统的这个关键起点也经历了需求和过载的发展模式。在20世纪初期，通信员会在山顶俯瞰港口，在那里他们可以看到驶近的货船。他们试着根据船身上的名字辨认驶近的货船，如果不能根据这点辨别出来的话，他们则会通过帆船的缆索或轮船烟囱上的标志来辨别。一旦这些通信员发现一艘船并初步确认之后，送信人会快速回到雇用他们的航运代理人身边告知这条消息，然后这些代理人会争先恐后地分派领航员、拖轮船长和装卸工人迎接新货船。很快，送信人就与骑马的人组合在一起加速报信的过程。

到了1920年，数十名送信人和骑手在港口附近的山顶上奔走，但效率太低，他们只能在轮船到达前的一小段时间赶到，这种工作形式不可能长久。一位船舶业务代理商兼海关代理人想到了一个解决方案，他成立了现代海运交易所的前身，他把它称为"海运交易所"和"帆船俱乐部"。他就是W.H.威克沙姆。他获得批准在市政仓库一号屋顶建立瞭望站，这是码头上的最佳观察位置，比任何山顶位置更靠近港口。他的观察员都是有经验的水手——很多都是退役的海军和海岸警卫队的通信兵——他们会在仓库屋顶用望远镜观察驶来的货船。一旦他们看到货船后，就会用旗帜和信号灯与船员交流，用扩音器给地面的同事传话，然后地面的同事会把消息传给港口岸边所有的人员准备迎接新的船只。等到船只靠近之后，观察员会通过扩音器向船员传达停泊指令。

威克沙姆是个有头脑的生意人，他通过给海运业提供船只到达信息来收取费用，尽管他的服务很受欢迎，但他想通过瞭望台赚钱的梦想没有实现。两年后，他还是没有获利，他决定关闭房顶的瞭望台，但他被人说服把业务转到洛杉矶的商会。商会将会给这种业务补贴，因为很明显这能给工商业界和当地的经济带来好处。之后瞭望台更名为海运交易所，也没有了盈利的压力，这项业务每天24小时、一周7天持续运营。陆上通信从扩音器变成了电话，瞭望塔将它们的信息传给中心办公室，这些信息整合在一起就形成了洛杉矶港航运信息的每日报告。海运交易所将信息公布在圣佩德罗港的大楼大厅里，但真正的突破是这些职员开始通过电话实时地把报告传给订阅者。很快每天这间办公室就被成百上千个电话淹没了，需要用5条单独的电话线路处理来自洛杉矶城及之外的所有自付费用户的信息请求。

海运交易所的新负责人发现这个行业亟须得到更多数据，不仅仅只是当日船只到达的信息。他们开始收集所有曾在洛杉矶港停靠过的货船的详细信息，于是他们开始扩张这种服务：不仅包括每日到港船只的报告，还有预计未来3天出港的船只。当客户的需求变得更多的时候，报告的内容扩大到未来5天的情况，给托运人、进口商、出口商和货主提供了更多关于他们的货物和供应链方面的信息，在之前这是从未发生过的事情。这份预测报告每天都会更新，以防货船行程改变、延迟或提前到港的情况。在那时，美国的其他港口还没有类似的服务，这种预先计划的方法在全世界开始流行起来。很快海运交易所在经济上就能自给自足了。一座更体面的瞭望塔代替了仓库上的小棚屋，塔里有完善的设施，里面的船员日夜不停地工作，他们的任务也增加了，要同时给长滩港和洛杉矶港提供服务。

从20世纪20年代到90年代，海运交易所基本没有变过模样，是美国重要的进出货物商品信息门户。轮船公司、港口工人、运输公司、铁路公司和港口自身都依靠着市政一号仓库顶部的高塔，每天使用它的数据和预测来派遣成千上万名工人和车辆，规划商品的行程，如从泰国进口的金枪鱼罐头、从中国进口的鞋子和从哥伦比亚进口的咖啡。所有这些信息都已被内部储存：航运数据已经被储存了几十年，可以追溯到1923年，人们将活跃的托运人和船只总结在卡片上，用不同颜色编码，代表不同类型的船只：油轮、散货船、渔船和客轮。接着，船只出现了新类别，人们必须用新颜色代表集装箱船和专业的汽车运输船。到了20世纪五六十年代，人们用雷达和无线电联系船只，接着使用那些类似于在飞机上使用的识别转换器。这些卡片展现了洛杉矶港和长滩港一天的船舶交通，它们会在旋转的桶状滚筒上展示出来，海事信息专家看一眼这些卡片就能选择以及更新海峡、锚地、锚位和维修码头上的船舶运输信息。在还没有计算机只有模拟装置的时代，这个自制的旋转滚筒和这些卡片相当于一种机械计算机（它是一个非常巧妙的系统，最终当它被电脑系统取代时，海运交易所的定制软件是以旧模拟系统为基础研发的，甚至模仿卡片的颜色编码）。

尽管海运交易所设计巧妙，并且具有不可替代的价值，但是它仍然缺少一个重要的部分，没有它，港口的载量、安全性和秩序都受到了影响。海运交易所没有权限使用它的大量时效性信息，无法成为海事版本的空中交通管制中心，尽管港口业务不断增加，急需这种服务。南加州的船运航道中挤满了体积更大运载能力更强的船只，于是在20世纪70年代末和80年代初，航道上发生的事故数量逐步上升（每月多达200起），还有很多船只差点相撞。当进出亚洲的货运量激增，集装箱船不仅在数量而且在体积上都开始增加，港口附近的水域变成了危险的混战区域。进港的货船和油轮发现其他靠近的船只之后，会加速赶往港湾防波堤，走直行航道，抄近路越过对方船只，试图成为第一艘驶入保护区开口的船。于是港口形成了先到先服务的制度，而当船只数量超出泊位数量时，港口出现了过载问题，这些不可避免地造成了船只之间的冲突，以及比谁更有胆量的危险游戏。

海岸警卫队的老警员里德·克里斯皮诺退役之后加入了海运交易所，回忆起他第一次看见那些老式轮船混战在一起，争着当第一名的场景，他向一位同事说道："那太疯狂了，但是只有一些可怕的事情发生时，人们才会开始注意到这个危机。"

一些可怕的事情确实发生了，但事发地点不在洛杉矶，而是在阿拉斯加。1989年3月，一艘满载着阿拉斯加原油的油轮在驶往长滩港的途中撞到了珊瑚礁，由于船身破裂，多达3800万加仑的石油泄漏到干净的渔场和动物栖息地。埃克森·瓦尔迪兹号的搁浅标志着美国水域有史以来最严重的一次环境灾难——也是最可能避免的一次灾难，因为水手们非常熟悉这艘船撞上的珊瑚礁的位置，它在地图中也有被绘制出来。很多人为错误和系统故障导致了这场灾难，它们给了我们太多教训，其中一条就是陆地上的雷达船舶交通服务可以在港口附近和沿海地区安全地引导船只，这种服务可以检测到船只的错误航线，阻止这次泄漏事件，而美国只有很少的一部分港口拥有这种系统。这变成了一个全国性的丑闻，安装雷达系统成为了美国政府的优先事项。1994年，海运交易所开始负责一个新任务：和海岸警卫队合作管控船舶交通。于是海运交易所搬到了天使之门的顶部，也就是它现在所在的位置。

这个位置远离信号杂音，也正是这些信号杂音使人们不能很好地接收到现代雷达天线传达的信息，这意味着旧仓库屋顶不是一个理想的地点。

黛比·查韦斯在这段过渡时期加入了海运交易所。她负责协助将旧的滚筒卡片系统转换成现代计算机，最终她成为了交易所的整个海运信息服务部门的主管。伴随着交易所的现代化（和黛比·查韦斯的职业生涯），洛杉矶和长滩港口成为了美国消费经济的主要进出口门户，这两个地方也是门到门时代最为复杂的地方，两个港口的超负荷问题已经成为了每日必须面对的现实，尽管在1994年这是无法想象的。

2015年2月13日清晨，当天还是蒙蒙亮的时候，海运信息经理就赶到了天使之门。海运交易所下方的水面升起一层薄雾，这让她感受到了冬天的阴沉和寒冷。但这层雾还不够厚，无法遮掩排成长线等待的船只。这些货船上高高地堆叠着集装箱，就像乐高积木一样。这些货船沿着海岸线，排着队，超过她目所能及的地方。这20英里长的船队载着货物、食品还有燃料，它们的到达时间都将延迟。她知道今天的队伍只会变得更长。但这场货物运输的芭蕾舞还要继续跳下去。像往常一样，这天的表演从黛比·查韦斯，还有她的五位海事信息专家，以及他们的电话开始。是时候开启"电话交易所"了！

天亮后，查韦斯的办公室会忙上一阵，里面都是拿着电话的男男女女，这些电话好似粘在他们的耳朵上。在这段忙碌的时间里，他们把海运交易所称为电话交易所。这间交通管控房间的全景式海洋景致令人窒息，但没人去注意这点，这间信息服务站在这样的时刻更像是电话销售的血汗工厂或银行的电话交易所。海运交易所异常忙碌，由于没有哪次港口堵塞比得上这个月。美国很多港口的情况都不是很好，但西海岸的情况糟糕透了，码头工人工会工作了将近一年但没有签订合同，无法与航运公司达成协议。托运人、卡车司机和工会工人都指责对方，称对方是造成海上交通堵塞的元凶。尽管海运交易所是中立的，但这些人的敌意使得查韦斯的工作变得更加困难。她所有的联系人都处在爆发的边缘。

她在桌上电脑显示器的面前平静下来，并解决第一个任务：确定预计到达的船只，提前一天确定它们会如期到达港口。查韦斯看了一下列表后就开始打电话，首先打给美国历史最悠久、规模最大的货运代理——诺顿·莉莉国际货运，它在长滩有一个办事处，与港口和客户都很近。这天预计到达的80%货船都是诺顿代理的，其中包括最大的一艘船之一——地中海佛拉维亚号——它属于地中海航运公司，它能装载6200个标准的40英尺集装箱。如今它装载着服装、电子产品、鞋子和从欧洲和亚洲来的各式各样的商品，它们将被运送到塔吉特、梅西和科尔百货，以及或远或近的其他几千家商店。在货物被送达到它们最终的接收者（在船运领域，接受者被称为受益货主）之前，这场芭蕾舞表演还有很多舞步未走完。拥堵造成的延误使得他们都开始焦虑愤怒起来，他们在想是否能通过其他港口——或采用其他的运输方式，如空运。

佛拉维亚号刚抵达洛杉矶港附近，驶向港口外的锚地，和其他船只一样，它必须排队等待泊位。查韦斯和她的同事很快就确认，当天清晨已有另外四艘集装箱船抵达港口，两艘去往长滩港，一艘去往洛杉矶港，这三艘船都被安排在港口外面的"等候室"锚地。第五艘集装箱船到达时，它的锚地和停靠港依然没有确定，因为它运载货物的目的地既有洛杉矶港也有长滩港。托运人之间组成的新联盟有些混乱，引发这次过载问题，也导致了这次货物混乱问题。查韦斯和她的同事已确定预计今天还有八艘轮船抵达港口，但现在它们还在海上200英里限制线之外徘徊。因为那里不受污染管理控制，它们就可以继续燃烧便宜但肮脏的燃料。这也使得它们远离25英里内的沿海地带，因为在这个区域内它们必须联系海运交易所的交通控制员，并接受他们的指令。

接下来查韦斯要确认今天有哪些货船泊位和锚地被空出来了。有些货船会开往港口码头或者距离较远的锚地，以装卸货物。今天只有两艘船能排到泊位，但没有一艘是集装箱船。另外的三艘货船将开往锚地，这两个港口有

13个大型集装箱码头，它们将在其中一个码头等待泊位。

查韦斯将所有这些新信息传给驻扎在瞭望所的交通控制员，他们用计算机渲染港口图像，开始对即将出现的移动情况发出预警。相比用模拟装置的时代，这个系统是一个巨大的改进。以前查韦斯要走到窗边，这个窗户将她的办公室和瞭望所隔开，她用油彩笔在窗户上写下更新的信息。她不得不倒着写，这样交通管理员才可以从他们的方向看懂这些字。

接下来更新后的船只到达信息会传给港口引航员和运输供应链上的海运信息订阅者，港口引航员可以利用这些信息来安排他们的员工。查韦斯会继续更新这天和本周剩余的船只走向信息，以便更新预报，让港口上所有的人员（从港口工作人员到码头工人、引航员、起重机操作员、铁路和卡车搬运工）提前规划时间，安排合适的人数，准备足够的货车和拖车车架，调集足够的搬运工给船只卸货、加油并提供食物、水和设备。这些事务都严重依赖于查韦斯的报告，但港口拥堵造成了严重损失，这是21年来她见过的最严重的延误和积压事件。也正是21年前，这位上班族妈妈辞去银行出纳员的工作转行到港口交通领域。

她和她的团队制作了2月13日的船运快照，揭示出过载问题的严重性：

1.预计到达：共有13艘船预计将于13日到达，5艘将于14日到达，10艘将于15日到达，16日还有13艘。这些船只中，集装箱船有23艘。其余的是油轮、散装货船和乘客游轮。未来一周内预计共有108艘船只抵达港口。

2.预计轮换：从13日到16日，将有15艘船将在锚地和泊位间移动。

3.预计离港：从13日到16日，将有37艘离开双子港，其中有14艘是集装箱船。

4.在港船只总数：港口现有92艘船，其中59艘停在码头。在那些等着进入泊位卸货、装货或是同时装卸货物的货船中，有27艘船因为港口拥堵而不能动弹（另外6艘在等待供应、燃料或维修）。

在这27艘货船中，有一艘因为港口超载而被拖住了，这个载重4000吨的集装箱船——地中海查尔斯顿号已经抛锚等待了3个星期。另外10艘船因港口拥堵而不得不再等个10天或者更久。港口最大的一艘船——中远丹麦号，载有7000个集装箱，到今天为止它已经在长滩港等待泊位5天了。合计起来，这19艘集装箱船共能运载超过8万个集装箱，全部停滞在拥挤的锚地，还有6艘杂货船和两艘普通货船装载着焊接钢梁、重型推土机、推土机和飞机部件（太大而无法装进集装箱）。这些停滞的船只装载的货物价值上百万美元，它们要么就已经过了交货日期，要么交货日期即将到来。时效性很强的生意损失了数百万美元，比如为情人节提供糖果、玩具和礼物的公司。百货商店的货架上却看不见早就打出广告的打折商品。现在已是春天——本应该上架的复活节产品也没有按时到货。

一年前，货船的等待时间很短，或者根本不用等待泊位，货船在双子港的周转时间（到港、卸货、装货和离港）是港口引以为傲的地方，也是其竞争优势。那时候，船只在港口停留的时间平均不超过3天，小船离港的时间更短，大船花的时间则更长。在13号星期五这天，有些船运公司的周转时间翻番，另外一些船运公司的周转时间则翻了三倍或四倍。

造成港口拥堵的原因部分是长期存在的劳资纠纷和关于合同条款的争论，导致工人怠工和托运人停工。几乎所有人，从白宫发言人到两个港口城市的市长，都对这似乎永无休止争执表示越来越沮丧，因为这可能对美国经济造成可怕的后果。然而这份高风险的合约争论并不是由于一些直接明了的原因如自动化和金钱而爆发。相反，这场斗争开始于一个让人弄不清楚的议题：解决劳资双方争执的仲裁员是否应为终身制或者是合同制（船运公司喜欢现在的仲裁员，希望他永远在岗，而码头工人则不是很喜欢这位仲裁员）。但是长期的拥堵问题不仅仅是由于码头工人没有合同，背后存在着更为复杂的原因。多年来，运输更多货物的大船使港口管理和货运行业备受负荷，因为当这些大船成群到达港口时就会有大量散货涌进码头。并且航运联盟的新趋势使得货船管理变得更复杂，因为联盟要求一些船在多个港口停靠。

另外的一个主要原因是货运混乱，这是由船运公司决定单方面暂停一项已10年之久的惯例所造成的：不再提供将集装箱变成半拖车的轮式底盘。这项决定可以为船运公司省钱但却造成了混乱，因为港口和货物搬运公司不知道用什么代替轮式底盘——这不是一个简单的问题，因为在港口上大多数跑运输的卡车都属于小型个体经营的公司，按合同办事。在2014年和2015年，轮式底盘的短缺迫使许多卡车司机放弃港口的工作，造成了严重的延误，成千上万个集装箱堆积在码头，无法运出港口。曾经卡车司机在到达港口之后，只需要挑一个集装箱，将它和底盘组合起来就可以迅速离开了。而现在他们的工作有好几个步骤，首先找一个轮式底盘，然后再到港口的其他地方挑一个集装箱，最后回到出口。可以预料的是，这制造了港口内部的交通堵塞，没有效率的周转时间和延迟交货的连锁反应。港口的拥堵和超载问题是全国性现象，不仅仅只发生在洛杉矶。纽约-新泽西、奥克兰、弗吉尼亚州和其他地区也同样面临着超负荷问题，还有美国中西部地区的联合运输铁路枢纽，它们负责运输进出沿海地区的货物。卡车司机不得不长时间等在车上，准备接收和运送集装箱，这导致卡车排放出过量的空气污染物和二氧化碳，并给消费经济造成巨大损失：每年浪费3.48亿美元，这个数字包括浪费的900万加仑的柴油和1500万工时。

一份新合同可以解决劳务纠纷，并且在短时间内缓解港口的拥堵问题，但是不会有助于应对其他引起超负荷的威胁。

查韦斯看着一长串停靠船只的名单，说道："我们的立场是做诚实的经纪人，不偏袒任意一方。"她明白货船每多滞留一天，就会造成整个供应链上的金钱损失，有人会丢掉饭碗。她继续说着："而不偏袒任何一方意味着直言一个非常明显的事情：现在这是一个烂摊子，每个人都会有所损失。"

总经理里德·克里斯皮诺站在瞭望所上，指着从海岸向南蜿蜒排列的长长的船队，说道："你自己看吧，它会一直排到亨廷顿海滩。"

在观景窗外，20英里长的等待船只一直延伸到目之所及，或者望远镜能看到的地方，最终消失在远处。

这时，一位同事正对无线麦克风轻声说着话，确认一艘集装箱船在远处应急锚地的位置。克里斯皮诺便沉默了一会儿。在一个大型彩色电脑显示屏上（它把雷达、全球定位系统和从船只传来的信号与港口地图结合起来），无线电接收装置上代表船只的点似乎在一个力场气泡内漂浮。气泡的屏幕图像代表的是环形缓冲区，每艘在锚地的货船都要保持在这个距离之外，以避免碰撞。这个气泡的直径是1200码——大于半英里的长度。其他船只不可以进入这个环形区。然而，使拥挤水域中的船只保持距离的是海运交易所的警惕性，而不是力场（Force fields）。这是一个必要的保护措施，考虑到这些巨船的速度非常快，但行动却不是很灵活。克里斯皮诺说，港口基本没有发生过碰撞事故，如今碰撞事故几乎从未有过，差点碰撞的事故也只是80年代的零头而已。"如果货物从埃克森美孚石油公司的瓦尔迪兹号掉下来，你在屏幕上就可以看得到。"

像港口许多的工作人员一样，克里斯皮诺是一生的水手。他在加州阿纳海姆长大，离加州迪士尼乐园只有几英里远，虽然家地处内陆，但这只是增强了海洋对他的吸引力。在学会开车之前他就会开船了，他13岁时就一个人航行到离岸30英里的卡特琳娜岛，17岁加入海岸警卫队。在服役期间，他在阿拉斯加做渔业巡逻，在加州加入搜救部门8年，然后又回到阿拉斯加帮助清理瓦尔迪兹号的石油泄漏。在服役20多年后他最终退休了。他于1997年加入海运交易所，在这个船运领域和消费经济中心他过得很开心，因为他有一个更稳定的家庭、工作和生活。不过他承认，像海运交易所大多数老练的水手一样，他仍然想念那些充满异国情调的旅行、脚踏着甲板的感觉和打在脸上的浪花。然后他想到，那些被困在锚地的同事的生活肯定很悲惨。然而他们工作时只用面对显示船只的电脑显示器，而不用被困在海面上，这样看起来他的工作似乎也没那么糟糕。

无线电接收装置又开始发出嗞嗞的嘈杂声。今天是工作进展缓慢的一天，拥堵意味着瞭望所的工作减少，到了干活的时候了。交通控制员已通过无线电交换和确认泊位和航向信息，然后打电话给长滩的引航员办公室。

显现在气泡里的船在计算机显示屏上移动，这时克里斯皮诺说："至少今天有船能卸货。"

跃动的芭蕾舞

CHAPTER 9

The Ballet in Motion

小小的领航船在高耸的货船旁边航行，货船激起的海浪不断拍打着小船，两者正努力把航行方向和速度调成一致。在高达八层、无窗的"对手"旁边，这艘小船看起来孤立无援、脆弱不堪，随时会被打翻。

　　智慧A号货船看起来更像是一个漂浮的建筑而不是一艘船，这是说得通的：实际上，它是一个漂浮的停车场，一种非常专业的货船，俗称滚装船（又称开上开下船）。它是一种汽车运输船，这种船的优点在于货物可以直接上下船，而不像集装箱需要起重机吊着进出船只。今天智慧A号载着5000辆德国生产的奔驰轿车和越野车，这些车首尾相连停放在轮船的低层甲板上。雅各布森引航服务公司的船只正在领航，其工作是将大船和船上所载的贵重货物安全带回码头。

　　在雅各布森引航船航行的时候，它与大船靠得很近，近到可以数清楚船身钢板上的铆钉，探出身去还可以摸到铆钉。

　　智慧A号货船的船体没有什么特色，其长宽足够覆盖两个足球场。船体三分之一处高的地方有一扇门，门下面是翻涌的海水，其高度离水面20英尺。

　　这是属于领航员的大门。门里会垂下一个绳梯，门内有两个人向下看着，其中一个人正挥舞着手臂。

"这代表着我该上场了。"鲍勃·布莱尔站起身，伸展身体。他一直在阳光充足的船尾休息，甚至小睡了一下。水手们似乎可以在波浪和大风中睡觉，即使面临着巨大的漂浮建筑，他们依然可以睡得安稳，不存在一点问题。毕竟，这天他凌晨3点就起床了。这是他引航的第三艘船，穿过长滩港狭窄曲折的航道，航道上有一座古老的桥，桥身装有防护网，以接住掉落的砖块和没入水下的障碍物，这些障碍物有个不祥的别称——"开罐器"（指的是这些障碍物能破坏船体的进水阀）。和他的领航员同事一样，布莱尔知道所有需要特别注意的地方、危险地、弯道和狭窄之处，没有来过双子港的舵手无从得知这些信息。布莱尔的工作就是找一条最安全的航道，引领货船穿过水上最后的几英里到达国际港口。

布莱尔有一头淡黄色的头发，穿着蓝色衬衫，打着领带，裹着洁净的黑色防风夹克，他走到船上的左舷缘，调整了一下夹克的拉链后探出身去，脚下是白色的浪花。他没有改变步伐，接着他抓住绳梯，踏上离他最近的一根横档。这动作行云流水，一气呵成，仿佛他是从街道走到路边。而实际上这个动作是他要跳到一个铜墙铁壁的庞然大物上，如果他滑落的话，这个庞然大物就会立刻置他于死地。他敏捷地爬上梯子，消失在门后。引航船开始驶离大型汽车运输船，避开它激起的浪花。

不到45分钟，布莱尔就引着智慧A号轻松地穿过港口到达F号码头的泊位，然后装卸工人开始解绑汽车，将它们开下坡道，把它们放进临时存放区。豪华轿车和越野车像看完一场比赛离开看台的观众一样涌出货船。

将近上午11点，布莱尔正在等待下一个任务的指令：引导一艘从中国来的集装箱船到达积压锚地。

布莱尔说："每个港口都不一样，这些船来自全世界各个地区，船员没办法知道每个港口进出的路线。而且总会有怠工或事故发生。港口需要我们是因为我们熟悉港口，我们可以减少风险。我不是说当我们上船后，会像贵族一样受待见，但通常船上的人看到我们都很高兴。"

港口领港员是航运世界的中坚力量，是这场隐秘芭蕾舞表演中的参与者，是身份非常重要但未被人们注意到的专业人士。他们帮助货船穿过最拥堵的港口。当船只到港时，他们会上船带领船只去它们的泊位；当船只离港时，他们会引导船只回到锚地。拖船会协助大型船只，在有风的天气，拖船会成队出现。由于大型货船的表面积太大，严重受到风力的影响，在这种天气里货船就像随风摇摆的风帆。15海里/小时的微风就可以对一艘集装箱船产生100吨的作用力，足够将它吹歪或使船尾左右摇晃。拖船必须在下风处施加同样大小的作用力去抵消风力——需要两到三艘船去抵抗这15海里/小时的微风——这些都在领航员的引导下完成。领航员不会碰控制器，但他们会站在驾驶台上，指导船员开船的速度、所行航道和在何处转弯。布莱尔说，在领航过程中常常有语言障碍，但各种语种的基本指令都是相通的，通常他能把自己的意思表达清楚。有时这是一个正式而又具有仪式感的过程，欢迎方式有时有些奢侈，会提供食物饮料。而在另外一些时候，则会更加紧张，需要谨慎对待。但在港口水域，领航员拥有最终话语权。

相比较而言，港口领航员就是外科医生，他们会为病人做一些困难复杂的手术，而普通的船员则是护理员，承担所有的预备工作和病后的照顾调养。或者说领航员的角色最像篮球比赛上的最后时刻短暂上场的投手，他们背水一战，争取投进最后一两个球。这过程很有压力，但很快就能结束。船只在开阔的海面上要行驶好几周，但在绝大多数情况下，这比在距港口几英里的海面航行的风险小多了。领航员是门到门世界最后一棒的接力人，他们是不同寻常的人，做的是人们梦寐以求的工作，在海运生意中能拿到不错的工资。和外科医生和专业运动员相比，领航员得到的补偿也是巨大的，他们的年薪是30万到50万美元。

大多数领航员都是职业水手。布莱尔是从拖船领航员开始他的职业生涯，当引导大型船只穿过狭窄的港口航道时，他是得力的助手。最后他申请了雅各布森公司的领航员工作，这家公司的考核非常严厉，考虑到高额的奖金，这家公司有理由对申请者们如此挑剔。布莱尔在雅各布森公司工作了11年，但这个工龄在领航员中算得是最短的。在港口领航领域，雅各布森公司是领航员们最梦想进入的一家公司，虽然它是一个家族企业，但每年它会参与7000艘船的运输活动——长滩港的所有船只，外加出入海豹滩海军武器基地附近的美国海军舰队，另外还有小部分停靠洛杉矶港飘着美国国旗的轮船（大部分是油轮）。

在洛杉矶港口，雅各布森公司在港口领航员行业是一个独特的存在。在很多其他的领港企业里，领航员要么是替工会企业工作，或者是港口的政府员工。而雅各布森是一个私人公司，有17位领航员持有其股份。一个原本是挪威渔民的移民，在1922年创立了这家公司，自此以来，它一直为长滩港口提供引航服务。直至今日，雅各布森公司已经历了连续三代人的经营。布莱尔的老板是约翰·斯特朗队长，他是领航员的头儿，雅各布森的副总裁，已经担任了32年领航员，做水手的时间甚至更长（他曾在圣地亚哥的海洋考察船上做水手，发现了泰坦尼克号的残骸），为离开塔希提岛、维尔京群岛和墨西哥湾的油轮提供帮助。他总是很享受在海上的感觉——他说这是一种冲动，如果他在陆地待上好些个月的话，心里会不可避免地有种不安的感觉。在外游荡期间，他遇到了他的三任妻子，并与其中两任关系破裂。当他回到家里的时候，他的孩子们都不认识他，为此他感到很痛苦。然后他发现领航员的生活才是两全其美的选择。领航员白天在水面上工作，每天晚上可以回家吃晚餐，这使得他的婚姻到现在已经持续了32年，并一直很稳定。

他说："我非常喜欢海上的工作，但同时我也需要婚姻。因此领航员的工作非常适合我。"谈起他的工作，他说可以归结为一句话："我们是唯一可以对船长说'不'的一群人。"

在他的职业生涯里，领航员的工作变得愈加复杂了，这首先是因为集装箱革命，更多的是因为最近的一种趋势：货船越来越大。现在的船太大了，以至于当领航员指导船只经过航道到达长滩的内港时，他们甚至看不见水面，或是不知道船只距浅滩还有多少距离。大型船只之间的距离小到只有50英尺，打个比方，这就好比一辆汽车与两旁的汽车齐头并进数英里，但相距距离不到两英尺（汽车司机习惯更大的间距：通常高速公路车道有12英尺宽，是汽车平均宽度的两倍，所以若两辆车在高速公路的相邻两条车道上行驶，车辆之间通常有6英尺的距离）。车辆之间距离过小时，稍微一转弯，车辆就会撞向墙壁；而在狭窄的航道中，货船之间的距离过小时，稍微不小心，货船就会撞到岸边。

领航员的工作开始用到一些先进的技术，但他们的工作仍是原始和先进的奇怪组合。早在邦蒂号发生哗变[1]的年代，绳梯就被发明出来了，但鲍勃·布莱尔还是带上了最先进的无线全球定位系统，实时反馈港口的环境、交通、潮汐、风向和深度，以平安无事地通过密集的盲点。

内港非常狭窄，里面的码头也很繁忙。前往港口的途中，船只会在杰拉尔德·德斯蒙德桥底下穿行，这座古老的桥起着连接港口和701号高速公路的作用，701号高速公路是重要的货物运输通道。这是一座穿戴着"纸尿布"的桥：多年来，护网悬挂在桥下方，以接住从桥上掉落的混凝土块。这座旧桥因使用过度，使得桥身慢慢地出现破裂，散落的混凝土块会像雨点一样砸下来。港口官员估计，每天有15%的美国消费品途经这座桥，尽管这座桥已经很脆弱，对于现代集装箱船来说其高度也太低，只有155英尺高。为了顺利在桥下通过，船上最高处的雷达和天线必须被收起来，导航船桅需要折叠，旗帜也要降低。由于通道过于狭窄，以至于当那些堆叠着高耸的集装箱的巨船通过这座桥时，斯特朗不得不使船只暂停前进，爬到集装箱的最顶

1　威廉·布莱船长指挥的英国武装运输船，1789年4月28日船员哗变。

部，手上拿一根码尺保证货船能安全在桥下通过。这艘巨船确实能顺利通过，但这只是勉强而已，巨船顶部距离桥梁只差几英寸，这还是在退潮的时候。

预计到2018年前，一座投资15亿美元的新桥将会开放使用。这座新桥会有更多的车道、自行车道以及人行道，它的高度将是205英尺，以容纳更大的货船通行。不过如果超出预算的话，这座桥则会延迟两年开放。

内港区域内有另外一个障碍，它在发电厂附近，发电厂的进水阀延伸到了航道里面。这个地段被引航员称为"开罐器"，因为进水阀会刺穿船体的外壳，如果不避开它的话，它会像打开一个锡罐一样把大船破开。这个进水阀已受到人们的谴责。但它最终会被移开，为大船创造更多的航行空间。

斯特朗告诉他的领航员们："每段航程都不相同。船不同，船员也不同，天气也在变。你可能有世界上最好的航行计划，但是当你去领航的时候，你是没办法预先做出计划的。因为我可以肯定事情会发生变化。这时候你必须随机应变。"当领航员的工作完成之后，货船仍会在港口徘徊。在港口拥堵和负荷的时候，货船停留的时间会很长，这让人心生厌烦。但此时，虽然货船仍停留在海面上，但海运正转变成陆地运输。这就是设计精妙的现代集装箱船发挥作用的时候，与古老的方法不同（其中包括老式的散装货船设计、传统的把手、坡道和起重机）。

以前，卸载货船的做法就像搬家公司清空房间一样。这要追溯到3000年前，古代的腓尼基贸易商垄断珍贵的皇室紫色染料，一直延续到世界第二次世界大战之后工人们会亲手搬动家具、箱子和麻布袋，根据时代和地点的不同，他们会把货物抬上卡车或货运火车，再或是马车或骆驼商队。而如今，货船卸载的方式更像是一个工厂的流水作业线，巨大的机器做着快速重复的工作，而这都是拜互补对称的集装箱运货船和集装箱所赐，所有的流程都是标准化的。装货和卸货的每一次都是相同的。这造就了一个机械化的港口世界，快速但充满危险，而且除了合同纠纷和其他的障碍，这一切都非常高效。人类不需要进入集装箱船的货舱。可以肯定的是，他们要是进去集装箱船，那他们会有危险。当集装箱正在被卸载的时候，只要工人们不小心打滑和摔倒，他们都会陷入困境，从不会有好结果。2014年，一艘小型巴拿马货船停在港口上，一个港口工人摔倒在集装箱之间的缝隙里，结果他的双腿和背部遭受严重损害。因为类似的灾祸，世界上其他的港口也发生过死亡事件。

集装箱货船的设计解放了人类的双手，使工作变得高效。现代的集装箱船是以一个格栅式货舱为单位建造而成的，这也是为什么这种船只被称为蜂窝式集装箱货船——不是因为其无线功能[1]，而是因为它组装后的样子像是翻转过来的横剖面。想象有一辆客车，从它的前端开始，将它从引擎盖标志处直切到地平面，然后再依序从纵断面切，每部分1英尺宽。集装箱船规模庞大，它就是以这样的截面式隔间组装而成，每一个隔间都是单独精心设计，里面包括所有必要的内部装备——导管和走廊，水管和线路，支撑梁和舱口。在造船厂，这些隔间会被拼接在一起，造船厂会连接组件，紧固和焊接金属结构，结合成完整的货船。这些货船的秘密武器是集装箱引导通道，在隔间被组装之前，它就已经被设计在每个隔间内：垂直钢轨已经变成船舶上层构造的一部分，它的大小刚好适合标准的40英尺的船运集装箱。这些钢轨会引导这些大金属箱整齐地排列到位，紧密相连，然后安全地滑到船只的最底层，这样人们就不用再费心费力地为集装箱安排位置。人们只需要将它们放低、滑动后，就可以固定在位置上。

这种简单精巧的设计不仅使得快速装卸货物成为可能，也有助于更加细致地规划货物的摆放。船上每个集装箱的位置都根据三个地图坐标确定：纵轴，从船头的第一个集装箱开始计量，增加至船尾；横轴，最底层的集装箱作为起始值，数字往顶部增加；槽位，从船的一边到另一边确定集装箱的位置，偶数在船左舷，奇数在右舷。即便船上有6000个集装箱，每个集装箱

1　译者注：现代通信所依赖的技术就是蜂窝网络。

货物的位置都是已知的（尽管大型航运联盟把不同航运公司的货物混杂在一起，已经对这个系统的效率造成了破坏）。

一旦集装箱从船上被卸载下来之后，全世界2220万个联运集装箱的身份都可以通过它们的国际标准报告码，以及嵌入的无线射频识别发射器来被确认。每个集装箱的身份都会被装卸工人进行多次确认，以保证没有集装箱会丢失，即使上百万个集装箱堆放在码头，并且摆放位置复杂多变。

如果现代集装箱船的首要设计原则不是方便卸货的话，上面的这些便捷都不可能实现。燃油效率、动力、安全性、舒适度和排放物——这些都是航运公司考虑的重要事项——但如果集装箱不能方便快速地从船里被卸下的话，这艘船也没什么价值可言。它变成了一个烧钱陷阱。

美国不能建造这种船，日本和韩国在建造更大的集装箱船领域是佼佼者。韩国的大宇造船海洋株式会社是世界上五大造船公司之一，有4.6万名员工，可同时建造100艘船和石油平台，包括世界上最大的货船之一——马士基3E（3E代表经济规模、能源效率和环保性能）。这种船有1312英尺长、194英尺宽，每趟可以运载9000个货物集装箱。目前这些货船只驶往亚洲和欧洲，因为它们的体积太大了，即便是新扩张的巴拿马运河水闸或北美的任何一个港口都无法容纳它们。它们可以停靠在洛杉矶港和长滩港的某些泊位，但无法为其卸货，因为起重机的臂长不够长。

这些巨船仅需要15名船员就可以在世界航行，它们的成本是每艘1.9亿美元。马士基订购了20艘。大宇造船厂有能力同时建造12艘。

一旦一艘集装箱船驶出了等候锚地，进入集装箱码头，那么卸货工作就变成另一个数吨重的手术了。巨型起重机可以跨越170英尺宽的船只，在货船的首尾提起集装箱。双子港有140个安装在岸边的电力起重机，它们是空中一道独特的风景线，特别是当它们不工作的时候，它们的伸缩杆指向天空，就像军人鸣21声礼炮致敬的场景。这些鲜艳的红色和蓝色塔式起重机可以升至300米高，很快它们的伸缩长度还会继续增加。港口不遗余力地将起重机的臂杆加长，增加到60英尺，以在更大、更高的集装箱船里吊出货物，刻意将它们增高60英尺，给它们更长的臂杆去适应更大更高的集装箱船，每个臂杆的成本是100万美元（相比之下，每个新起重机要花1000万美元），几乎所有这些设备都是从中国进口的，美国既不生产这些货船，也不生产卸货的设备，它们必须用专门的货船运输，而且处于已经组装好的状态。

起重机操作员说他们的工作是港口上最好的工作，也是压力最大的工作之一。当然，这份工作也是最赚钱的工作之一，熟练的起重机操作员挣的工资和港口领航员相当。一个戴着安全帽的起重机操作员走进电梯，电梯上升300英尺送她到进入驾驶室的步桥上。她的起重机正发出嘈杂的声音，她对着它喊道："这是技术活儿，十分刺激、工资高、有分量，我爱这份工作。"

起重机的驾驶室在轨道上行驶，这使得她在高空水平的吊杆上来回滑动，这个吊杆会伸展到和集装箱船的宽度一样长。金属缆绳在起重机操作员双脚下方上下滑动，以吊起横撑（集装箱吊具）。横撑替代了以前挂在起重机上的老式吊钩。它会与集装箱顶部的配件连接起来，伸展的金属抓具会牢牢锁好配件，等到集装箱降到港口地面时再缩回。操作员坐在移动的扶手椅上，引导驾驶室在船只上方行驶，这场景非常像《星际迷航：原初系列》里库克船长坐在指挥座椅上，按着手边的开关按钮。驾驶员两只手中都握着一根控制杆，用来降低和提高横撑，直到横撑与集装箱顶部刚好对准平行。风力以及船在水中摇晃会加大这种工作的挑战。到目前为止，由于这种任务的复杂性，人类不得不一直在做这种重复的工作，而未交付予机器人。尽管在集装箱被卸下船只后，已有两个港口开始使用自动起重机和汽车移动集装箱。在大部分时间里，操作员会透过双脚下方地板上的那扇窗户，仔细地观察横撑是否降到合适的位置。

当横撑正确地夹紧集装箱之后，红黄灯会变成绿灯，然后操作员会迅速提起集装箱。此时这个动作并不是缓慢、从容的，这个动作像是极速跑而不是慢跑，即使提起来的物体重达10吨甚至更重。之后驾驶员操作着驾驶室返回，远离货船，在集装箱拖车上方的位置停好，然后操作员把集装箱下放。一旦这个集装箱被放好后，起重机会立马与其分离，返回吊起另一个集装箱，同时这辆新装载的卡车也会驶离原位，下一个集装箱拖车会开过来就位。

加州港口的起重机操作员平均每小时能处理25~28个集装箱——差不多每两分多钟一个。工资最高并且需求最高的操作员通常每小时能处理30个集装箱，每周工作30个小时，一年下来可以挣25万美元。他们在两分钟内处理的集装箱比过去的散货装卸工一小时处理的还要多。然而，即便是4个起重机同时全速处理一艘大型轮船，也需要用54个小时才能将船上6000个集装箱全部卸完，还不包括再次上货的时间。

在2014年末和2015年初的劳资纠纷期间，起重机工作效率大幅度减慢，延长了每艘船被卸货的时间，从而导致了港口堵塞。当合约终于定下来后，起重机操作员们花了近三个月解决完积压的货船。然而港口拥堵的情况依然存在，因为相比紧张的劳资关系，大船对港口系统超负荷的问题有更持久的影响：每艘船上载有更多集装箱，这意味着需要花更长的时间卸货。

当起重机操作员的工作完成后，港口装卸工人会进行下一项工作：将集装箱移到暂时的保存区，这些颜色各异的集装箱积聚在一起的时候像是塔楼，直到卡车或火车将它们装上运走。海务办事员会将这些混乱的集装箱分门别类，但有些集装箱太难找了，因为它们的射频识别装置出了故障，或是摆放的位置或记录有错误。轮胎式龙门起重机（缩小版的岸壁式集装箱装卸桥）会将这些堆成山的集装箱搬进搬出，这种起重机驾驶室安置在倒立的U形桥架上，它们利用巨型拖拉机滑轮移动，而不是安置在塔架上。作为洛杉矶及长滩环保港口协议的一部分，有些码头正将这些传统的柴油起重机换成电力型起重机。在美国大多数港口，码头的龙门起重机都是由人类司机操作，但现在人们正在研发无人自动化技术接管这种工作，降低人工成本。在南加州的双子港，有两个装货码头正在推行自动化的龙门起重机，目前成败参半。

很多码头附属于航运公司，负责在最短时间内将这些集装箱运出港口，但再次发生的过载问题使得这项工作变得复杂了起来。通过码头铁路（或码头附近的铁路，需要卡车先运出小段距离）运出的集装箱不到30%。阿拉米达走廊能处理相当于现在两倍运输量的集装箱，但港口内部的铁路运力是一个瓶颈，限制通过阿拉米达走廊的货运火车数量。在港口附近建设铁路站场以扩大铁路运力的计划已被拖延了数年之久。这个项目又被称为南加州国际口岸，其遭到附近社区的反对，因环境问题而被投诉。而且洛杉矶市还接到了长滩市的诉讼，因为洛杉矶许可北伯灵顿圣特菲铁路公司修建设施。北伯灵顿圣特菲铁路公司是美国仅次于联合太平洋铁路公司的第二大货运铁路公司，其在2010年被亿万富翁投资人巴菲特的波克希尔-哈撒韦公司收购。

考虑到双子港的铁路运输限制，门到门世界的货物运输的下一个阶段与卡车息息相关。约有70%的货物是通过货运卡车运出的，短途运输的拖车会挤在港口和周围的公路上，每一辆车只可以载一个集装箱。这些卡车是这片区域空气污染和交通堵塞的主要原因。

约有1万名全职和4000名兼职货运卡车司机在长滩港和洛杉矶港工作，每天他们聚集在海运码头。这份工作很艰辛，还不能得到可观的报酬。即使是在港口情况最好的日子里，司机们也得每天耐心地面对港口堵塞。大多数货车司机都是按载货量而不是按小时算工资，所以卡车不开动对他们来说是一种损失。卡车司机是美国货物运输系统中的重要环节，他们不会开到很远的地方，但是负责了必要的运输环节，他们会把静置在集装箱里的货物运到附近的铁路场站、联运火车站、产品配销中心、仓库和长途汽车货运。除了一些有自己卡车车队的大型公司，如沃尔玛、大型的食品和饮料公司，营运性质的货车车队和物流公司处理了大多数从港口进出美国的货物，以及美国制造商的货物。习惯上我们将它们称为"公共承运人"。

所以大多数货物出了南加州港口的下一站是附近的配送中心。离双子港最近的一个配送中心网点在卡森镇，它是洛杉矶南端的一个小镇，也是黛比·查韦斯称之为"家"的地方，有一些开发商强烈希望在那里建造一个新的美国橄榄球联赛场地（而附近的通勤者们经常被堵在405号高速公路，他们则希望开发商的愿望落空）。由于这个镇在门到门系统中的地理位置很重要，镇上的很多人靠这点生存获利。

沃森地产公司是这个镇的主要地产商。它售卖这个密集的城区最有价值的商品——空间。或者，更加恰当地说，它出租因为价格太高而卖不出去的土地，这些地皮地理位置得天独厚，靠近港口、铁路、高速公路和市场。每个港口和城市都有这种地方，但沃森是一个特例。它的所有者是多明格斯家族的后人，西班牙国王授予这个家族一大块南加州的土地。这片广袤的土地被称为圣佩德罗牧场，它曾经从现在的港口一直向北延伸到洛杉矶市中心边缘，包括还未开发的沿海地区和肥沃的农田区域，尽管这些年来它已经被划分开卖掉了。但这些继承者们仍拥有1500英亩的黄金地段，沃森公司在上面盖了一些工业和商业大厦，租给常驻在这片区域的货运公司和收货人。梅西百货、马士基、美国国际纸业公司、美国铝业公司、梅赛德斯·奔驰公司、布里斯托尔农场、康宝莱、德美乐嘉、美国海关以及一些默默无闻物流公司会把货物运进并穿过这片大园区。皮拉尔·霍约斯是沃森公司的执行总经理，也是LOLs的成员之一，她认为她的公司是隐形的胶水，将交通系统黏合起来。它是货运运输中重要的一部分，但很少为人所知。她说只要有空，她都喜欢去拜访她租户的公司，因为看到物资流以及不断变化的风格和潮流，就好像窥见这个巨大神秘机器的内部运作流程。她说："所有这些都可以追溯到当时老牧场、西班牙国外的馈赠以及多明格斯家族坚守这片土地的决定。"

但这块地只是拼图的一部分。如果大多数公司都没有它们自己的货运队伍，它们怎么把产品运到它们的百货商店、商店和工厂呢？在过去几年里，公司会自己安排，雇用卡车司机，或者争取铁路运输资源。一些公司仍然保持这样的做法。但现在的趋势是将这些工作外包出去。例如，附近工业城市的前锋运输公司就为沃森的租户们以及全国各地的其他公司提供服务。前锋运输是新兴的新型运输公司之一，它没有卡车或者铁路轨道，被称为第三方物流提供商或货运代理。前锋运输有一个大仓库和电脑数据库，雇用了一屋子的交通数据处理专员。仓库里每天都装满了你所能想象到的各种各样的产品，大多数产品是从港口运过来的：中国制造的救生衣、健身器材、陶器、烤肉架、800磅重的飞机零件、服装、鞋子、美食餐厅的炉灶、儿童玩具和万圣节服装。销售经理本·福韦说："看看这车货物，是树桩。"这些树桩将被用于某种户外展览或者电影背景。他继续说着："我们这里什么都有，一天结束的时候，一切又都会消失。我们会打扫地板，第二天早上这里又会挤满商品。"

第三方物流行业不断发展，像在这个行业里的上百家公司一样，前锋运输负责为进口商或其他收货人安排接收商品（这些货物可能是国产，也可能是从世界上任何一个地方进口的商品），这家公司同时需要负责把货物运输海外。它们的目的地可以是某个小镇、州、国家或全世界的任何地方。把这种商业模式想象成一个旅行社，或许更像是航运的HMO（HMO，健康维持组织，美国的一种医疗保险，在这种保险范围下，病人有专属的家庭医生，无论大小病都需要家庭医生处理）。前锋运输公司利用汇集的客户资源和内部关系，去协商获取一个更低价格但更快的航运服务，从中得到一定比例的佣金。货物运输系统越来越习惯这种方式运作：它依靠掮客把运输的各个部分结合在一起，但是这些掮客不是货物中介，而是运输中介。

货运代理人会为货物运输策划一个三联运输流程：从港口到货车，再到运输公司，中途会在附近的中转站停靠，比如沃森公司。接下来货物则会被运往更加遥远的加州沙漠地区，在那里，一个不断扩张的配送中心占据了这数百平方英里（亚马逊、美捷步和其他公司的商品都会在里面中转）。铁路、飞机和长途卡车会把商品运到美国的其他地方——运到我们的商店、公司、医院、学校，完成最后一英里的路程，到达我们的家门口。

也正是在这里，我们在路上运输的商品遇上了最突出和持续的超负荷问题。

最后一英里

CHAPTER 10

The Last Mile

清晨，一列深棕色运输卡车从奥林匹克大厦幽深的地下室里开到了洛杉矶城区的街道上，卡车轮胎碾压在光滑的水泥地上而发出嘎吱声。在大楼第五层的董事长公室里，诺埃尔·马西正享受着片刻的满足，他感觉到大楼正在震动，直到最后一辆卡车离开后才平稳下来。这是一个让人放心的物理信号，这表明在一个永不停歇、即买即到的经济体系中，他又再次完成自己的工作，继续推动着永不停歇的循环经济向前运转。这一天，在美国和全世界各地的2000个类似的联合包裹快递中心，这样的场面在不断重复上演。

　　在接下来的八个小时里，这样的循环周期将会把1530万份包裹送到美国人的家门口，不用出家门或者公司，美国人就能得到想要和需要的商品。但马西没有时间去继续感慨每天数量多、速度快的物流奇迹，因为他必须处理下一个循环：他的员工们早已开始为下一批包裹做计划和准备，很快，这些包裹将会把奥林匹克大楼和其他类似的运送中心填满，等待着被卸货、分类、改寄和运送——它们是明天将被送到家门口的商品。可以这样说，诺埃尔·马西的生活被两件事所支配——卡车和时间。他有很多卡车，但是时间不够用，每天他需要运送200万件货物，来来往往。他是门到门经济的实体化表现，尽管他的官方职位名称是联合包裹服务公司的区域经理。

以前，联合包裹服务公司在美国有50位区域经理，但在2012年，该公司进行了一次员工大整合，50位区域经理减少到20位，这使得工作更高效、成本更低。但这些人曾经都是美国门到门巨头的大人物。想想白宫辞掉60%的顾问团以及所有的行政人员，这种程度的人事变动使整个公司都惶惶不安。但当一切都尘埃落定时，最后马西分管了联合包裹服务公司在全世界最大也是最繁忙的一个片区：加州的南半区，从墨西哥边界到夫勒斯诺市城（还有夏威夷、内华达州南部和亚利桑那州西部）。他的总部设在一个毫不起眼的灰色砖块建筑里，位于洛杉矶市中心奥林匹克大道和森伯里大街的交叉处，这只是马西管辖下的众多运营中心的一个。马西管辖的范围包括一批分布广泛的分销中心、卡车货运站、一个国际机场和两万名员工。现在，他掌控着令人满意的庞大的用户群体，这包括在亚马逊网购的人、买苹果手机的人、买当日到达商品的购物狂以及贩卖这些商品的公司。但是他的运输工作受到了交通堵塞以及城市扩张的严重影响，以至于每日收获和发货的工作变成了一项不可能顺利完成的任务。

马西说："我的工作就是和时间赛跑，时间是最重要的事情。如果飞机七点起飞，你必须按时赶到，否则就会有人不能及时收到想要的东西，如某人手术所需要的脑部扫描结果，或者实验室需要的组织样本。你不能把这些搞砸了。在这行，时间是重中之重。"

马西说，所有的工作都必须按时完成，这既包括打包、分类、包装和上货，也包括交车运货。这位联合包裹区域总经理坦率地说，他真正的老板实际上是时间。他有一句口头禅："时间既能成就我们，也能置我们于死地。"

虽然如此，这个男人还是有点像小顽童。他工作专注但也幽默搞笑，57岁的他虽然秃顶但没有皱纹，反应敏捷，总是面带微笑。他也是一个经常看时间的人，他控制不了自己。在每个工作日，马西的行程从早上五点半的起床开始，他的家在奥兰治县的约巴林达郊区，离他的办公地点有35英里。他要在奥运大楼工作12个小时或甚至更久才能结束一天的工作。"我没有明确的下班时间，我把工作干完就下班了。"

那他的工作是什么样的呢？马西的加州南部员工每天要寄送120到130份货物，超过联合包裹服务公司全球快递总量的8%，总公司年营收总额为585亿元，马西掌管的南加州创造的营收额占比超过8%。他用公司5%的员工完成了这项工作（联合包裹服务公司在全球共有43.5万名员工，占美国国内生产总值的6%）。

他用了一件秘密武器使这项壮举成为了可能：150名工业工程师。这是联合包裹服务公司给这群人的工作头衔。他们要设计最佳路线和停靠站顺序，安排送货司机按时到达送货地点，并尽可能地减少行驶的时间和路程。目前，外界对联合包裹服务公司的印象就是棕色卡车，其已成为该公司的标志和人们熟悉的门面。但在运营中心，使整个复杂系统的发条持续转动的力量是一支工程师团队，他们夜以继日地绘制地图、计算时间。南加州有超过1万名司机，他们平均每天要在120个站点停靠，而南加州是美国交通最繁忙的地区，城市扩张情况也在不断发生变化。马西的这支团队要面对门到门世界里最困难的编排挑战之一。

联合包裹服务公司的工程师团队采用的第一个工具是内置的远程数据处理装置，并为每辆卡车和每位司机都配置这样一个装置。这个装备会实时将每辆卡车的运输信息传给工程师，他们会将其与前几天在同一条路上的运输消息做比较。有了这种数据，他们就可以确定运货卡车是在哪条街道、转弯处和十字路口出现了延误，以及出现延误的原因是什么，这原因可能是交通模式的改变、绕道或者施工，即使是一些小延误，他们也能察觉出来。他们能利用这些数据为下一天设计出更高效的路线。

然后该公司提出了一条著名的策略——禁止左转弯，在2004年开始实施，因为工程师们发现当司机等着左转弯时，卡车的发动机处于闲置状态，浪费了大量的燃料和时间。该公司通过设计路线，避免送货卡车90%的左转弯，然后公司发现这样每年可以使卡车在路上闲置的时间减少9800万分钟（约6.8天），同时每年能节约130万加仑的燃油。避免左转弯也是安全的措施，交通数据表明汽车左转弯比右转弯造成的车祸多10倍，行人死亡人数多3倍。

该行业的工程师采用一套最新最复杂的计算机程序，叫作"ORION（猎户座）"。这套计算机算法有1000页，叫作行车集成优化和导航（On-Road Integrated Optimization and Navigation），为便于记忆，称为"ORION"。没有人能够单凭脑力算出所有可能的路线——一辆卡车有120个不同位置的停靠点，且上货和卸货次数都不尽相同，排列组合的数量多到无法计数（万亿都不够计算）。若是四舍五入，最好用科学技术法表示这个数字：6.7×10^{143}。[1]

100多年以来，在大多数时间里，联合包裹服务公司设计路线的方法靠的是常识和司机的经验，但是非常确定地绘制出最高效的路径是一件非常困难的事情。这是一个经典的数学难题，叫作"旅行推销员问题"（有n个城市，推销员从某个城市出发，需要经过所有城市，求最短路线）。现在ORION算法可以将这个大数目减少，列出可同时减少时间和路程的最优路径，在地图上标出大量转弯处和可以微调的地方，这份工作量庞大，人类司机或者工程师在没有帮助的情况下是无法进行这么多比对工作。之后，人类会开始修改那些理论上非常有效率，但是却不能实际应用的最优线路，修改完毕之后，卡车就可以准备出发了。马西说这个方法的效果是可喜的，部分原因是虽然ORION的每条线路只能节约一小点时间，但全世界将近有10万辆运货车在来回工作，将它们节约的时间全部加起来的话，这个数值将会迅速增长。若每辆卡车需要行驶的路程都减少一英里，这样每年能为公司节约

---

1 若要用笔把这个数值写下来，那么所有可能的运输路线数目将是：6,689,502,913,449,135,000,000,000,000,000,000,000,000,000,000,000,000,000,000,000,000,000,000,000,000,000,000,000,000,000,000,000,000,000,000,000,000,000,000,000,000,000,000,000,000,000,000,000,000,000,000,000,000,000,000,000,000,000,000,000,000,000,000[3]。

5000万美元的燃油成本；若在全公司范围内推行ORION，联合包裹服务公司每年能节约4亿美元。

尽管这听起来很复杂，但如果这只涉及简单的工程学问题，马西的工作则会变得轻松许多。34年前他学习的就是工程学，其中一学期，他在IBM实习。当时他还在做装卸货车的兼职工作，联合包裹服务公司提拔了这位勤奋的年轻小伙子，给了他一份在东奥克兰有晋升空间的全职工作。他从未停止以一个工程师的角度看待他的工作，每日真正的工作不仅仅运货和上货。运货和上货只是这个过程中的开始和收尾工作，它们是公众看得见的开始和结束，背后则隐藏了更加庞大的运输过程。联合包裹服务公司每天可能要运送1800万件包裹，但只有270万件包裹是连夜空运过来的。这意味着不管在什么时候，当包裹还在运输途中，公司都要处理1000多万件的包裹（节假日更多）。

为所有这些包裹规划路线需要全天24小时不间断地运营。在马西负责的地区，或者任何一个联合包裹地区，运输循环大概会在凌晨1点开始，此时，53英尺的大型货车——联合包裹服务公司管它们叫支线货车——满载着货物在城市和地区之间做地面运输。因为联合包裹服务公司的空运和地面运输利用了一个中心枢纽和辐射状运输系统，所以很少有卡车的投递包裹范围超过500英里。从洛杉矶开往盐湖城的支线货车可能会在拉斯维加斯停靠，与来自犹他州的货车碰头。两位司机会解开拖车，相互交换后掉头回家。超出加州的长途运输——大约有80%的包裹和文件——是通过火车运输的。若想更快（也更贵），货物可被空运到安大略城，它是联合包裹服务公司在加州的航空枢纽，一个不太可能没落的城市，因为联合包裹服务公司已经将它变成美国几十个最繁忙的货运空港之一。

支线货车、火车和飞机会在全国相互转运货物，把包裹运到目的地，最终到达像马西的奥林匹克大厦这样的分拣中心和交付场所。它们简直是在填一个无底洞。

凌晨4点，运货卡车开始夜间装货，为包裹运输流程的最后一个阶段做准备。那些早到的包裹要么通过飞机或支线货车运输的，要么由快递货车运送的，工人会将它们分拣扫描，纳入ORION的路线规划计算之中，随着送货车不断到达，数据会持续更新。当分拣好的包裹被装到运输卡车上，运输路线会最终确定下来，并传送到司机的平板电脑上（在iPad问世之前，联合包裹服务就已经开始使用这种技术了）。然后，这个标志性的棕色卡车会离开仓库，去完成运输工作，最终消费者会在家门口见到这个标志性的卡车。最后，同一批司机会完成取货任务——马西分管的南加州地区每天有75万个包裹待收取——通常在6点到7点之间回到运营中心。在那里，人们会根据收货地址和运输方式分拣涌入的包裹，然后，支线货车、铁路和飞机将会把这些包裹运送到合适的联合包裹服务公司中心枢纽，整个流程再次重新开始，有时时间紧迫，货物来不及送到将要离开的飞机、火车和货车。

联合包裹服务公司有一批庞大的产业：它是大型的海运托运人，尽管它没有一艘船；它拥有一个独立的货物运输卡车团队，为全国各地的企业提供运输服务；它运营了一个短途运输分支，负责把全国各地港口的货物运出去；它是一个物流和货运代理服务商，也是一个电子商务顾问（作为海运托运人，网上购物成为了它们的主要增长领域）；同时它也被分类为一家航空公司，它拥有足够数量的飞机，足以跻身世界前十大空运公司。联合包裹服务公司甚至自己开设银行。但是它的主要产业和主要的收入来源仍然是它们做了100年的生意：解决最后一英里的货运运输问题，把货物送到顾客家门口。

当说到客运，还没有类似的解决方案能将人直接送到家门口。火车、公交、地铁和电车可以一次运输很多人（就像联合包裹运输公司可以一次运输很多包裹一样），但这些高效的人用交通工具比不上汽车——这个效率低下、费用高昂还会带来死亡的交通工具。汽车的替代品不能够很方便地把人类从起点运送到终点。你必须到达站台、汽车停靠点或者月台，才能使用公共交通。"最后一英里"实际上是一个隐喻，它阻碍着游客去使用公共交通，由于公共交通的时间安排和距离对游客造成不便。

但在货物运输世界，这个问题很早之前就被解决了，而且解决得很好，以至于人们将其当作理所当然的事情，所以客户不再只满足于两天到货或隔日到货的服务。现在他们想要的是当日到达的服务。当像亚马逊这样的公司承诺货物当日到达时，像联合包裹服务这样的公司，以及它的主要对手联邦快递，邮局和许多小型的创业公司开始出现，填补这个服务的空缺，使得当日到达服务得以实现。联合包裹服务公司是第一家解决这个门到门难题的公司，现在他们也是最大的物流公司。

联合包裹服务公司的前身是一家小信差公司，一个叫吉姆·凯西的年轻人于1907年在西雅图的一间酒吧的地下室成立了该家公司，那时他还是一个跑腿的小弟。干了几年跑腿的活后，凯西和几位合伙人转变了公司的运作模式，改为运送包裹，主要针对企业到企业。慢慢地，这种想法在各地流传开来。后来他的业务扩展到企业到客户的包裹运送服务。最开始，他们会运送人们在销售渠道如西尔斯目录和其竞争对手（相当于电子商务的雏形）订购的商品，现在他们则是会负责为网络零售商运送商品，2015年，几乎一半的联合包裹服务公司的包裹都来自网络零售商。

这种转变对联合包裹服务公司以及它的竞争对手来说是很困难的，因为它们的商业模式不再是从制造商处运10个、20个或100个货箱到商店——在20世纪的大多数时间里，这是货运行业的主要业务——而很大程度上，消费领域的货运业务是把一个包裹运到一个人的家门口。这意味着从本质上讲，企业到客户这种商业模式若要达到与制造商到企业相同的收益，需要停靠更多的站，行驶更长的路程。解决最后一英里的方式——即一次只能给一家送包裹——是一件很费钱的事情。

即使这种转变代价高昂，但也不可避免，不过令人惊讶的是，这并不是诺埃尔·马西夜不能寐的原因。他希望解释夜不能寐的原因以及他的公司在门到门世界中扮演的角色，这也是我去到他办公室的原因，他的办公室在奥林匹克大楼里。

马西精心地安排他的时间，就像ORION设计运货路线一样仔细：这个行业讲究时间管理，在很大程度上也影响到他对个人的日程安排。他的日程太满了，以至于我们不得不在六天前就约定见面的时间。马西对我说："不要难过，如果市长和市议员要和我见面，他们也要提前约才行啊。"想到他对洛杉矶市长说"不"的场景，他就笑了起来，"说真的，我宁愿和学生们见面。"

马西行程的每一天都排得满满的。星期一他主要处理销售问题：营收额、顾客增长情况、营销和业务情况，他把这些称为"我们现在处于什么位置？"。星期二他主要处理运营问题：公司表现、成本、效率以及错误率，他把这些称为"我们是否达成目标？"。星期三则是预留给拜访顾客：他有14.4万位常客，每天都需要货物运送，他将会向受到快递公司青睐的客户抛出橄榄枝，吸引他们使用公司的运输服务。星期四则是用来"对外宣传"：马西在这天要去当地的机构、慈善组织、学校和社区服务中心。他和城市联盟、美国联合慈善总会和洛杉矶商会都很熟络，2014年他还成为了商会的主席——在该商会125年的历史中，他是第一位担任主席的非洲裔美国人。星期五，他会进行总结工作，由于与部门经理、负责人或者其他同事的见面行程不能被安插在其他特定的日子，他会在这天和他们所有人进行一对一的会面。每月他会在办公地点以外的地方和员工们举行一次会议，比如在当地城里不同的非营利组织的办公地点。作为回报，他可以为提供场所的非营利组织在物流、船运和网络形象（只要是团队需要的东西）方面提供帮助。有一次开完一个"非传统"的员工大会后，马西被当天的主办方吸引住了，是一个叫作"废物教学"的团队，他们挽救和重新利用生产过剩的产品、二手货、已经停止生产的货品以及其他企业和工厂生产的"废品"，这些产品将被用来辅助这个地区的科学、科技和艺术课程的教学。他带着300个公司的志愿者返回洛杉矶的这家非营利组织，为其重新组织、设计办公室、仓库和配送系统，以当作回报。

当他深入当地社区，与非营利组织和学生谈话，以及参加商会会议时，马西表达了对物流行业前景和国家经济的担忧。这才是他夜不能寐的原因：他担心总有一天他的卡车不能按时完成最后一英里的任务，而这天正在到来。或者这一天已经来临了，但这并不是公司方面的工作做得不够到位。

"我的物流生意主要和卡车相关。因为美国的每一件产品都需要货车完成最后一英里的运输。你戴着的眼镜、佩戴的领带以及你口袋里的手机都需要卡车运输。它们可能是通过集装箱海运过来的，也可能是火车运过来的，也可能是空运过来的。但是最后一英里的路程总是由卡车完成。除非我们回到马车的时代，或者有人发明瞬时移动机器，否则我们将在很长的一段时间里继续使用卡车。总之，卡车是高速公路上最重要的交通工具。"

此时，他正倚靠在桌前，在揭开他的主要担忧前，停顿了一下，以加强效果："卡车需要什么呢？它们需要道路，需要基础设施，需要能够去往任何它们需要去的地方。"当谈论到美国的基础设施投资，他说，"我们早就深陷泥沼了。"

他列举出那些让他无法入睡的事情：正在崩溃的桥梁、坑坑洼洼的路面、拥挤的港口、永无休止的交通堵塞。那些连夜运货的卡车司机大多不能找到安全的停车位置。马西说："尽管卡车对我们的经济和生活方式是如此的重要，但是它们在美国的公路上却被当作人人喊打的'耗子'。"他希望卡车能拥有自己的专属高速公路车道，与客运隔开，公共交通能够获得更多的投资，以减少路面上的汽车数量，为运货的卡车腾出更多的空间。这并不是一个浪费资源的愿望：在接下来的20年里，货物运输的需求将会翻倍，他说，如果我们的基础设施建设跟不上步伐，那时又会发生什么呢？

"答案其实很简单。卡车就像人体内的血液，它们携带着人体所有需要的营养物质，以让人体保持健康。如果你的血液停止流动，你就会死掉。如果卡车停止运输活动的话，我们的经济就会萎靡不振。这并不是夸张，也不是耸人听闻。这只是一道数学问题。然而大众讨厌卡车，这点让我生气。人们已经变成了讨厌卡车的人，他们想把卡车赶下公路。他们反对那些会促进经济发展的交通改进措施。这种想法已经开始损害我们的业务。人们不知道他们所要求的会带来什么。如果让他们我行我素的话，美国就会陷入瘫痪。"

有时候令马西害怕的瘫痪似乎已经来临了。你只需要在美国最重要的高速公路上开车就可以明白，瘫痪已经来临。

加州的710号州际公路是独特的：它被认为是第一条主要为卡车建造的高速公路。它的终点设在一个商业港口，如果不是为了货物运输，还能有什么用呢？早在20世纪20年代，城市规划师和港口投资者开始出资修建一条公路，连接长滩港和洛杉矶港与当时世界上规划最大的工业区，这个工业区位于洛杉矶市中心南部，一大批工厂聚集在这里，进驻的品牌包括通用汽车、克莱斯勒、斯图贝克和其他当时标志性的品牌。这个项目原本是为了创建一条南北向的直达高速公路，将美国制造的产品输出到全世界各地。

这条高速公路原本由本地投资，后来转变为一条加州高速公路，最后于1983年并入州际高速公路系统，它的修建、重新构图和后续的扩张总会花了20多年的时间。这条公路的修建成功正好赶上了集装箱革命，这场革命将永远改变货物运输行业和物流的未来。这条高速公路原本是为了帮助促进美国制造商品的出口，但是反而促进了一个疯狂外包和进口的时代，尽管它确实达成了原来的目标：把港口和全国各地连接起来。

它做得很出色。简直太成功。710号公路成为运输美国消费品的最重要的一条高速公路。之后，多年存在的诱导需求问题最终带来了超负荷，无可避免地对道路造成了严重破坏。到2015年，一到高峰时期，710号公路就挤成了一团糟。大型货车一辆接一辆地堵在车道上，延绵数英里，排出柴油废气的同时使得交通车流（汽车和卡车也一样）只能缓慢前进。对710号高速公路附近的社区居民而言，汽车排出的尾气简直是一场噩梦。它造成了严重的健康影响，如儿童哮喘病和呼吸道疾病。交货时间也由于交通堵塞而延迟，托运人因此损失了上万美元的燃料费，并且还会丢掉生意。源源不断的重型卡车不断地给路面带来压力，远不是当初设计的路基基数所能承受的，这破坏了高速公路路面，亟须进行大面积且花费极高的修缮工作。它的入口匝道修建于20世纪50年代，按照现在的标准，这个匝道太短了。到了高峰时段，匝道上就会挤满汽车，一直排到地面街道上，这又会把街道堵死。

这条美国最重要的高速公路变得像流沙一样，车辆根本动弹不得。

通往美国最繁忙的港口的这条主要通道现在面临着两个长期问题。首先，这条高速公路的载容量明显需要得到提高。其次，另外一个需求是真正地把这条高速公路修建完成，几十年来，这条高速公路的最后4.5英里路段一直没有完工，对这个区域的交通流畅度造成不良的影响。

解决这两个问题需要花费数十亿美元。同时，它们都引发了争议，并且激怒了环保人士、高速公路旁附近社区居民以及马西口中的"厌恶卡车的人"。

扩大高速公路的载容量的争议性相对较小，如何去修复这条高速公路才是问题所在。在高峰时期，每天从港口进出的4.3万辆卡车已经把高速公路堵得水泄不通。这条公路因为拥堵延误被评为"美国最糟糕的高速公路"，同时也是美国大型货车事故发生频率最高的公路。到2035年，估计每日将有8万辆卡车堵在710号高速公路上，这几乎是现在在六车道高速公路上卡车数量的两倍，而这些卡车已经在互相争抢道路空间，这无疑将造成道路瘫痪、环境污染和门到门运输灾难。

其次存在着没有竣工的路段问题。这条高速公路从港口出发，延伸出23

英里，然后在帕萨迪纳市戛然而止。高速公路的最后一段应该要穿过帕萨迪纳市，到达该市南边毗邻的一个非常富裕的小镇，将卡车流引到山麓高速公路上，这条公路是一条东西方向的走廊，直接连接内陆帝国区域（指美国华盛顿州斯波坎附近的发达地区，广及爱达荷州和蒙大拿州）的铁路场站、配销中心和货物运输连接点。然而，对货物运输有帮助的事情并不一定对当地的社区也有好处。最开始建设710号公路时，它穿过了附近的一些社区，这些社区缺乏政治或经济实力去反对这项计划或要求延缓施工，但帕萨迪纳市区域是另一回事了。几十年来，当地的社区团体千方百计地阻挠最后一段路的竣工计划。

但是，运输载容量的需求不断高涨，诺埃尔·马西和其他商业领导担心的运输瘫痪问题也在不断逼近，这些都促使加州政府做出决定。2015年，政府提议了两套修缮710号公路的方案：

第一种是用40亿美元增加两条新车道，南北向各一条，同时沿着洛杉矶河旁增加自行车和行人通道，它会与710号高速公路平行。另外一个方案将要花费80亿美元，令马西梦想成真：建设四条专供货物运输的高架公路。这样一来，卡车会与汽车流分开，每个人照理来说会很开心。

港口和当地居民很厌烦在令人窒息的空气污染中生活，他们提出了另外一条建议：在高速公路上方增加一条电缆，这样零排放的电力卡车可以在710号高速上通行，等它们下了高速再使用车载电池功能。所有这些计划都要求更加清洁的卡车，而不是现在的柴油动力卡车，加州和联邦也颁布法令要求全力改善南加州臭名昭著的空气质量。到2030年，南加州的卡车必须把尾气排放量减少90%。创业公司、大学、零售商和知名卡车制造商正联手研发下一代卡车技术，它不仅能比得上柴油机的动力，也可以做到零污染排放和不浪费大量的燃油（2014年卡车运输业在燃油上花费1470亿美元）。22个公司正一起合作研发一款名为"波浪（WAVE）"的大型卡车，它重量超轻，具有潜力——全名是"沃尔玛高级汽车体验"（Walmart Advanced Vehicle Eeperience）——它使用的是混合系统，由一个功率强大的电池电动机和一个微型燃气轮机发动机组成，这种混合系统有助于减少尾气排放并且减少燃油使用，达到241%的程度。但是商业上可行的"波浪"车型（即生产成本不高）可能要10年后甚至更晚才能投入市场，这还要先假定"波浪"能成功被研发出来。

这种颠覆性的技术尚且还在摸索阶段，无法立即投入市场，并被广泛应用，因此公众反对任何增加高速公路载容量和加重空气污染的提议。不论选择哪种方案，打官司都是无法避免的，时间也免不了延误。而这都还没有开始谈到另外一个问题：修复701号高速公路的钱从哪儿来？

至于那还没有竣工的4.5英里，加州已经提出了多种议案来修完701号公路，这包括用50亿美元修建一个专门货物运输的双层隧道；或者修建新的轻轨或快速公交线路，只供客运使用。在上述的这些建议中，只有隧道可以缓解这个区域的交通拥挤情况，因为它提供一条直通路线，连接港口和内陆帝国的仓储区域。但公众强烈反对上述任何一种补全701号公路的方案。受到影响的社区居民提出质问：改善公路主要会给其他社区带来商业好处，而他们则要忍受这条公路的修建带来的不良影响，为什么是他们付出代价，而其他地方的商业因此获利呢？

现在的情况是：一边是美国最重要的货运通道，另一边是反对建立重要的基础设施的社区居民，而他们的担心也合乎情理，双方正在互相对抗。

这很可能将是加州最后一个大型的高速公路项目。加州已经没有土地再建设新的高速公路，即使有也没有足够的资金。至于扩张现有的公路，没有哪一条公路比710号更需要扩张，这条公路的命运不仅影响着当地的社区，还影响着整个国家及其货运系统。目前，没有一种解决方案可以摆上台面，既能打消反对者的顾虑，同时缓解现已经存在的过载问题，而未来的形势会更加紧迫。这是一个僵局。

诺埃尔·马西说："我不知道这些事情是否与文化有关：美国人觉得他们不用付钱就有权使用各种基础设施和公路，不需要知道交通系统是如何运作的，也不用知道我们的经济的持续运作依赖于这个系统，很明显，我们需要一个健康的生态系统，维持货物、食物以及未来所有事物的运输。但目前尚不清楚我们是否能建立这样的生态系统。"

然而，即便人们不想为基础设施投资，基础设施仍然在创造奇迹。

这样的奇迹发生在安大略国际机场飞机滑行道旁的空地上，有一个从香港空运过来的集装箱正等待飞往美国东海岸的下一趟航班。一个武装警卫在旁边看守着这个集装箱，集装箱也一直处于实时视频监控中。集装箱里堆满了小纸盒，从外面看不清楚上面的品牌商标，尽管人人都知道里面装了什么。集装箱里的东西价值超过300万美元，这就是为什么会有这些不寻常的安保措施。

最新款的苹果手机就是以这样的方式从工厂运到了你家里。手机的黑市交易的利润实在太高，因此公司不得不提高手机运输的安保措施，不给盗窃团伙任何机会。当苹果手机的竞争对手三星用卡车运新手机的时候，这家公司做得更多，它会运出假手机去愚弄窃贼，还有可能抓住那些有组织的手机窃贼团伙。

欢迎参观位于加州安大略市的联合包裹区域航空枢纽，它是诺埃尔·马西帝国里的皇冠宝石（指企业最有价值的产业）——也是710号公路扩建后最大的受益者之一。在很多方面，它都相当于航空版的洛杉矶和长滩港口系统，是美国和亚洲之间货运运输的重要纽带。

作为联合包裹在美国大陆上的六个区域航空枢纽之一，安大略市的航空枢纽位置具有战略意义，它位于美国西部货物运输之都内陆帝国，这是一个交通便利（不论是高速公路、火车还是飞机）的沙漠地区，同时兼具地区广阔、有着大量的便宜地产，这里的仓库看上去一望无际。人们对其褒贬不一，支持者将这景致看作就业的重要来源，而批评者指责它给这块荒地带来了太多污染，工作薪酬也很低。大部分主要的零售商和生产商，如沃尔玛和思凯捷一类，在那里都有很多分销机构，人们将货物从港口运到这里，然后再通过联合包裹服务公司和许多相互竞争的运输公司将货物运出去。因此，安大略市枢纽既是联合包裹公司最大的陆地运输中心，也是航运中心。

从亚洲运往美国的智能手机的第一站是安大略市；一架又一架为母亲节准备的鲜花络绎不绝地赶往此处；这也是中国秦始皇陵兵马俑空运后最先落地的地方，之后再到美国各地进行展览。安大略市的运输机器几乎永不停息，不断涌来的货物进进出出，不论是来自国外的珍奇货物或者平常之物，应有尽有。或许应该把安大略市比作为一个大型装置艺术（Installation）[1]，不断地变换形式，展示着一家快递公司能够做的一切。

联合包裹服务公司有539架喷气式货机，每24小时它们就要飞将近2000次，去往世界上的728个机场。在航空运输方面，联邦快递做得更大，但是联合包裹服务公司的陆地运输使得它胜过了它的主要竞争对手，总的来说联合包裹成为了最大的运输公司，比联邦快递的每年营收额（471亿美元）多赚110亿美元。每天大概有40架联合包裹服务公司的飞机进出安大略市，第一架飞机在凌晨4点就到达了，然后连夜将货物运送到整个南加州区域。由于时间太少，飞机上的集装箱已经预先分类好，这样可以不用打开集装箱，直接将它们装载到支线卡车上，其中一辆卡车开往圣地亚哥，另外一辆卡车开往洛杉矶市中心，还有一辆开往南湾，其他的卡车开往剩下的一些目的地。一架飞机可以运载38个集装箱，747大型喷气型飞机可以装载更多，这些货物可以在不到一个小时内离开机场运上高速公路。唐·查伯克是安大略市的货运中心规划师和工业工程师，说道："按照洛杉矶市的交通情况，如果你在早上五点之前没有上高速公路，你将会被堵在车流中。这就是为什么我们会在飞机起飞前就将集装箱排好顺序。"连夜运输的卡车会在早上7点之前赶到当地联合包裹服务公司的运营中心，最晚不超过7点30分，然后迅

---

1 装置艺术，是指艺术家在特定的时空环境里，将人类日常生活中的已消费或未消费过的物质文化实体，进行艺术性的有效选择、利用、改造、组合，以令其演绎出新的展示个体或群体丰富的精神文化意蕴的艺术形态。

速将货物转放到棕色的箱式货车上，以便能够在当天及时运送货物。

空运集装箱一点都不像海上运输用的大型钢罐子。空运的集装箱是由轻质塑料制成，部分是透明的，外形是平底的半圆柱形，模仿喷气式飞机内部形状。联合包裹服务公司的喷气式飞机基本上就像客机，只是去掉了座位、地毯、舱顶行李箱以及机上的其他所有装备，除了飞行员的座椅以及一个很小的用来放食物和饮料的机上厨房。货物区的地板上嵌有滚轴，这样集装箱可以在不需要重型设备的情况下迅速推送到位。卸货的时候，工作人员会将它们滚动到货舱口，这个货舱口比客机上的舱门还要宽一些。然后有一个叫作K形装货机的东西，它看起来像是用来换爆胎的巨型剪形千斤顶，靠近两层楼高的舱口，它能一把抓住两个集装箱。通过这种方式，整架飞机带有的20万磅货物可以在一分钟之内卸载完。

除了已经预先分类，连夜运送的集装箱，其他的集装箱会被运往毗邻跑道旁的一处75平方英尺的运营中心，然后被送到大型传送带旁边。当我写这本书的时候，这些集装箱还是由人工送到传送道，但一个自动化设备正在被研发。这些传送带将包裹运过顶部的扫描仪，这些扫描仪会识别集装箱的条形码，并将每一个包裹分流运到对应的卡车上，这些卡车汇集在运送带的另一端。一批批集装箱就是这样高速地被运往目的地的。在被装载到卡车上之前，国际货物会首先被运往一个特殊的美国海关处，无论是深夜还是凌晨，那里都有人把守。

每天各种轻型但价值高昂的商品会从亚洲空运而来，从电子产品到珠宝，通常途经安克拉治（阿拉斯加南部的航空站）来补充燃油。如果飞机上的货物将要运往美国西部的17个州的话，那么人们会在安大略市卸载它们。剩下的货物继续运往联合包裹服务公司的一个主要的航空枢纽，名为"世界港"，它位于肯塔基州路易斯维尔市。它的分类设施如此巨大，可以装下80个足球场，并且能够一小时运输40多万件包裹。

在安大略市运输枢纽，另外一项工作是把陆地运输货物集中到一个足球场大小的分类中心，这些货物来自家庭、公司和内陆帝国的上百个产品分销中心——亚马逊公司、塔吉特百货、诺德斯特龙百货公司和梅西百货等。分拣工人小组从50个巨型的铝制滑槽拉来货物，每个滑槽上都贴上标签以代表美国的一个州。一旦分拣完毕，这些包裹会被装到支线卡车上，运往美国西部的其他州，或是用短途卡车运到当地的一个火车站，以用州际火车系统运输。

同时，另外一个小型的分类工作也在进行。收货地址相同的文件和小包裹会被装进一个大包裹，然后一个个大包裹会被扫描，再被运送出去（将它们打包在一起使得操作更有效率，并减少损害）。第三类分拣工作主要处理"不规则货物"，这包括轮胎、机械零件、重型板条箱、艺术品或者冷冻货柜（装着易腐坏的处方药或医学样品），它使用穿越枢纽的机动手推车将这些物品运输到合适的货运卡车上。另外一个区域（跑道对面一整排卡车停车区域）停满了棕色的中小型火车，装载着连夜运送到当地家庭和公司的包裹。

联合包裹服务公司最常运送的一类货物是零售销售品类，或许在电子商务时代也没什么好惊讶的。接下来最常运输的货物类别按顺序是汽车零件、医药用品和药物、专业服务（大部分是法律和地产文件）、工业设备和产品。安大略市的联合包裹服务公司员工可以实时见证经济风向的变化：哪家公司的产品卖出了更多，哪种产品流转缓慢或者供不应求。马西仔细地跟踪这些数据，同时对这些信息加了一层保密工作，保密程度相当于教堂里的忏悔室——这是一个很恰当的比喻，因为他的客户们，既有小公司也有世界五百强，只把关键信息给了他，而他的竞争对手们都想得到这些信息。

在如此永不停止的货物运输活动中，偶尔也会出现错误，联合包裹服务公司将这称作为"漏件"。它会导致包裹遗失、晚到或寄送到错误的地址。自从2007年到安大略后，查伯克和他的工业工程师同事们一直在研究解决"漏件"问题，当时该枢纽的错误率是0.4%。这样算出来正确率还有99.6%，听起来还挺高的，直到你把这个比率运用到上百万的货物量上。每100万件包裹里大概会有4000件被寄错地址的包裹，查伯克说这"完全不能接受"。2015年，他说安大略市的某些传送带的错误率到达了2万件包裹中会有一个"漏检"，这是一个巨大的进步——正确率达到99.95%（每100万件包裹里出现50件错误）。但查伯克说错误还是太多了，他和他的同事们正在研究把错误率降到更低。"若运输的是糖果倒还好说（可能吧）。但若是医疗用品呢？如果有人等着X光片做手术，0.005%的错误率都太高了。"所以降低错误率的工作还要继续。

诺埃尔·马西认为自动化最终将会解决像分拣错误这样的问题，或者至少可以管控，就像自动化帮助优化运输路线一样。他说，自动飞机——也就是喷气式的无人机将很快投入使用。如果你问飞行员的话，他们会告诉你无人驾驶飞机早已存在，只是叫法不一样。联合包裹服务公司的货运飞机可以自动飞近机场，降低起落架，使飞机着陆，离开跑道，停止后关闭引擎——这些工作都不需要飞行员按一下控制键。事实上，当天气恶劣、能见度低的情况下，这是使飞机着陆的唯一方式。马西说，下一个变革将是无人驾驶卡车；如果不是短途的小中型货车的话，那肯定是辛勤地在高速公路跑动的支线卡车。智能机械的兴起是无可避免的，鉴于它可以帮助提高安全性、效率、降低成本，以及能让卡车不间断地工作。但他说，这些事情没有一样可以帮助他在晚上睡个好觉。

"技术不是问题。交通也不是问题。有问题的是基础设施。这才是阻碍我们的东西。"马西说许多人耸肩，认为问题只是交通拥堵以及带来的不便而已，但从奥运大楼马西的五楼办公室的角度来看，其中蕴含着更多的问题。如果过载问题导致整个包裹服务公司的司机在每条路上平均多耗费10分钟的话，公司的成本会飙升到1.25亿美元。这就意味着买卖商品的人的成本也会增加。然后再将其乘以1000倍或10万倍，因为其他每个行业都要在门到门之间运输东西，这几乎涉及所有行业。马西能感觉到运输时间正在一点一点增加，犹如一个无法被推动的时间冰川。"我们已经有超载问题。而事实是，到2050年，世界上的人口将从现在的70亿人上升到90亿人。也就是说每星期多出100万人，一直持续35年。如果我们的基础设施跟不上，那我们的世界会变成什么样子呢？"

马西叹气道。他现在有点激动，但卡车和货运是他迷恋的事物，更是他的生计。在马西自己的行业里，他是一个解决问题的人，然而当他看见更大的问题，却不能控制，任由其损害他的生意和国家时，他感到很是沮丧。他说了最后一句话："有一点很清楚：我们没有跟上步伐。"然后他看了一下时间，时间正一分一秒地过去，就要准备推动下一个运输循环了。

第十一章

运输高峰

CHAPTER 11

Peak Travel

在2011年7月15日的那个漫长的周末里，洛杉矶发生了大型堵塞事件，被人们称为"交通末日"。交通工程师特德·特雷帕尼尔对此感到震撼，由此才有了顿悟一般的改变职业方向的时刻。也是在那个时候，他注意到隐藏在明显之处的美国交通革命。

　　这倒不是说"交通末日"的策划者在寻求一场革命。他们想要解决405号州际公路上令人折磨的交通问题。他们用的也是老方法：增加车道。几代人都用这个方法解决交通堵塞问题。

　　特雷帕尼尔当时正在西雅图的家里饶有兴趣地观察事态发展，之后当交通末日变成了交通天堂，令人担忧的车道关闭却使得交通状况变得更好了，虽然持续时间非常短暂，这让特雷帕尼尔有点不敢相信。交通规划师原本有一个基本的看法，对于如何解决大街和高速公路上的交通问题，以及高速公路到底是如何运转的。现在，在特雷帕尼尔看来，该丢弃这些以前的假设了。

　　特德·特雷帕尼尔曾欣然接受了在他出生之前就早已存在的一种看法，这就是我们需要更多的汽车、卡车、车道和停车场。在当时，马路和大街首先是为司机们而存在的，他们的自由移动重于一切。这种汽车中心主义在一个世纪以前是非常有争议的，但从那以后，汽车中心主义犹如摩西颁布的十诫，被奉为交通的法则。这就是世界运转的方式。直到现在依然如此。

他的同事觉得"末日大塞车"的事态发展非常新鲜有趣，但是特雷帕尼尔却看到了一个转折点——从被汽车主导的世界到一个多种多样交通方式并存的世界。就在几年前，末日大塞车是人人都害怕的噩梦，但有些根本的东西改变了。特雷帕尼尔和他的同事们一直试图忽视本世纪处的一些令人困惑的新潮流，但现在，这些趋势在新时代完全行得通了。这是为什么共享乘车正在取代传统的出租车和汽车租赁公司（后者只得采取法律诉讼的手段延续惨淡的未来）。这也是为什么汽车制造商和电脑公司正投入上亿美元在无人驾驶项目上面，以更好地适应共享经济时代，这再也不是底特律城市希望打造的一个家庭三辆汽车的时代。这可以解释为什么在网络巨头兴起之前，美国的汽车数量、购物出行量和道路承载量达到了峰值，亚马逊正在引入无人工厂、3D打印、无人机，以追求当日到货。如果有人能把你买的东西直接递送给你，那何必还要去商店呢？亚马逊的下一代计算机甚至在客户还没下单之前就开始预测客户的订单和运输方式——所有这些都是为了让个人出行显得没必要，甚至没有吸引力。

在末日塞车的时候，人们从专注于汽车所有权到选择更多样移动方式的生活方式，这也可能解释为什么千禧一代，美国人口占比最多的人群，对开车和买车失去了兴趣。从2007年以来，"无车家庭"的数量一致稳步攀升，而原本自1960年起，这个数字是规律性地一年比一年小。有一成美国家庭没有汽车。如果不是智能手机上出现了共享乘车应用程序，底特律本能够在过去的10年里卖出50万辆汽车。特雷帕尼尔意识到，他正在经历着交通世界的变革，就像所有变革一样，这些新潮流既是可怕的威胁也是绝佳的机会。

特雷帕尼尔是婴儿潮一代出生的人，他长大后相信得到自由的关键在于拥有一辆汽车，却突然理解了27岁的儿子的想法，他的儿子从未拥有过一辆车，也不想有一辆车，他儿子把拥有一辆汽车看作为一项额外的开支和负担，找停车位简直是噩梦，这反而是对他便利移动的一种限制，而非解放。他的儿子只希望出行能够更加便捷、简单、便宜。他的儿子只希望门到门之间的移动便于操作、价格便宜。他的儿子曾经问道："父亲，为什么我要把所有的钱花在汽车的燃料和维修上呢？我一整天都在工作，却还要花钱停车，去外面的时候，没有汽车，我的出行也很方便，那为什么我还要一辆车呢？"他儿子对"末日大塞车"一点都不感到惊讶。在他看来，洛杉矶只是终于明智了一回。

而特雷帕尼尔的想法也发生了改变。他离开政府部门加入了附属于微软的瑞克斯公司（Inrix），该公司创造出一个免费的智能手机应用，可以实时收集全球的交通数据，比政府花费数十亿安装的传感器和交通摄像头都还要好用。瑞克斯是众包和云储存交通地图行业的一家主要公司，它的地图能帮助司机们更加顺畅地行驶，而不仅仅是提供全球定位系统的导航。宝马公司首先应用了这种地图，新泽西州运输部也采取了同样的行动。瑞克斯的这种技术会根据实时交通、拥堵情况、交通建设、公共交通以及停车数据告知司机怎样快速地到达目的地，而不是根据地图上的最短路线。装备了这个应用之后，你的宝马汽车可以告知你在下一个停车换乘的地方离开高速公路，迅速赶上马上要到站的火车或公共汽车，因为这样能帮你更快地到达你想去的地方，既省去了停车的麻烦，也避免了因司机们来回寻找车位而造成交通堵塞。实际上，汽车制造商正在研发技术，让人们去做一件不可想象的事情：更快离开他们的汽车。

想一想未来可能出现的交通变化：单轨铁路、飞行汽车、核动力汽车、车库里的直升机、穿越美国的高速地铁、移动人行道；在磁浮高速公路上，汽车能够被引导着移动，这样司机就可以放松下来和孩子们一起玩棋盘游戏；在亚轨道飞行缩短长途旅行时间的喷气式飞机。

照理说，我们现在应该可以拥有这些交通工具了，几个世纪以前，人们预测了未来的交通。交通问题应该早被解决了，能源和污染问题也不会有了。你只需要回到1964年的世界博览会上就可以看到这些预测了。

预测未来的问题在于：现在似乎有道理的事物往往不能与未来的现实吻合。早在计算机网络和万维网还没有成为人们日常生活的一部分时，交通问题就被预想到了，但没人预测到联网的智能手机将会如何影响交通，促成了共享汽车，避免交通堵塞，以及电子商务的诞生免去了去超市、银行和邮局的行程。100年前，人们预测美国最受欢迎的交通工具永远都会是有轨电车，因为它们清洁、高效、便宜又简单。50年前，如果有人建议骑自行车的人和行人应该从汽车手里夺回车道，这种想法会听起来荒唐极了。或者更准确地说，如果当地政府允许并且鼓励这种行为，这会听起来荒谬愚蠢。但没有人预测出这种做法会改善交通顺畅度、增加安全性。然而通过纽约、洛杉矶、旧金山、波特兰和世界各地城市的努力，它们强制汽车减速以及分享交通空间以缓解交通问题，交通拥堵问题却有所减少。很多司机和公民领袖仍对这种做法不买账，尽管如此的做法已经有了数据的支撑，围绕这个议题的政治争论已经成为了一个热门的文化议题。这个时代互相矛盾的地方在于：在政治舞台上，自行车和有轨电车被认为是自由的象征，而汽车则被认为是保守的象征，尽管所有党派其实都会使用这些不同种类的交通工具，没有偏差。或者说从汽车的本质上来讲，它们是最不保守的个人交通方式。

洛杉矶是一个以汽车为中心的社区，令人惊讶的是，几乎所有的洛杉矶官方高速公路研究和计划都会要求在高速公路之间建立公共交通设施，这要追溯到20世纪20年代，一直持续到60年代。开始是建设重轨，之后是轻轨以及连接现有的太平洋电力铁路，最后，受到迪士尼乐园的启发，单轨铁道被装上橡胶轮胎，安静地在高速公路中心上下来回穿梭。洛杉矶商会和其他杰出商业领袖对这些计划给予了支持。然后所有的这些项目都无疾而终，不是因为有些选民反对收取额外的税收，就是因为政客非常生气他们的城市没有按照预定计划来规划，或者只是因为汽车时代已经来临，洛杉矶认为自己可以发展成为一座汽车之都。就让旧金山在60年代去建立海湾快速交通系统，把所有的城市连接起来。洛杉矶想要的是高速公路，而不是铁轨。

因此洛杉矶私营有轨电车和城际铁路系统被迫关闭，路权也被卖掉，它的城际铁路曾经是世界上最大的电车系统。我住在海豹滩的有轨电车郊区（以有轨电车为主要交通工具的社区），其在20世纪早期就在报纸上打广告，表明洛杉矶市中心的潜在买家只用花五美分硬币就可以坐太平洋电力公司的红车线电车来这里。如今最后的红车线电车成为了一节被遗弃的电车，停靠在最后一段的20英尺的铁轨上，就在海豹滩图书馆旁边。它被改装成了一个小型博物馆，开放时间短，参观者也少之又少。再也没有电车开往加州海滨城市和海港地区，而曾经电车既负责承载客流，也负责运输货物。曾经服务于城市某些地区（现在是洛杉矶国际机场）的线路也消失了，尽管如今航空乘客宁可多花点钱来换取搭乘电车的便利，而不是行驶在拥挤的405号高速公路上。同时，旧金山建造了一个公共交通系统，现在人们认为其是自二战以来美国成本效益最好的公共建设。旅客们可以搭乘这个公交系统到达机场，还可以在海湾区的任何地方坐上旧金山湾区捷运系统的火车。

大多数美国城市开始仿效洛杉矶的做法。

直到1990年，洛杉矶才开始雄心壮志地着手建设轻轨和地铁工程，试图重建一个世纪以前轻率放弃的部分公共交通服务。这座城市本可以只用花少许的资金在交通系统上，如今却要花大量的资金在重建上。

在高速公路刚刚修建的时候，铺设轨道来修建一个公共交通系统原本是一个更加简单且经济的选择，而不是像现在这样试图把它们塞进已经修建好的城市空间中，想到这，人们就会非常严厉地批评政府之前的决定，谴责他们关闭一个非常有价值的公交服务系统后，却拒绝立即建设一个新的城市公交系统。但是政府的决定真的错了吗？早在第二次世界大战之前，洛杉矶地区的公共交通乘客量已经严重下滑，而且就算现在花大量资金投资建设的新轻轨和有轨电车系统，其乘客量也只是100年前的一小部分。在人人都用汽车的时代，汽车大获全胜。而在当时看来，拒绝修建那些多种交通方式联运的高速公路系统的决定是明智的。当时人们想要的是汽车。他们不想要从火车上眺望美国，他们想要在雪佛兰汽车上欣赏美国的风景。他们想开着安装了空调、舒适的汽车去上班，而不是走到电车或者火车站台，然后等在拥挤的月台上。

近些年，洛杉矶花了数十亿美元建设城市公共轨道交通——这大概是美国最雄心勃勃的增建项目——建设了多条轨道线路，而它并没有如期望的一样缓解交通拥堵。它确实是有些帮助，但是它起的作用太小了，与投入的大量资金不成比例。这也是全美国的情况，即使25%的交通建设支出流向了公共交通。公共交通的使用率在近些年有些许回升，但仍比25年前要低，更远远低于20世纪20年代的高峰时期，那时候若要穿行美国城市和郊区，公共交通是最受欢迎并且也是最好的交通方式。确实，公共有轨线路的扩展延伸带动了郊区的发展，因为有轨电车被当时认为是郊区发展的先决条件。从那以后，大多数有电车通行的郊区被纳入城市范围内。第二次世界大战之后，郊区的发展不再依附于公共交通，转而依赖于汽车在这些地方通行的便利性。人们耗费金钱修建新的公共交通系统，而这并没有吸引一拨又一拨的开车的人舍弃他们的汽车，缓解路上的交通压力。就便利性而言，停在房子前的汽车胜过了火车、电车或公交。20世纪20年代，"最后一英里"的问题还没有妨碍到美国人。人们会走到车站——这不是什么大问题。现在这是个大问题。我们已经习惯期待门到门的服务，但公共交通无法做到这一点。

公共交通议题已经演变成了一个文化问题。批评者说，至少从联邦层面上，公共交通支出应该转移到高速公路项目上，以缓解交通问题。但相比公共交通工程所预计产生的效果，这种策略并不能更好地缓解交通堵塞和负载问题。全国公路和桥梁的维修费用成本为3.6万亿美元，而这笔资金还没有着落，依靠搜刮公共交通的资金来弥补此笔费用也只是杯水车薪、无济于事。司机们从来都没有承担过道路使用的全部费用，而现在他们支付的油气税只能勉强承担一半的费用，给予司机们的隐形津贴实在是太多了。此外，这些钱会用来干什么呢？增加新车道的策略根本不起作用，即使得州的那条高速公路将车道增至26条，交通情况也不见好转。经过"末日大塞车"的增加车道计划后，交通情况反而变得更差了。这种情况一次又一次地发生。

洛杉矶和加州已经给交通控制中心投入了几百万美元，采用最先进的监视器，安装街道和高速公路摄像头，以及运用计算机算法，控制交通信号灯时间和高速公路入口匝道车流量，以最大限度地让车辆顺畅通行。事实上，这些系统采用的都是非常出色的技术，在处理紧急事件和灾害时表现十分出色，也保证乘坐豪华轿车的名人们能准时赶赴奥斯卡颁奖典礼。但这些系统并不是很擅长控制日常的交通状况，即无法显著地缓解交通拥堵，以及让普通车辆在平时也能顺畅通行。它们在这点上起的作用可谓微乎其微，或许只能使行程减少一两分钟。洛杉矶城和该地区的交通拥堵情况仍是美国最糟糕的。

像特雷帕尼尔一样的专家说，这些老方法没有起作用。以前的预测效果都落空了。老旧的交通规则是错误的。在密集的城区原本应该修建街道而不是"街路"，这些道路建设一味地追求速度，这造成了严重的死亡事故后果，而不是缓解交通拥堵。道路建设和维修的费用则依靠老方法——油气税收，但这些税收根本不够支付。事实上，美国人均开车量在过去几年呈现下滑趋势，但这只是加重了美国交通经费长期不足的状况。

而10年前，没有人预测到会出现这种情况。

从数据上来看，相比老一代，千禧一代对汽车、驾驶和居住在乡村的兴趣要少一点。很难说其中有多少是因为经济不景气和就业市场严峻造成的，并且大众媒体倾向于夸大千禧一代的不同。千禧一代仍然有很多人开车，依然有许多人想要一辆车，在负担得起的情况下，他们还是会选择居住在郊区一幢漂亮的房子里。然而，千禧一代确实和老一辈在交通方式上存在差异，而这差异是可以计量的：16~34岁的美国人在2009年的开车里程数比2001年少了23%——这是所有年龄段里降幅最大的一组。

这听起来可能是个很大的数字，但是如果集中所有精力关注千禧一代的差异性，并且希望这种差异性会带来一场长期的交通方式的转变，以掀起一场交通革命，这将会是另外一个可能落空的预测。并且它忽视了另外一个更大并且影响更深远的差异之处：千禧一代已经欣然接受了由手机应用程序驱动的分享经济，而这正在真正地改变交通世界。他们会叫优步打车，而不会醉醺醺地开车回家，或者使用众包¹的交通应用——Waze（一款个人导航地图软件）。这并不是因为相比开汽车，千禧一代更喜欢坐公交、骑自行车或乘电车。这种趋势只是更加说明千禧一代在交通的选择上更多元化，而以汽车为中心的老一辈人则不是这样。像优步和来福车一样的乘车服务软件非常有吸引力，因为你只要有这样一个简单的软件，就可以召唤一辆车去你想去的地方，没有停车的烦恼，也没有汽车贷款——除了每次行程都要付款或保险费，再或是驾驶责任。如果你在路上的行程少于1万英里——美国平均大概是1.34万英里——不如抛下你的汽车，因为使用共享乘车服务还可以帮你省一笔钱。购置一辆汽车并不合算，美国人在汽车上的花销仅次于房子，而汽车在一天里的闲置时间长达22小时，这越来越让千禧一代感到愤怒，尤其这一代要面对衰弱的经济和萧条的就业市场，这让他们负担沉重，更别提前所未有的教育贷款债务。就像特雷帕尼尔的儿子所解释的那样：为什么千禧一代会喜欢汽车呢？汽车实在太贵，成本与效益不成比例。千禧一代的超能力在于，你不知道他们会选择何种交通方式，这才是改变交通世界的真正力量，以及一些关键技术的诞生也将会掀起一场交通世界的变革。

安东尼·福克斯，奥巴马总统的交通部长，正在针对这场转变制定一整套国家政策，他将这个政策称为"超越交通"。他的同名报告呼吁根据千禧一代的出行趋势来重新安排重点项目。假设美国放弃了1993年的石油税收政策，也使得自吉米·卡特当总统以来，第一次有了充足的交通经费，福克斯打算制定一个顾全所有交通方法的政策，以"移动便利性"作为政策的中心，而不是汽车。他说，为了交通安全、减少交通拥堵以及提高交通效率，

1　译者注：指以自由自愿的形式外包给非特定的大众网络的做法。

美国必须采用新技术，特别是自动化和联网的汽车。福克斯表示继续采用现有的政策将会在未来的25年里给美国带来灾难，他的报告指出，现在的交通情况非常糟糕：在建设一流的交通系统的竞赛中，美国曾是佼佼者。

在19世纪，美国建造了伊利运河以及横跨美国大陆的铁路。在20世纪，美国接手建设巴拿马运河，完成了州际高速公路系统，在货物运输和飞机制造业领域都是世界水准。

但美国已不再是佼佼者。美国被超越，而且被赶超了很多。例如，美国公路的质量已不再是第一名，而是第十六名。

而且不仅仅是美国的基础设施开始老化，在很多方面基础设施也不能满足这个国家的需求。如果一个人开车的话，他每年会有5天时间浪费在拥堵的公路上；如果他开卡车的话，高速公路太过拥挤，他不得不选择在颠簸的小路上行驶——其他卡车司机也是这样做的。卡车每年因浪费时间和燃料损失270亿美元。

福克斯的报告共有316页，含有逻辑清晰的推理论证、历史总结和预测。这份报告轻描淡写，并且语气十分委婉。但它准确地描述了交通系统的过载和老化的情况，而这种情况给交通安全、出行的便利性以及支持美国经济的货物运输造成了严重的后果。这并不是一个令人开心的情况。福克斯所描述的交通系统仍在发挥惊人的作用，让美国的生活和工作更好，经济更加繁荣，货物运输能够点到点运输，人类移动也更加便利，超过了之前任何文明所能想象的。但同时，这也是一个渐显疲态的交通系统，压力巨大。这个系统已无法再支撑下去。

有一个好消息是：五种重要的趋势将改变交通世界，将会产生巨大的影响，如果这些趋势持续下去的话。

其中三种趋势影响着门到门机器中的货物运输。首先，中国从制造经济转变成真正的经济强国，那里的工人们都要求——而且正在得到——更好的工资、福利以及工作条件。以前从乡村涌进的工人在维持中国的工厂运转，而现在工人的数量开始下降。中国工人要求更高的工资，这使得中国的外包和生产工作对美国公司不再有那么大的吸引力。这催生了第二个趋势——初期"回流"——美国制造业的复兴，其在近些年全部被外包出去了。最可能出现的情况不是现有的工作岗位大规模回归美国，而是会诞生新的技术和产品，创造出能留在美国的工作，在这么多年里首次给门到门系统减少运输里程。

第三个趋势也与第二个相关，是还在起步阶段的3D打印行业的出现，是即将来临的主要颠覆性技术之一。这种"盒子里的工厂"有望在当地以一个有竞争力的成本生产产品，即便是产量小也没有关系。最新的3D打印机能被用来生产越来越复杂的产品，如无人机、假肢和车身。虽然这项技术可能还需要10年或更长时间的发展才能够成熟，但它所带来的可能性将会带来革命性的变化。试想在网上订购一件产品，它不用再走工厂-商店-顾客这条运输路线，其专利设计将以数字文件的形式通过互联网传到你附近的3D打印店，当天打印工作完成后，你就可以去取回你购买的东西——这个过程几乎省去了运输工作，如同应用串流技术在网上观看视频一样，这项技术也在用同样的方式生产产品。

3D技术尚未发展成熟，但是如果它能使用的材料足够广泛，成本足够低廉，很难想象出还有什么事物会比3D技术给门到门时代带来更大的颠覆性变革。这样的技术将会省去运输过程，避免超负荷问题，真正地彻底改变商品运输。

另外两种新趋势更多的是关于人类的出行，而非货物运输，尽管它们也可能会对"即买即到"的电子商务经济造成深远的影响。第一个是共享和众包的交通应用、共享乘车。它们本身也是颠覆性的，为人们提供了买车之外的其他选择，这在智能手机崛起之前是无法想象的。但是它们最大的影响可能在于成为一个实验案例，以及踏出即将发生的最具变革性的交通趋势的第一步，这种变革性的趋势将会如汽车的发明一样，会改变很多事情。它就是：无人驾驶。

第十二章

无人驾驶的乐土

CHAPTER 12

Robots in Paradise

乘坐无人驾驶汽车最令人惊奇的是，开始时你会对自行转动的方向盘感到震惊，缓过神后你会发现这件事是多么平常，甚至会有点无聊。我的大脑大概只经过一分钟，就将本是魔术一样的表演视为普通寻常之事。这时我注意到无人驾驶汽车另外一个突出特征：路上不断有车辆超过我们。其中一辆汽车从后面快速超越我们，这是不耐烦的司机对前方开慢车的家伙感到生气的典型表现。一旦紧跟其后的司机发现无人驾驶汽车并没有被威胁到，那么他则会转向超车道，超过无人驾驶汽车。一个人类司机可能会将这看作是对个人的冒犯。那无人驾驶汽车呢？它不会怎么在乎这件事。

　　路上其他的车都能超过谷歌无人驾驶汽车（这家搜索引擎巨头更愿意称呼它们为"自动驾驶汽车"）的原因非常简单。无人驾驶汽车是路上唯一一辆遵守限速规则的车辆。严格地遵守法律是这种车会做的事情之一，以后最终会在路上引发有趣的安全问题。另外一件它做的事情则是它会像猫一样做出反应，考虑到它小心翼翼的开车方式，这确实有点反常。

　　车子行驶到半途时，我注意到了这种行为变化。当时我们正在一条绿树掩映的大街上行驶，横穿位于加州山景城的谷歌园区。大街上两边的建筑其实都是谷歌的办公室、实验室、会议室和自助餐厅，餐厅里的食物和咖啡实在太美味了，园区给人的感觉更像是一个大学校园而非科技巨头。谷歌汽车行驶在川流不息的行人和自行车中，行驶过程非常顺畅，车顶的激光炮塔不停地旋转着观察四周。我和测试驾驶员以及她的搭档聊天时，她的搭档正敲着一台笔记本电脑，上面显示着程式化的虚拟现实，有各种不同颜色移动着的方块、圆圈和路线，它们代表汽车"看到"的事物。突然驾驶机器人踩了刹车。我有说过无人驾驶汽车很无聊吗？我抬头看了一眼，此时车已停下来，有一位长着络腮胡的行人正从车前经过。这位行人要平衡端在手掌和前臂上的一台全尺寸的笔记本电脑，另一只手还在上面打字，他横穿马路，在汽车前走过的时候还死死盯着电脑屏幕。他终于抬起头来，看到谷歌多功能雷克萨斯测试车辆，车顶还安装了一排传感器，他有点惊讶，挥了挥手，然后重新开始穿行马路，继续盯着屏幕打字。他是一个程序员。整个园区都是他们的身影，他们似乎只专注于自己的任务，全然忘记了周围的环境。我不禁想到如果有人在同一条街道上开车，司机们可能会因种种事情而分心，比如聊天、快速地瞄一眼手机或者弯腰调收音机，他们的反应将会比无人驾驶汽车慢得多，结果也将会完全不同。笔记本电脑将会被撞飞，程序员将会被撞飞。然后救护车赶过来。或者情况可能会更糟。

欢迎来到自动驾驶汽车的美丽新世界，交通规则至少被那些机器人汽车严格遵守，并且如果谷歌实现了自动驾驶市场化的梦想，在未来，不会有人死于车祸。

这可能发生吗？绝对有可能。这在将来一定会发生吗？那就说不定了。但是它应不应该发生呢？

在试驾结束后，我向罗恩·梅德福特提出了那些问题，他是美国国家公路交通安全管理局的前二把手，现在他是谷歌无人驾驶汽车项目的安全负责人。当时我对无人驾驶技术感到震惊，谷歌也展示了无人驾驶汽车的能力（和避免事故的能力，这同样重要）。毕竟，能做到和应该做意思相差很大，而梅德福特一辈子都在开车。所以我想要知道：为什么他认为我们应该追随谷歌的无人驾驶梦想，这个追求虽然很有说服力，但也有点奇怪，偏离它非常暴利的核心业务——搜索引擎。

梅德福特的回应十分坚决：我们绝对应该跟随谷歌追寻的无人驾驶梦想。他的解释可以归结为两点：如果你关心你的孩子、配偶、父母、兄弟姐妹、老人、体弱者或无辜的生命，如果你曾看到过一个人类司机做一些傻的、危险的或致命的事情（也就是说，如果你在路上的开车时间超过了五分钟），那么你就会希望使无人驾驶汽车成为可能。

他说："无人驾驶汽车应该尽快投入市场，越快越好。"

大多数大型汽车制造商都在研究无人驾驶技术，互联网巨头谷歌、一些小型的汽车科技公司、主要的汽车零部件生产商（如德国大陆集团、博世、德尔福）以及特斯拉也在研究无人驾驶技术，特斯拉董事长埃隆·马斯克预言在未来人类驾驶将是违法行为，共享汽车的领头羊优步公司和另一个互联网巨头苹果也在努力研发无人驾驶，只是苹果一般不太声张这些事情。几乎所有的汽车公司在硅谷都拥有大型的研究所，这传递了一个很明显的信息，软件将主导未来的交通方式，而非硬件。在极致地追求新技术的背后，出现了两种迥异的态度，一种更具发展性，消费者和汽车热爱者也更容易接受；而另一种更具革命性和巅峰性，但潜在的回报也更大。

主流汽车制造商的方法是将自动化当作汽车的一种功能，逐步地加以引进，而不是摒弃自己开车时所带来的驾驶体验。司机们有使用自动驾驶功能的选择权。首先，现在市场上有发展成熟的自动控速系统，当司机们开启这个功能时（研究显示许多司机们并不用这个功能），它能对高速公路的路况自动做出反应，比如用自动刹车来避免撞车事故。然后还有停车助手，它能真正地帮助那些觉得纵向停车困难的人们，许多新手司机因为纵向停车而无法通过驾照考试，至少导致十多个州从驾照考试中删掉了纵向停车项目。一些车已经安装了这些科技设备了。下一个可能是车道追踪技术，这样在顺畅的高速公路上，你就可以将驾驶权全权交给汽车，但在走走停停的城市交通里这就行不通了。这就像给传统汽车装上了自动驾驶仪，但人类司机仍要保持警惕，随时准备重掌驾驶权。2015年秋，特斯拉更新了2014年和之后的车型所用的软件，以保证能使用自动驾驶仪功能，但值得警醒的是，这种科技仍然在发展初期，所以司机应该把手放在方向盘上，随时准备重掌驾驶权。用户对此评论不一，因为这种系统需要司机不停地监督，与其说它是一种有用的工具，不如说是种新奇事物。但它确实暗示了这种技术的潜能。

最后，大型汽车制造商能引进可以在各种街道和道路上行驶的完全自动驾驶系统，但也为人类司机配有额外的控制系统，当司机想开车的时候就可使用。与这种装置最接近的就是装有自动驾驶系统的喷气机，它能在人类飞行员的监督下处理日常任务，但是在关键时刻飞行员重掌控制权。在欧洲、美国和亚洲，这样的车型已经在测试中。在瑞典的第二大城市哥德堡，沃尔沃正在一条环行公路上进行测试，2017年，它测试了100辆带有自动驾驶功能的汽车，车流中穿插着志愿者驾驶的汽车。密歇根大学建了一个32英亩的虚拟城市，作为无人驾驶汽车品牌的试验基地，以测试无人驾驶系统在城市和高速公路上驾驶的安全性，这些无人驾驶汽车的品牌包括福特、通用汽车、本田、日产和德尔福。博世正在路测一种高度自动化的汽车，当人类司机把它开上高速公路时，司机既可继续使用方向盘也可切换使用自动驾驶系统。当汽车抵达高速公路出口时，它会请求司机重掌驾驶权，如果没有得到司机的回应，汽车会靠边停车。这种方法还有另外一个优势：高速公路会限制车流，有分岔的车道、驶出匝道而不是大街上的分叉口，也没有交通信号灯，因此高速公路对自动驾驶提出的技术挑战比在街道上小得多。在现阶段，这种水平的自动驾驶科技已经在市场上存在，正如特斯拉已经推出了消费者测试版本的自动驾驶汽车。

汽车制造商计划把这样的系统定位为最好的混合模式，其打造的汽车会很像如今的汽车，但配有一套相当酷炫的高科技功能。一旦配置完毕后，这些功能能够提高安全系数，能够让驾驶体验更加放松也更加高效，并且也因没有完全放弃对机器的控制权，而不会让人感到不适，让人们逐渐习惯自动驾驶。在这种情况下，没有人会被迫放弃对驾驶的控制权。我们仍将享受驾驶带来的自由感，同样也将享受驾驶时喝醉、分心或者超速的自由。虽然这样的科技迟早有一天会取代驾驶员，但那将发生在很久以后，因此我们没必要现在就推动完全自动驾驶。美国公路上有2.65亿辆轿车、皮卡、其他公共汽车，没有任何事情会在一夜之间就发生翻天覆地的变化。

谷歌采取的策略则完全不同：这家公司的目标是完善这项技术，然后将整套技术引进市场。他们打造的汽车甚至不会有方向盘或者油门踏板，只有一个开始-停止按钮和一个操作界面，以告诉汽车想要去的地方。谷歌推测，这种转变越快发生，这个世界也将会变得更好。他们首先使用库存的雷克萨斯多动能车作为无人驾驶技术的试验车，但到了2015年中期，他们开始在公路上测试他们自己设计的小型电动汽车，这是一款完全为了在城市自动驾驶而设计的车。这种策略直面人类把控制权交给电脑的不适感，并且把它包装成了一种新的自由：在路上不用再注意路况，你想要在车上发短信、分神、打个盹？请随意。分神驾驶是普通车辆发生事故的一个主要原因，而分神将会是谷歌无人驾驶世界中一个受到欢迎的行为。

梅德福特解释道："我认为我们的策略是正确的。"进谷歌之前，他是美国国家公路交通安全管理局的二把手。他说，若汽车是部分自动化，从机器手中交接驾驶权给人类的那个瞬间是最危险的，特别是当这个人一直没有注意路况，然后被要求在危机时刻接管驾驶权，一些早期的半自动驾驶就是如此。谷歌对颠覆驾驶体验更加感兴趣，而不仅仅是在现有的汽车增加一个功能。梅德福特说，如果安全是最重要的目标，同时帮助那些行动不便的残疾人和老人，那么谷歌的策略的确是正确的。

若全自动汽车随处可见的话，开车也将会变得更加安全。机器人不会酒后驾车，也不会分心，不会在驾驶中打瞌睡、超速驾驶，或者随意超越中心线，超越停车标志、闯红灯。这样一来，造成交通事故的主要原因就如此简单地消失了。机器人的反应速度近乎一瞬间。它们的雷达和激光器具有高精确度，可以360度观察周围的事物，透过树篱和树叶，准确地发现接近人行道的行人。最强大的自动驾驶汽车传感器是激光雷达，这可能听起来像是雷达的一个种类，但其实它是一种完全不同的设备。旋转的扫描仪以每秒将近100万次的速度释放出闪烁的光线，虽然人眼看不到这种光线，但是这种闪光能反射周遭环境的一切事物——人、汽车、建筑、路缘线、松鼠。这个过程就像疾风迅雷的高速摄影，但是它能创造出一种3D视野效果，使得汽车能够实时地感知周遭环境的详细情况，比如物体的大小，它们的高度、宽度、深度、距离，精确到毫米。当远方驶来一辆汽车时，激光雷达能够帮助无人驾驶汽车计算出相撞的轨迹，然后顺畅地转移线路，人们甚至不会注意到这一个过程。没有什么东西可以悄悄地接近谷歌汽车而不被发现。在一个这样的世界，人类司机总是做着一些愚蠢的事情，自动驾驶汽车是行车安全的最终保证。

但是如果只有无人驾驶汽车在路上行驶的话，那么防御的必要性就降低了，于是真正的奇迹上演了。当同行的都是自动驾驶汽车时，这些汽车能够一辆紧接一辆地高速行驶在最狭窄的车道上，不会出现半点差错，就像密集编队的飞行队伍一样，从不迟疑不定。这就像它们正行驶在隐形的轨道上，如火车一样平稳。这也是为什么它们能够比不准确、无法预测、不连贯的人类司机行驶得更好。

梅德福特说："这种技术可以防止醉驾、分神驾驶以及疲劳驾驶。"在政府工作时，他都在宣传自动驾驶所带来的安全性能。"当然其中还涉及为一些不方便的人群提供服务。"

梅德福特是一个有教养、寡言、面无表情的人，为多届白宫政府服务过。但这次我们交谈时，他展现了对谷歌无人驾驶汽车的热情。他讲述了他在贝塞斯达市的邻居的故事，这位邻居是位八旬的老太太，和伴侣已经离婚很久了，她的子女们住在其他的城市。她依靠自己过着圆满、积极和独立的生活，这本身就是一项壮举。她的汽车就是她的自由所在。她很喜欢打桥牌，她会载着不太能够独立生活的朋友去玩牌。她还会开车带他们去购物、参加活动，确保他们也能外出、保持活力。有一天她在图书馆附近遭遇了一次轻微的交通事故。警察来访之后给了她一张罚单。一周后，她接到车管局的通知，她需要通过一次完整的驾驶考试，包括纵列式停车来保留她的驾驶证。这位忧心忡忡的女士请求梅德福特帮她一把：她承认她已多年未曾进行过纵列式停车。几年前，因为同样的事，梅德福特也帮过他十几岁的女儿，于是他把这位可爱的邻居带到停车场，竖几个圆柱，看着她一遍又一遍地尝试纵列式停车。但她的脖子已经不能转动去看她肩膀之后的事物以及同时转方向盘停车。这对她来说是种折磨。最后她走出汽车，哭着说道："罗恩，我做不到。"然后她把钥匙交给了梅德福特。

梅德福特平静地说道："这是她独立生活的终结。她不再打桥牌，也不再出门。她尝试使用公共交通，但下车的时候却失足摔倒了，就不再搭公交了。她最终去了养老院。这让我们感到很难受。"

梅德福特说他相信自动驾驶科技能够改变邻居的生活，并且非常有可能帮助到那些老人、盲人以及其他身体不便的人，帮助他们能够自由出行和拥有独立自主的生活。"这将为大部分老人带来福音。这也是为什么我们追求无人驾驶的很大一部分原因。"

梅德福特说，这也是为什么相比汽车行业，谷歌对颠覆交通方式更加感兴趣。

然而，这并不是故事的全部。双方不只是在设计原理和完全转向自动化有分歧，这种策略的分歧原因在于汽车行业想保存一种商业模式，以尽可能地出售更多的汽车。汽车制造商花钱投资研究自动化，这在某种程度是作为防御措施，因为他们知道，不论以何种形式，自动驾驶科技是无可避免的趋势，并且最终，自动驾驶汽车将无所不在，成为必需品。但是如果自动驾驶只是作为传统汽车的一种功能的话，那么现存的私有汽车所有权模式（一个美国家庭拥有两至三辆汽车）仍将继续下去。然后这种狡猾的自动驾驶功能只是变成了另外一个卖点，一种可以提高汽车销量的优势之处。通过不使汽车完全自动化，只是在某些情况下人们可以使用自动化功能，比如在车道分明的高速公路上，汽车制造商能够不用面临更大的技术挑战。

谷歌则没有需要保护的汽车产业，但是看到了自动驾驶科技在市场上的无限潜力。自动驾驶将不是汽车的一个功能选项，它会是未来汽车的核心，因此不论人类想不想亲自驾驶汽车，人类都将不再亲自开车，这将改变所有事情。是的，这将会终结车祸所带来大屠杀悲剧，每年因为车祸导致3.5万人死亡、150万次车祸急诊；是的，它将为那些老人和被困在家里的体弱者带来出行的自由和独立生活的能力；是的，酒驾和分心驾驶将不复存在，变成历史的谜题。但是它能做的事情还有很多。这是完全自动驾驶汽车另一面，这也是汽车制造商的进化策略和谷歌革命性策略真正的不同：谷歌汽车不需要人类在车上就可以自行移动。

这种自行移动的汽车可以解决交通系统现在面临的每一个重大问题，并在这个过程中终结我们所认知的汽车所有权。这就是为什么明尼苏达大学的交通学者大卫·莱文森(他还是一位作家和博主）说自动驾驶汽车似乎是下一个将产生深远影响的交通技术。换言之，就如一个世纪以前，普通汽车取代了马，而自动驾驶汽车也将会取代普通汽车。这是莱文森所预见的，而不止他一个人这么认为。

想象以下场景：完全自动驾驶汽车变得随处可见。这将在2030年到2040年之间的某个时间点可以实现（早期引入的地区将会在2020年出现）。人类驾驶会仅仅变成一种业余爱好，开车的地位会和变成骑马一样：只是作为一种娱乐方式，而不是交通方式。这种转变将会给世界带来什么？这样的世界是怎样的？

假设你打开智能手机上的一个应用程序，召唤了一辆无人驾驶汽车来到你的家门口。你需要到市中心参加一场两个小时后开始的全天会议。这个应用程序会参考最新的众包交通数据，并且告知你自动驾驶汽车将会在会议前45分钟来接你，以保证你按时到达。到了约定时间的时候，你的手机会嗡嗡作响，提示汽车已经在屋外等候。它将把你载到会议地点，它选择的路线则基于实时的交通数据；它将在路口把你放下，然后启程去接另一个乘客。在乘车期间，你可以查看和回复邮件，浏览新闻，打电话，与朋友玩填字游戏，或者预订晚餐座位。曾经开车的时间变成可以充分利用的工作和游戏时间。在行程结束时，自动驾驶汽车或者乘客都不需要再忧心停车问题，在曾经拥挤的市中心——停车是一个浪费时间和金钱的过程。曾经为停车预留的空间现在可以被更加有效地利用，这些空间能转变为受到保护的自行车道、露天咖啡馆、休憩场所和小型公园。会议结束时，你可以用手机应用安排一辆汽车送你回家，你一天的交通需求就如此解决了——没有任何忙乱和混乱。

在以上的场景中，传统的汽车所有权失去了意义。如果把你送到市中心的是你的私人汽车，那么你将不得不为找到一个停车位而忧心，并且还需要付钱停车，而无人驾驶汽车则像人类一样到处寻找一个停车位。并且普通汽车遇到的低效问题，无人驾驶汽车也会遇到：它会整天闲置，无所事事。然而，在无人驾驶分享经济场景下，你可以寻求无人驾驶服务套餐的任何一种选项：这能够像购买手机套餐一样订购汽车服务，只是你买的是汽车服务的时间而不是语音电话时间。或者你可以根据里程来付款，或者你可以像购买流量套餐一样订购一个包月服务，选择合适自己的方案，使用定额的里程。一个月1000英里，5000英里，或者更多？或者你可以订购任何可能的套餐，比如时间分享计划，或者随叫随到的自动驾驶汽车合同，供应商之间的竞争会把价格和条款控制在合理范围内。关键之处在于你不再拥有汽车所有权，它可能属于一个共享服务公司，一个汽车租赁公司，或者就是汽车制造商，消费者只用花钱在使用汽车上。像迪士尼乐园、道奇体育馆和拉斯维加斯赌场一样的地区，它们则可能会把门票、酒店房间和无人驾驶服务捆绑销售。当地精明的公交公司可能也会参与进来，利用无人驾驶服务解决最后一英里的困难，让更多的人搭乘洛杉矶轻轨，或者乘坐正在建设的洛杉矶到旧金山的子弹列车。如果无人驾驶汽车能够把你及时送到车站，并且为你省下钱，你会不会更加频繁地使用公共交通？纽约的公交公司，或者波士顿和波特兰的公司可能会进入这样一个市场，吸引乘客的同时也缓解当地社区的交通拥堵问题。它们能够提供多种里程套餐，为乘客省下时间和资金，因为它们的大部分旅程会在高速公交中度过。

确实，在未来的场景中，合用的车道会改成自动驾驶汽车的专享车道，多辆无人驾驶大巴会利用不会出错的机器导航系统以1小时150里的速度行驶，像火车一样一辆紧接着一辆，像为了减少风阻而紧跟前一辆汽车的赛车手，以打破时间纪录的成绩把顾客送到目的地。

在这个场景下，消费者不用为无人驾驶汽车支付保险费、燃油费用和停车费。与这个模式最为相似的就是汽车共享服务了，只是没有人类司机坐在方向盘面前掌控行程，而这将极大地降低成本。优步自从2009年成立以来，从零做起，到现在路上随处可以见到它的加盟车辆。现在你知道为什么全球共享乘车服务领导者优步雇了几十个大学教授，成立了自己的无人驾驶项目。优步无人驾驶汽车仍然在计划阶段，但这家公司预见了无人汽车完善后所带来的不可避免的结果——汽车文化的转变。

这就是为什么汽车制造商希望渐进地推进自动驾驶，而不是革命性地引进自动驾驶技术，尽可能久地拖延引入优步自动汽车。如果世界上都是像谷歌或者优步研发的全自动汽车，私人汽车所有权将会不复存在。

我们熟悉的汽车也会消失。想想看，在美国，最常用的通勤方式是一个人开车去上班（几乎76%的行程是这样的），而这辆车本可以载上五到六个人，车后有一个大后备箱，油箱里装满了足够行驶几百英里的汽油，只为了走上一段不到14英里的路程。事实上，美国城市的一辆车每天会因为各种事情平均行驶36.5英里，而乡村的汽车则每天会行驶48.6英里。作为车主，我们希望汽车能够运载很多的杂物，也希望汽车适合长途旅行，尽管我们不经常这样做，只是以防万一我们有这样的需求时，汽车能够满足要求。没有人想要开一辆只满足日常需求的汽车。这就是现存的汽车所有权经济的另外一个固有低效缺陷。我们的汽车不仅仅在大多数时间里处在停车闲置状态中，它们的功能也往往超出了我们的需求。

在由应用程序驱动，按照需求供给的无人驾驶汽车场景下，出租车队由各种类型的汽车组成，满足每种类型的出行需要。供应商可提供各种类型、大小的汽车。这样的话，汽车设计师不用再打造像瑞士军刀一样的多功能汽车，他们可以针对特殊用途而设计出一系列新型车辆：一个或两个座位的迷你车型，适合城市短途行程；服务于一家四口的时髦车型，四个座位首位相连，适合一家人迅速到达海滩游玩；可以方便存放自行车或者冲浪板的车身设计，或者拥有足够的储存空间的车型，适合放置从好市多超市采购的商品。无人共享汽车也能够促进电动汽车的兴起，因为对大多数行程来说，距离不再是一个问题。每辆汽车可以在一天内服务多个用户，与其一天22个小时都被闲置在停车场，在短途行程中，它们拥有充足的机会在接客的空当充电。现在能够行驶100英里的电动汽车能够换上一种更轻、跑得更快的车型。大一点的无人驾驶汽车能够运载更多的人，或者行驶更远的距离，它们可能是混合动力或者由燃料电池驱动，也将按照需求被打造出来。由汽油驱动的汽车则将会被市场淘汰。

在这种情况下，整个美国需要的汽车数量将会下降。汽车数量将远比现在少得多。若还有司机，他们在车流中会和睦相处，而不会争先恐后地超车抢道，下车挥拳相向。交通拥堵将会变成糟糕的回忆；我们也不用再建造新的车道，也不用修建12英尺宽的车道来避免因人类的错误导致的车祸。所有那些停车场将会被改建为绿地。我们将会拥有更窄的高速公路、更小的街道，城市、州、联邦政府的交通预算也会相应减少。这些省下来的钱可以被用来维护我们现有的交通设施。

一些现有的车道将会被划分给货物运输行业，随着无人驾驶科技的发展，其行业也会蓬勃发展。不会再有司机感到疲劳则必须休息的交通规则，安全也得到了保证。卡车能够在专属车道上高速行驶，一辆紧跟一辆地排成列队，既节省时间也减少燃料消耗。优步的自动汽车可能不会取代货运和商业车辆的所有权，但是运输行业仍然可以享受到自动驾驶带来的其他好处。说到这点，人们仍然可以拥有一辆私人自动驾驶汽车，如果他们想要的话。调查显示，大部分美国人不想放弃拥有一辆汽车的所有权，因为100年来，那意味着荣耀、地位和习惯。但是在未来的共享经济里，消费者可以使用不同用途的车型，与那种集所有功能于一身的汽车相比，这将更具吸引力。千禧一代将会非常喜欢这种无人驾驶汽车。

汽车制造商若将这次转变视为一个机遇，他们就会发现这次转变会带来一些吸引人的好处：相比大部分时间都处在闲置状态的汽车，整天运转的汽车将会更容易被损耗，目前美国的汽车平均寿命是十年多，无人驾驶汽车的淘汰时间则将会更短。在这十年里，新一代无人驾驶汽车的制造商将会把同一批车辆淘汰更换三到四轮。第一批参与的汽车制造商将会在激烈的竞争环境中赢得先机。现在的汽车制造商可能最后不得不进入这个新领域。新出现的竞争对手也将会乘虚而入，从现在的厂家手中抢夺生意，就如电脑制造商最后取代了打字机制造商。

虽然无人驾驶不是解决所有问题的灵丹妙药，我们的日常生活和消费经济仍将蕴含大量交通里程。但它能解决当前许多令人头疼的事情，交通拥堵的问题将会消失。严重的交通伤亡问题将会消失，死亡人数将会从数万人减少到数百人或者更少。路上不会再出现醉驾；也不会有人边开车边发信息，使得汽车漂过马路中心线；晚上在乡间路上行驶的人更不会再撞到电线杆。

运载容量问题也将消失，不论是高速公路上的超负荷，还是港口卡车拥堵问题，抑或是在405号公路上艰难爬行的车辆以及高峰时期高速公路面临的超载问题，这些问题都会消失。同时政府再也不用花费大量金钱在扩大载量上。

而对已经建成的公共交通系统来说，最后一英里的问题最终可以解决，同时，引人注目的新型自动公交系统也将会出现。

我们的汽车长期以来污染环境、影响气候以及危及健康，司机从未被要求去承担这部分责任，但是这些问题也将会消失。我们还是能拥有自己的汽车——所有权的形式或许不同，但仍然是汽车——如果美国的土地上都是自动汽车，使用清洁的电力能源的汽车最终将会取代使用污染环境的化石燃料的汽车，因为这将会是可行并且具有经济效益的。最终汽车将不再依赖于化石燃料，而它所产生的环境、经济和国家安全的影响也将会得到缓解。

免去停车也将带来极大的经济效益。停车不仅仅浪费我们的时间，它同时也阻碍了经济的发展，它就像贪婪的土地占有者，如癌症细胞增生一般肆无忌惮地抢夺每一寸土地，因为大多数新地产开发项目都会包括一个大型昂贵并且法律强制建设的停车场。提供充足的停车位置看似是一个明智的政策，但是它会带来意料不到的后果。首先，市中心新建的停车场会像新的高速公路车道诱发需求一样，刺激更多的人开车前往密集区域，而不是选择一些不必停车的出行方式，如公交、地铁、步行或者骑自行车。其次，人们的品位和潮流总会不可避免地发生变化，曾经繁荣的城市购物中心或者其他场所会失去顾客，而未被充分利用的停车场则常年被荒废在一旁，变成美国居民熟悉的沾满油渍的废弃场所。一项有关美国商住混用地区的调查发现，尽管人们认为住宅区的停车位不多，但附近区域的停车空间比停车需求平均多出65%。在门到门世界中，远超需求建设的停车场是另外一个低效利用的资源。

洛杉矶县拥有全美最多的停车位，到处都散落着废弃的停车场，这一点也不奇怪，毕竟14%的并入土地其实是停车区域。也就是说，不仅仅市中心修建了很多停车位（30%的土地被用来停车），围绕洛杉矶市中心的87个郊区也建设了许多停车场。洛杉矶郡县一共有1860万个停车位。几乎一半的停车场是为政府、工业和商业服务；550万个是远离街边的住宅停车位；以及还有360万个街边停车位。算下来，洛杉矶郡县的每一台注册车辆都有3.3个停车位。闲置车辆的停车面积一共有将近200平方英里，相当于洛杉矶郡县高速公路和街道面积的1.4倍。如果把这些停车空间整合成一个大的停车场的话，其面积大到足以容纳四个旧金山市区。

而在无人驾驶汽车的时代，这些土地将会被归还给社区使用。洛杉矶将拥有四个旧金山市区大小的可利用土地空间。如此大量的土地将是（现在也是）无价的。

自动驾驶的兴起最终将会解决高速公路基金破产的问题，这不是由于明智的政策，而是由于没有任何资金来源。美国汽油税收早已不够支付公路修缮费用，正如许多交通学者和研究者所认为的，自动驾驶的兴起将会推动电动汽车的发展，此时美国收到的汽油税将会越来越少，最后完全枯竭。不用汽油意味着收不到任何汽油税，国会则不得不去寻找一个新的资金来源。这将会是一个把使用者付费模式纳入兴起的自动汽车分享经济中的绝好机会，就像如今每张机票都包含机场建设费用。这本是我们今天就该使用的收费模式：开车越多，付费越多。如果政客们需要找理由收取这种费用时，他们只要说转向自动化将会终结汽车暴力，杀死我们孩子的头号元凶将会消失。人们该为此付多少钱呢？

从人类驾驶的汽油动力汽车主导的世界转型到自动驾驶汽车引导的世界将会需要几十年时间，在这段时间里，最困难的地方在于创造一个公平公正的公路税收系统。只有当路上的大多数车辆是自动驾驶汽车时，才会带来最大的好处。我们如今使用的老式汽车将会带来路上大部分健康、安全和环境问题，因此，在一个严格追求公平的世界，它们的主人将要比无人驾驶汽车支付更多的交通税收。污染环境的人付出代价，这才应该是正确的规则。危害安全的人也须付出代价。还有比这更公平更具市场导向的规则吗？这将会促进更快地转换到自动驾驶，但它也会引起震怒、民众的反对和真正的阵痛。最后，公平合理地推动转型将会比研发无人驾驶技术更加困难。

退一步说，也不是所有人都向往无人驾驶的愿景。麻省理工大学的工程学和技术发展史教授大卫·A.明德尔认为，全自动化汽车是不切实际的，甚至是不可能实现的，还是人类和机器各掌控一半的半自动汽车更有益处。他举了1969年阿波罗安全登路月球表面的例子，认为这是人类的判断力和计算机能力成功结合的结果。明德尔认为，让人机紧密结合以确保开车时的安全性和良好运转将会是一个很大的技术挑战，但这会是最值得追求的一种愿景，因为当人工智能的敌人（意想不到的情况）出现时，半自动汽车允许人类使用自己的判断力，转危为安。

这既是一种科学的论证，也是人类想要继续保留驾驶控制权的说法。但它与过去的实际经验不符，过去的经验告诉我们，自动驾驶汽车最危险的时刻是机器把驾驶权转交给人类的那一刻，特别是在危急时刻。在人类从分神状态回到集中注意力做出反应之前，会出现惊吓反射和迟疑延迟而致的僵硬情况，这将会使得半自动驾驶成为最糟糕，而不是最好的系统。加利福尼亚大学圣迭戈分校设计实验室主任丹·诺曼说："半自动驾驶最困难的部分是那个转换的瞬间，这在航空领域已经一遍又一遍地证明了，人类没办法一直保持注意力在任务上，因为我们生来如此。"

并且明德尔选择的例子也不太恰当：他把阿波罗登月计划和如今的半自动驾驶相比，登月计划使用的是原始的数位系统，由史上最好的太空飞行员操作，而现在是一个普通司机要掌控现代自动驾驶技术系统。这种比较不太合适，就好像把阿波罗的驾驶舱与莱特兄弟的双翼飞机相比较。这种比较没有什么意义。这不仅仅是因为如今的电脑和软件技术远超阿波罗登月时使用的原始技术，或者是因为美国国家航空航天局的飞行员曾接受训练使得注意力比普通司机更加集中，或者是因为他们集中所有的注意力在那个创造历史的登月时刻，而开车去当地的丹尼餐厅并没有多少历史意义。其实这些都不是主要原因，这种比较的主要问题在于它忽视了史上最先进的无人驾驶汽车（谷歌汽车）成功的原因——它有呈现驾驶环境的三维地图技术。登月是一个第一次的历史性事件。谷歌汽车能够取得成功，因为它已经"学习"

过——或者说被编程——如何在已经被编程的人类世界里安全驾驶，并且它已经试行过100万英里，使得它能够根据增加的环境变量（比如人类驾驶员、骑自行车的人和行人）而随时做出调整。

诺曼认为，即使这种不完美的自动汽车也会比分心的人类司机好太多，现在的人类司机经常在高速公路上走神游荡。"我完全支持全自动汽车，它是未来的趋势，而当全自动时代来临时，它将拯救许多枉死在车下的生命，这将是全人类的一桩幸事。"

谷歌汽车已经掌握了如何在城市顺畅行驶。遇到使用电脑分神而横穿马路的行人时，谷歌汽车可以马上停车，看起来像是在炫耀，但是对自动系统来说，侦探和保护行踪难定的行人其实是一件相当简单的事情。路上更加困难的是遇到一个弹跳到大街上的球，确认是一个球后，推断出一个小孩子可能会跟着球跑到街上，然后做出相应的反应。谷歌汽车也能做到这点。但是谷歌汽车最令人惊叹的成就（真正熟悉在城市行驶），就是它学会了如何在看似平凡无奇但却不断有变数的车流中安全行驶。

当我搭乘雷克萨斯测试汽车行驶在山景城的街道上时，车流中出现了一辆平凡的车，只是它装有摄像和雷达装置，以及月球探测车的装置，这辆车左转弯的方式太令我惊奇了。它在快接近十字路口时打了左转向灯，慢慢地向前进，但没有真的转弯，就像人类会做的那样，这样做并不是为了更好地看清路况，因为这辆车能看见周遭所有事物，而是打出信号灯告知其他司机它要转弯了。然后，当车流过去时，它顺畅地左转弯，继续前行。

除了无人驾驶汽车一直专心驾驶，并且从不开快车之外，坐在无人驾驶汽车上的体验和坐在人类驾驶的汽车上并没有差别。从某种意义上来说，无人驾驶能做到这点是因为它是由人操控的。这种汽车并没有安装超级电脑或者先进的人工智能。它有的只是一行又一行的代码，人类通过代码指导汽车该如何在十字路口安全行驶，灵活应对横穿马路的行人以及建筑工人封住车道的情况。这是为什么谷歌的27辆无人驾驶汽车能够在海湾地区的高速公路和大街上行驶百万英里，也是为什么谷歌的下一步计划是去得州路测：去体验道路上每一种可能的情况和危机，这样人类才能指导汽车该如何做。谷歌甚至建立了项目主任克里斯·厄姆森所说的"红色小队"——一组专门制造麻烦的人，他们试图给无人驾驶汽车制造意想不到的障碍，或者让其他汽车驾驶员或骑自行车的人做出一些疯狂的行为——不断地从自行车道拐出来。当自动驾驶汽车不知道如何应对时，就会停车。但是每一行新的代码都会减少一种停车反应。这就是机器司机"学习"的方式；这和已经非常成熟的硬件无关，而是和软件有关，这也是为什么像谷歌一样的硅谷公司能够和底特律汽车制造商竞争，大多数汽车制造商正挣扎着研发出和硬件一样好的软件。

但谷歌仍须解决一些障碍。激光雷达会被反射光所迷惑。自动驾驶汽车还不知道如何应对下雪的天气。暴雨也会是一个问题。前方汽车溅起的水花会被自动汽车的传感器检测为幻影，使得汽车误以为是实物而刹车。梅德福特说程序员必须想办法清除这些错误判断。他承认无人驾驶还有很长的路要走。第一件事情就是配备一个让汽车用来导航的详细的三维地图。这是谷歌汽车的另一个秘密武器：强大的地图绘制功能。这些地图是地图界的牛津词典，远比智能手机和电脑上的谷歌地图要详细。这些地图要测量路缘高度和人行道的宽度，标注自行车道和中央分隔道，特别记录出地貌中不寻常的地方，以协助汽车导航，比全球定位系统的坐标还要精确。这些地图不难制作，梅德福特说："只要你沿着街边开车，电脑便会自动绘制地图。"到目前为止，这家公司已经绘制了海湾地区的所有高速公路以及山景城这个小城市（人口77,846）所有的街道。梅德福特说谷歌需要做的事情就是，在汽车上市之前完成美国其他地区的地图绘制。很多人可能认为这项工作会让人望而生畏，但谷歌公司的员工对其嗤之以鼻，认为这项工作是最没有意思的一个挑战。梅德福特说："只管开车就好了，等到我们技术完善后，一切都可以迎刃而解。"

谷歌汽车发生过几次事故——但都不严重。而且谷歌表示，没有一次事故是自动驾驶汽车的错。谷歌汽车坚持遵守限速规则、不闯红灯，却衍生了安全问题，它遭遇过几次追尾事故，其中一次是因为其他车辆都在超速行驶，还有一次是当它停在十字路口时，后面的驾驶员分神撞上了谷歌汽车。事故发生后，两辆汽车的人都抱怨脖子痛，但幸好受伤不严重。梅德福特说，路上既有人类驾驶的汽车也有无人驾驶汽车，这可能仅仅减少一些交通事故，但直到路上的大部分汽车都是无人驾驶汽车时，行车安全才会有很大的提高。

谷歌汽车只被警察拖走过一次：因为它开得太慢了。当时它在山景城的一条四车道的公路上行驶，时速限制为35英里/小时，但它的行驶速度是25英里/小时（严格来说并不违法）。这辆汽车并没有出故障：它的编程指令就是不要超过25英里/小时的行驶速度。这件事情很快传遍了各地，世界各地的媒体陆续打电话到小小的山景城警察局，询问事情经过。最后谷歌汽车只是受到了警告。

在朝比人类更聪明的自动汽车的转变过程中，一种新的趋势出现了：车联网的构想。许多人正在推动这项技术的发展，美国交通部是参与者之一。它和无人驾驶系统不同，但可辅助无人驾驶。这个构想就是利用无线科技将车辆连接起来，计算机行家将其称为V2V（汽车到汽车），以及把车辆和道路的基础设施连接起来，被称为V2I（汽车到基础设施）。连接汽车是一件相对简单的事情，主要利用便宜成熟的异频雷达收发机，类似于几十年来每架飞机所安装的应答机，用于传递位置、方向和速度。如果人们担心泄露隐私，他们可以匿名发射这些信标。但是关键在于：车辆的传感器可能会因为距离、阻碍物以及最主要的原因——坏天气而无法探测到其他车辆，此时信标可以帮助解决这一问题。在无人驾驶汽车的过渡时期，路上自动驾驶汽车和人类驾驶的汽车并存，这项技术将会特别有价值，因为一辆无人驾驶汽车总是会提前知道前面的人类司机是否正在减速、停在十字路口，或者直接加速开过路口。

车辆连接基础设施的构想就没有那么容易实现了，因为我们需要多年时间才能在既有的城市景观上安装连接设施，以及将信号标记纳入交通信号灯、建筑、停车场和路标中。但是这种技术将能解决在下雨、大雪以及起雾时，传感器存在盲区的问题。道路实际上在和汽车交流，让无人驾驶汽车知道路况不佳时所没能探测到的事物。

但是目前我们没有足够的时间和资金去建立运营V2V或V2I，所以现在所有准备投入市场的无人驾驶汽车被设计成自给自足的模式，即使不与任何事物连接也能正常运行。这样能加强数字安全，因为车联网就像连接网络的计算机，更容易遭到黑客的攻击。但是这些同一批无人驾驶汽车在未来的某天能实现与联网汽车和基础设施相互连接，如果到时候有这样的基础设施的话，因此安全性将会一直是令人担忧的事情。

不论无人驾驶将如何发展，转换到无人驾驶的过程中总会有一些碰撞和伤痕。新的技术和变化总是在带来利益的同时，也会带来阵痛。尽管传统汽车造成了一些不好的影响，但是它的统治地位已有百年之久，对经济和社会产生了巨大的积极影响，前所未有地提高了人类移动的便利性，同时塑造了几个世纪的环境、文化、工作和生活。这是我们的门到门系统的一个奇迹，几乎无法想象有什么事物可以替代它。汽车是如此深入美国人的心灵，和个人自由与机遇息息相关。

但是毫不夸张地讲，现在的交通系统正在杀死我们，从短期来看，不断有车祸夺取无辜的生命，从长期来看，它污染环境、加重温室效应以及依赖肮脏的石油。它的低效让我们付出经济的代价，远不是我们现在能付清的，未来会更加捉襟见肘。

无人驾驶真正普之后，会减少车祸事故数量，能减去不必要的成本，但同时也带来另外一种阵痛——失业。无人驾驶将使几百万人失去工作机会，少发几十亿美元工资。颠覆性的技术总是会带来新的赢家和输家，但是现在还不清楚车辆自动化技术能否创造出足够的工作岗位，以替代那些消失的工作，也不清楚新技术将以何种方式创造新的工作机会。事实上，这已经不是什么新鲜事了。不到100年前，冰箱淘汰了载冰工人及其运送工具马车。自动洗衣机严重地损伤洗衣行业。以前柯达的全部业务来自于消费者将他们的相机寄送到公司，然后公司将相机内的胶片洗出来，装上新的胶卷，后来消费者们只用寄胶片就可以了。而现在胶片摄影是一个将近消亡的行业。模拟摄影技术原来蓬勃发展，但客户需要亲自把胶片送到公司来冲洗，数码摄影用一种新的模式取代了它，消费者拍完照片后，再也不用大老远地把胶片送去冲洗。而现在智能手机重创了单独生产数码相机的行业。

无人驾驶技术将会取代卡车、公交和出租车司机，这将会是一个痛苦的过程，尤其是移民群体，一般从出租车司机这份工作才能进入劳力市场，而开卡车和公交是美国为数不多的能够提供稳定薪酬的蓝领工作，也仍是走向中产兴盛的可靠途径。根据美国卡车协会的报告，美国一共有300万卡车司机（这已经成为美国大部分州最常见的一份工作），其中有170万个长途货运司机，最容易受到自动化技术的影响而失业。到2022年，长途卡车司机的数量预计将至少增长11%。但是货物运输自动化来势汹汹不容忽视，这最终会实现，很可能比汽车更快实现自动化。这将会是一个艰难的转型过程，但是美国曾经经历过这样的转型痛苦，直到20世纪20年代以前，美国各个城镇都有铁匠、钉马掌铁匠、马贩、饲料店、兽医、驯马师以及喂养马匹的人，但是人类驾驶的汽车兴起，取代了马车，成为个人出行和商业运输的主要工具。在此之前，马作为主要交通工具的时期，每三个美国人就用一匹为之服务的马，每个纽约人每年平均要坐297次马车。这次变迁是不久前发生的，当时婴儿潮一代的父母还在成长时期。当汽车发动机代替马匹成为人类出行、货物和农业运输的支柱时，成千上万份工作和数千个行业就此消失。这就是技术突破会产生的动荡。这也是为什么人们称其为破坏性技术。这个过程很艰难，令人难受。

但是汽车的兴起也产生了消极的影响，每年发生500万次车祸，3.5万人因车祸而死，有250万人被送入急诊室。它也是40岁以下的美国人死亡的主要原因，这也是一种破坏性力量，更是一种痛苦。如果无人驾驶能够结束这种痛苦，该会多么有价值呢，特别是无人驾驶也能解决道路和桥梁的过载问题，汽车也不再污染空气和加重温室效应。

然而，美国人还是对这种变化感到不安，调查显示，大多数人更加相信人类司机而不是机器。他们可能会畏惧这次转型，因为汽车一直是日常生活的一部分，日常交谈中也经常被提及，它已经不只是一种交通工具。我们可能会厌烦交通拥堵，可能会讨厌被困在车中，堵在拥挤的车流中。但是我们喜欢自己的汽车，喜欢这辆运输我们和家人的终极交通工具。我们爱汽车，不仅仅因为它是方便的出行工具，它也是我们珍爱的物品、舒适的搭乘工具和一种生活方式的宣言，就像木匠喜欢精致好用的工具一般，失去它时，会令人心碎。我们爱汽车所展现的魔力，喜欢握住方向盘的双手、轮胎、道路之间的默契，享受着弯道滑翔的快感。当在夜间开车时，我们沉浸在夜间开车时的小世界，爱上车内绝佳的音响系统，被音乐包裹着，享受着独自驾驶的快感。当然如果有人能买得起的话，或者去借一辆，还能享受拥有一辆让其他人嫉妒的古董车。

许多（或许大多数）美国人都不愿意放弃这些享受。但是在自动驾驶主导的未来世界里，难道他们必须放弃汽车吗？

简短的回答是：不用。首先，任何转型都是缓慢进行的。即使最乐观的人也认为，无人驾驶要到2030年才能占据市场。而这需要政府和行业的切实努力才能实现。考虑到我们的政府甚至不愿稍微提高汽油税，以维护岌岌可危的桥梁，2030年这个愿景是不太可能实现了。运输卡车队伍可能更快地实现无人驾驶，因为这能产生巨大的经济效益，这也可能驱使客车更快地朝无人驾驶转变。随叫随到的无人驾驶客车最有可能在2040年兴起。不论这场转型将需要多少时间，鉴于美国有265万辆汽车，这个庞大车队的转型不会，也不可能很快实现。这将是一个逐步过渡的过程。

到了那个时候，人们依旧能够享受开车带来的快感，就如骑马爱好者能继续享受驾驭的奔腾感。骑马出行运输的变迁也为未来人类驾驶的汽车提供了方向：即只作为娱乐消遣之用。马匹曾是我们的运输工具。它们是那个时代的"汽车"。贩卖燕麦曾经是一笔大生意，它们被当作马粮，相当于马匹时代的"汽油"（只是燕麦是一种再生能源）。而现在骑马是一种奢侈，已经不能在已经让位给汽车的街道上奔驰，只能在公园、小径和友好的马匹社区骑行。传统汽车以后也会如此。如果有开车的需求，以后会备有停车场、保留专区和安全的道路，人类可以在那儿手动开车，远离正常的车流。如果用户想要开奢侈的手动无人驾驶汽车，汽车制造商也能满足这种需求。正如买一辆奢侈汽车需要花费更多的金钱，使用这种奢侈车辆也就更贵，但我们早已经习惯这种模式。在无人驾驶的未来，人们开车的乐趣绝不会被剥夺，反而会创造一个更好的世界：环境更加绿色清洁，效率得到很大的提高，运输成本降低，以及避免了很多车祸死亡事故。

可能只有等到无人驾驶被大规模使用时，人们才能真正理解自动驾驶的功用和所带来的机会。或许智能手机的例子能更好地说明情况。当苹果公司推出第一款iPhone时，独立应用开发商不能在它的平台上设计应用。后来版本的iPhone开发应用平台时，外部的创新者想出新奇的点子，为智能手机增加新的应用功能，此时iPhone的真正潜力才变得清晰起来。自动驾驶汽车是一个依靠软件运行的产品。

谷歌已经与汽车部件制造商博世和其他合作伙伴一起设计了一款两个座位的电动汽车，既没有方向盘也没有踏板，专为城市的短途旅行而设计，其时速为一小时25英里，依靠电池电力驱动。汽车外形很可爱，一点都不吓人；谷歌想先选择一到两个城市作为自动驾驶汽车的试销市场，然后再发展到其他地区。同时，大型汽车制造商正集中精力研发高速公路自动驾驶功能；在接下来的几年，门到门世界的未来将会上演，下一个巨大变化（就像第一辆汽车、第一列蒸汽机车或第一架飞机）也将会开始。

谷歌对何时推出自动驾驶汽车的问题三缄其口。但项目主任厄姆森说，那将不会太遥远。他是美国为数不多的有远见的工程师，自从美国国防部在

2005年举办第一届无人驾驶汽车比赛起，他就一直在开发无人驾驶汽车，当时国防部送一些大学团队进沙漠，第一次实验无人驾驶汽车。厄姆森有一个小目标：他说他想让他的儿子不需要考取驾照。

2015年，他的儿子11岁。

第十三章

下一扇门

CHAPTER 13

The Next Door

2015年春，洛杉矶的当代艺术博物馆（大多数洛杉矶人叫它"MOCA"）和一个叫作左卡洛的组织共同举办了一场活动，主题是"未来的交通"。左卡洛这个名字起源于墨西哥，意为"公共广场"。这场活动是为了鼓励社区居民参与讨论时下最重要的话题。这场活动的邀请函上写着："汽车文化要终结了吗？"

　　10年前，或者5年前，这个主题可能不仅仅有点挑衅，听起来还会很荒谬。汽车是道路上的优势物种，就像一群田鼠中的霸王龙。每个人都明白这点：汽车是主角。距离失踪人口乐队（Missing Persons）第一次唱出那具有讽刺意味的歌词已经有20年，但歌词却显得无比真实：没有人会在洛杉矶走路。

　　然而，在这个晚上，会场里挤满了人。洛杉矶是围绕汽车而建的城市，夜间巡逻的警察会留意，有时上去盘查过往的行人，因为在洛杉矶走路是可疑的。然而，今晚人们涌向博物馆，讨论不再由汽车主导的未来交通世界是怎么样的。在这个工作日的晚上，没有名人来参加。吸引人们的是一群杰出的交通学者、活动家和汽车专家，他们是这样到场的：一个坐公交，一个骑自行车，一个走路，一个开车（但利用交通应用避开拥挤的道路），最后一个照老方法走高速公路，也是最晚到达的参会人员。他抱怨道："又堵车了。"

这次活动的主持人是迈克·弗洛伊德，他是《汽车杂志》的总编辑，他热爱汽车，整个职业生涯就是在夸大这种交通工具。但连他也感觉到，甚至愿意接受这次交通思维方式的变迁。他说，汽车文化本身没有终结，而是除了四轮汽车之外，人们愿意拥有多样的交通选择，并且美国城市前所未有地准备迎接这些交通选项。

"我确实认为我们的文化正在发生很大的变化，抛弃了曾经的汽车文化。"

然而，想想以下发生的矛盾现象。也是在洛杉矶，《洛杉矶时报》几个月前报道了一则令人不安的消息：自从2002年以来，汽车撞倒骑自行车的人后逃逸的次数一直在增加。从2002年到2012年期间，这类逃逸事件数量增加了42%，致使10年间36人死亡和5600人受伤，但是几乎没有肇事者被抓到或者起诉。这则报道主要讲一个被汽车撞倒的男人，他当时骑着自行车在贝弗利山街等待红绿灯，一辆汽车超速撞倒了他，没有停下来施予任何帮助。他不得不拖着受伤的身体爬到马路边，大声呼喊寻求帮助。他断了八根椎骨，骨盆也粉碎了，因内出血昏迷了一周。他的医药费超过100万美元，用了一年的时间才得以恢复健康，其间工作也丢了。

发生车祸两天后，司机带着律师和汽车的照片来到警察局，承认她曾撞倒过一位骑自行车的人。但警察以缺乏直接的汽车物证为由，拒绝追查该案件。只有骑自行车的人不放弃说服检察官采取行动，同时聘请私家侦探寻找目击证人，最后终于在逃逸事件发生一年半以后逮捕并起诉肇事司机。又过了一年半后，这位司机对指控供认不讳，被判拘留120天，但只服了两天的刑——比骑车人昏迷的时间还要短——罚款63.8万美元。到《时代周刊》报道此次事件时，她只支付了24.42美元，并离开了加州。而法院仍然在处理这个诉讼案件。

读者的反应甚至比原故事更加揭露事实真相。读者的来信不断地涌进杂志社，一致表达对骑车人的愤怒。杂志的编辑写道："当肇事逃逸事件涉及骑自行车的人时，读者们没有表现出多少同情，反而几乎所有的信件都表示对司机的遭遇有些同情。"读者们抱怨骑自行车的人看到停车标志不会停下来。他们占据太多的道路空间，不遵守交通规则，挡了汽车的路。几封来信写道，如果骑自行车的人被汽车撞倒，很有可能是骑自行车的人的错。没有人关心警察和法院敷衍的回应。骑车人的悲剧反而变成了读者们的发泄出口，他们早就对这种事情不满了。某封回信这样总结反自行车的时代精神："我猜测由于骑自行车的人不遵守交通规则，惹怒了开车的人，有一些不好的情绪，从而导致了这类肇事逃逸事件的发生，如果骑自行车的人被要求通过驾照考试的话，会不会有些帮助呢？"

这个故事的主人公骑车人等红灯时，被一辆汽车给撞了，而且官方调查发现汽车撞上自行车类的车祸逃逸事故中，驾驶员与骑车人犯错的比例是各有一半。此外，无论是谁的过错，肇事逃逸仍然是一种犯法行为，更不用说是一种不检点的懦弱行为。那位受伤的骑车人没有得到任何帮助，不得不拖着受伤的身躯来到路边，而这些读者来信却只是在发泄愤怒，抱怨不得不与讨厌的骑自行车的人共享道路，并且暗示如果骑自行车的人不那么理所当然地认为拥有道路的使用权，并且需要强制性通过骑车考试，类似的事故就可以避免。理由竟是驾照考试可以防止不好的驾驶行为。

你可以看到：一个城市拥有两种截然不同的汽车文化；对门到门系统的缺点，也有两种不同的观点。一些人期望着改变，希望拥有更多的交通选择，渴望至少有时候大街上会没有汽车，这样上街更加方便和安全；而另外一些人讨厌变化，痛恨那些坚持推动变革的人，觉得这限制了他们的移动自由，以至于只要发现事故的受害者是一个骑自行车的人时，他们就会极力为司机找各种理由开脱。一方建议扩建自行车道、广场和人行道，鼓励人们少开车，减小车流，就可以减轻交通过载问题；另外一方认为这种想法太过荒谬，因为若把汽车赶出街道，让给速度缓慢的骑自行车的人和行人，这只会加重交通拥堵。司机们要怎么按时上班，如果骑自行车的人挡着路？遇上紧急情况，警察和救护车要怎么赶到现场？

关于交通的投资重心，人们也有不同的意见。有些人希望政府多花点钱在道路建设上，有些人则更希望政府花钱建设公共交通；有些人更加支持有助于出行的项目，有些人则希望货物运输能得到更多的投资。

门到门时代里这些互相矛盾的争论似乎无法调和，那么一座城市、一个社区或者一个国家该如何做呢？无人驾驶能否带来奇迹还未知，并且直到2040年，无人驾驶很难有革命性的影响，难道除了把希望寄托于自动驾驶上，我们没有其他的解决方法吗？难道我们现在不能做些什么吗？

我们当然可以做些事情。几十年来，我们就已经知道如何避免人们疯狂开车、骑自行车、开卡车和火车。许多国家已经不同程度地实施了某些措施。但是问题是：我们现在是否愿意做一些事情呢？这就是另外一个问题了。

据珍妮特·萨迪克汗所说，随着时间的推移，大部分人已经习惯了门到门系统的糟糕状态。2007年，她当上了纽约市的交通部长，掀起了一阵改革风潮，努力说服心存怀疑的纽约市民去接受这些似乎会引起灾难的改变。她的论点很简单："半个世纪以来，我们都在用相同的方法来解决交通难题，想想看效果是怎么样的？"

> 50年来，所有人都认为我们的街道就该如此使用。一切都围绕着沥青公路、汽车以及可能发生的事故而运转。因此虽然大家初期心存怀疑，但觉得也没什么。如果你的街道50年没有变化，你会接受它们。如果街道危险、丑陋、死气沉沉，那也没关系，我们会认为街道本该如此。

萨迪克汗在2007年至2013年期间担任纽约市的交通部长，得到了市长的有力支持。亿万富翁市长迈克尔·布隆伯格给了她充分的自由去重新改造纽约市的交通。而她做到了许多人认为不可能做到的事情：她重新设计了连接哥伦布圆环广场和联合广场的标志性百老汇大街；创立了美国最大的自行车共享道路网，把4条400英里的自行车道连接至世界上最繁忙的街道，安装红外线快速相机来逮住美国一些最不遵守交通规则的司机，在纽约修建60个步行广场恢复街道的活力。还做了一件最棒的事情：禁止汽车在时代广场通行，让行人重新使用这个世界上最有名且最有价值的广场。

　　当这些计划成形时，人们纷纷严厉谴责，认为它们会造成交通大混乱。萨迪克汗回忆道："如果你看小报上的新闻，上面会说这些事情造成了严重的后果，但事实是，街道因此变得更加顺畅了。"

　　就如当初的"交通末日"变成了"交通天堂"，那些对纽约交通基石的改造效果远远超过了预期。自从汽车被禁止进入时代广场，42号到47号街被改造成了步行广场，许多人预期会发生一场交通的灾难。但是，萨迪克汗说，虽然周围街道的交通情况要不没有改善，要不维持现状，但是车祸事故却减少了63%。同时，商家原本担心零售业务会受到损害，但现在这些担心都被证明是无稽之谈。相反，销量反而上升，在两年内，70%的零售经理开始支持这些变革，并且希望这种政策永久不变。萨迪克汗说，这些真的只是常识。在一座城市里，行人才是潜在的消费者。开车的人只是经过而已。

　　纽约城一直在复制这个模式。增加自行车道、重新规划联合广场附近的交通流量，使其更加平稳，结果车流的速度加快了14%。一条受到保护的自行车道不仅仅只是公路旁的一条小路，而是实际隔离的单车道（这是美国大城市的第一条专属单车道），使得交通拥堵减少了50%。纽约市有真实的证据作为支撑：采集在曼哈顿区的街道上随处可见的黄色出租车的定位数据。例如，数据显示在哥伦布大道旁设立一条新的自行车道之前，从96号街开车到77号街平均需要花费4.5分钟。设立单车道后，在车辆流量相同的情况下，通勤时间降到了3分钟。

这听起来简直难以置信，因为这违反了所有传统的交通规则。但是萨迪克汗和其新时代交通工程师总是将自行车道和街道设计巧妙地结合起来。哥伦布大道是一条单行道，共有五条车道：其中三条是汽车道，一条混用车道（高峰时期用来通行，其余时间则被用作停车），以及一条停车道。这些车道都是12英尺宽，是65英里时速高速公路的标准宽度。城市街道的车道不需要这么宽。将这些车道的宽度缩短至10英尺，便有足够的空间建造6英寸受保护的自行车道，以及建在停车道和自行车道之间的5英寸的绿化缓冲区。以前的车道结构让司机们直接从车道转弯，但是新的结构包括了一个左转弯待转区，这样就不会堵住后面的车。并且自行车道并不是像变魔术一样凭空使得交通更加顺畅，它们和巧妙的工程设计一起结合达到了交通顺畅的效果，它只是看起来像变魔术一样。

或许萨迪克汗最受争议的举措是在整个纽约城的150个十字路口设置红外线摄像头，以及安装测速照相机，有些是固定的，有些是移动式的，用来抓住或者制止超速驾驶以及闯红灯的司机。这个举措被视为增加收入的阴谋诡计，而不是为了行车安全着想。在美国的一些社区，类似的系统由于被视为政治上不受欢迎的设施，而逐渐被拆除。但是萨迪克汗说，纽约的数据已经明显表明，摄像头能有效制止城市街道上的不安全驾驶行为。在已经安装了摄像头的纽约十字路口，车祸重伤率已经减少了56%，行人受伤人数也减少了44%。在安装了测速照相机的区域，受伤事故减少了14%。

萨迪克汗说："这的确是个阴谋，拯救人命的阴谋。"

2010年，休斯敦市撤走了一些十字路口的红外线摄像头，各种车祸数量上升了116%，重大交通事故数量上升了84%，致命车祸数量上升了30%。

萨迪克汗说："我想不出任何一种疾病能造成这么多人死亡，却甚少得到人们的关注，红外线摄像头可以防止车祸，这就是我的阴谋。"

这些目标原本看起来难以企及、不可能实现：使得街道更加安全和繁荣，更加顺畅的交通，行人、自行车和汽车和谐相处，以及合理而非巨额的基础设施建造费用。但纽约的经验表明，其实这些目标早就触手可及了。在过去，交通设计和规划的目的在于将两个点连接起来，让政客们拥有风光的剪彩时刻，不管这个项目是否值得大力投资，然后吸引越来越多的车辆上路。街道设计的评定长久以来是根据其服务水平，也就是说，短时间内通过的汽车数量越多，街道设计就越好。正是由于追求服务水平，对于步行或者骑自行车的人来说，城市环境是如此冷漠、充满敌意以及没有安全性可言。追求服务水平造就了"街路"。由于萨迪克汗的自行车道和行人项目可能会降低街道的服务水平，所以人们认为她的计划注定要失败。

但很多年来，人们都在追求街道的服务水平，将其当作是改善交通的方法。但交通系统还是经常出现过载、功能失调和年久失修的问题，远不能为未来做好准备。萨迪克汗的提议就是考虑到了这点，她挣脱传统束缚，追求自己的想法和愿景，通过打破迷思、使用相对简单的现成方法和科技，而不是花费昂贵的项目使得交通变得更好。现在其他城市正纷纷效仿她的做法。萨迪克汗发起了一场革命！

在加州，改造交通运动的另一位冉冉升起的新星是萨琳娜·雷诺兹，洛杉矶交通部长。她将要在加州做萨迪克汗为纽约交通所做的事情，只是难度高上10倍。当加州市长艾瑞克·贾西提于2014年将她从旧金山挖角过来时，他把雷诺兹称为"处理交通问题的理想陆军元帅"。

雷诺兹肩负改造交通的责任，面临着这个时代最艰巨的交通任务，至少还有人在纽约走路。雷诺兹负责重组交通，使得步行成为洛杉矶市民的一种合理且安全的交通选项。而在过去的几十年里，洛杉矶的一些主要街道禁止行人、自行车和普通的公共交通通行，路边也没有小餐馆。她的任务就是使所有人可以平等地享用这些街道，防止洛杉矶出现交通拥堵的情况。对了，雷诺兹还有一个小任务：既然她已经上任了，就要负责到2025年，洛杉矶市不再有交通死亡事故。

尽管如此，雷诺兹更愿意把她的工作定义为改变交通游戏规则，而不是"陆军元帅"。半个世纪以来，汽车是唯一可行的交通选择，而雷诺兹将要为人们提供更多可行的出行选项。她说，从当地人是如何看待交通基础设施这一点，就可以知道交通情况有多糟糕。她很疑惑，为什么洛杉矶人能马上说出最喜欢的餐馆、博物馆或者公园的名字，但是如果你问他们最喜欢哪条街道的话，他们会觉得你疯了。当地人都知道，洛杉矶的街道令人恐惧。

雷诺兹解释自己的工作理念核心时说："事情不应该是这样，街道是属于民众的，它们是公共空间，也应该成为人们喜爱的地方。"

她的想法以及美国其他地区类似的倡议虽然提供了承诺，但并不是能解决所有问题的万能钥匙。即使建设自行车道和步行街可以提高安全性，改善交通情况，提供更多的出行选择，但它们也会引发冲突，这恰恰说明货物运输和人类通行的问题是多么棘手。在洛杉矶和纽约，意想不到的是，新的自行车–汽车–步行规则让行人和骑自行车的人之间出现争执，互相指责对方没有遵守交通规则。纽约的中央公园的纷争尤为严重，因为发生了多起自行车与行人相撞的事故，受到人们的广泛关注，其中还包括2014年两起相撞事故，致使两人死亡。警察已经对那些闯红灯、不礼让行人的骑行人采取了严厉的措施，但是双方的怨恨依旧没有退去，《纽约邮报》这种小报给这种冲突推波助澜，用了这样一个头条：《纽约的亡循环：噩梦一般的傲慢骑士》。其他城市，比如旧金山，也在费尽心思处理那些行为过激的骑自行车的人，他们会故意阻挡汽车。2015年8月发生的一起冲突被摄像头记录下来了：一辆汽车撞上了堵在前面的自行车，然后一群骑自行车的人把汽车团团围住，攻击汽车。

与此同时，多年来时代广场步行街受到了美国民众的一致赞美，其他城市也在模仿修建步行街，而现在它被人们严厉抨击，因为这条步行街上总会出现一些有攻击性和穿着怪异的乞丐（偶尔还半裸），这可能是一件恼人的事情，但相比以前街上会出现下流的行为以及街头犯罪，状况已经有所减轻。2015年，洛杉矶新市长和其麾下的警察局长表示，这个地区应该恢复以汽车为中心的交通规划。这引发了一场政治风波。时代广场商业联盟会长向《纽约时报》发了一通脾气："政府没有能力管控公共区域，也没法维护治安，就想要把这些区域分割开来。这种做法并不能解决问题，这只是在逃避问题。"

我们在此学到的教训是：要建设一个更好的门到门系统，不能仅仅只是加强基础设施。另外也要克服人们的习惯和行为所衍生的障碍：无论是传统、信念，还是司机们、骑自行车的人、行人都认为拥有道路的使用权，这些问题都需要一起处理。正是因为政客们和城市领导者没有认清门到门的行为，他们才会坚持使用那些极费资金的"解决方案"去处理交通和运输问题，但这些方案都没有起作用，至少以目前的形式来看。

自从20世纪80年代以来，洛杉矶投入了大量资金建设公共交通，例如轻轨和地铁系统，资金主要来源于选民的税收，而不是政府援助。这些工程取得了一些成功，但最终没能达到所期望的上座率（美国各地都是这样）。截至2015年，洛杉矶的地铁轨道长度已达87英里，还有更多轨道在建设中，25年来花了120亿美元。洛杉矶区域约有7.2%的通勤者会使用公共交通，高于美国平均水平，但是其中三分之二使用公共交通的通勤者会选择搭乘大巴，这意味着花了120亿美元，只让2.4%的通勤者使用了新轨道。

即使投入了大量资金，轨道交通的使用频率远远低于二战前地铁的使用频率，更比不上20世纪初期有轨电车和轻轨的使用频率，那时汽车才刚出现。当时超过5%的美国人会使用公共交通上下班，这虽然能对交通产生相当的影响，但这5%中的大部分人是纽约通勤者：55%的纽约通勤者依赖于乘坐公共交通上下班。美国76%的上班族都是自己开车上下班，而近些年来美国对公共交通的投资并没有改变他们的交通选择，这意味着我们需要做点不同的事情，重新思考一下如何才能让这些大量的投资收到效果。

同理，我们投入数千亿美元给高速公路增设车道，但也没有如预期一样缓解交通拥堵。这包括合用车道，例如洛杉矶在"交通末日"计划中投入13

亿美元增加的合用车道。我们仍在继续投钱建设合用车道，尽管按照比例来讲，越来越少的人使用这种车道。1980年，19.7%的通勤者会选择使用合用车道。2013年，使用这种车道的通勤者的比例已经下降至9%。这意味着，全美的合用车道虽然已经达到3000英里，但是我们应该采取一些更加有效的措施来解决交通问题。

那些老旧的策略没有效果，而一些能经受住考验的趋势却被忽视。想想一下这个奇怪的现象：美国人比其他国家的人更加讨厌走路。我们走的路确实比其他人要少，比前几辈的美国人走的路要少得多。这种趋势并不是一件小事，它能对交通规划和交通拥堵产生深远的影响（更不用说其对健康和肥胖的影响）。1980年，有5.6%的美国通勤者是步行上班。到了2012年，这个数字已经折了一半，减至2.8%。在这段时间内，骑自行车上班的人并没有显著增多：1980年是0.5%，2012年是0.6%。

在一份2010年的美国步行习惯调查中，全国共有1136位成年人参与调查，连续两天佩戴计步器，结果显示美国人平均走5117步，大概是2.5英里。这大约是一位健康的成年人应该走的步数的一半，澳大利亚人或瑞士人平均每天走的步数大约是美国人的两倍。另一项研究表明，男性阿米什人——150年前生活在美国的人——大概每天会走1.8万步，也就是9英里（女性阿米什人每天大概走7英里）。毋庸置疑的是，在那些国民平均每天走路更多的国家，成年人的肥胖率更低——世界上其他国家的肥胖率是3%~16%，而相比之下美国是34%。

那么建设更加适合步行、亲民且安全的街道会改变这点吗？或者说，相比建设这种街道，期望民众会重新选择步行，是否需要激发一场更大的文化变迁才能做到这点呢？洛杉矶本应该是行人和骑自行车的人的天堂，路面平坦，并且一年里有300天都是阳光明媚的日子，但是要洛杉矶人选择步行却极为困难。有一小批洛杉矶人选择做那些多数洛杉矶人认为不可能的事情，甚至是疯狂的事情：他们选择不要汽车，认为汽车不是必需品。推动这股潮流的主要是年轻的专业人士，大多数是千禧一代，他们住在洛杉矶的老城区，即市中心及周边区域，那里的街道和配套的商业设施还在建设或重建中。这些地区比洛杉矶的其他地方拥有更多的步行街道，也能更方便地搭乘公共交通，因此它提供了一个难得的不用汽车的机会，免去买车、停车、加汽油和买车险的费用。由于看中这片区域，莫妮可·麦若维拉辞去了太阳马戏团和洛杉矶歌剧院的舞台工作，然后在洛杉矶高地公园片区的菲格罗亚北街开了一个名为"善与恶"的咖啡馆。现在无论是去上班还是去其他大多数地方，她都会选择骑自行车。这已经成为了一种家庭方式，她的未婚夫已经10年没开车了（尽管大多数时候他都待在俄勒冈州，像波特兰和尤金的这类城市越来越崇尚不开车的生活方式）。

不开车，是如何在洛杉矶四处移动的呢？对麦若维拉来说，这是一场持续的战斗，但通常情况还是差强人意，就像迎着巨浪逆流而上。但让她感到失望的是，当地的市议员坚决反对在繁荣的菲格罗亚街，也就是她咖啡店的店址修建自行车道，然而这位议员为了赢得选票，曾经在竞选活动中承诺会修建这条自行车道。她抱怨道："现在人们都不敢在这儿骑自行车，路况太可怕了，汽车都开得飞快，司机们觉得这是理所应当的。"她以前还指望过骑自行车的人可以给她刚开张的店多带来点生意。"骑自行车的人可以下车买杯咖啡喝，但汽车只会匆匆开过。"

由于无车生活既有利于健康，也更加经济，让她可以花费更多的精力在其他的人生规划上。她的朋友卡西·摩根是洛杉矶的可持续交通顾问以及骑行的铁杆粉丝，两年来因为同样的原因也很少使用汽车，大部分时间里都靠公共交通和自行车出行，当遇到只有驾驶汽车才能到达某地的情况时，她才会在吉普卡租车公司租辆汽车或使用来福共享乘车服务。她说："比起以前有车的时候，我现在存的钱更多了，一个月能多攒几百块。我不想回到以前自己开车的生活方式。"

然而，洛杉矶的大部分民众还是会选择开车出行，这大概也是为什么麦若维拉的市政议员才敢或者被迫背弃当初修建自行车道的承诺。多数的选民开车，他们中的很多人将自行车道看作是出行的障碍，或者让自行车与汽车抢道。多年以来，道路规划一直以汽车为中心。

在洛杉矶市中心，一半的行程都会小于3英里，无论走路还是骑自行车，都能非常轻松地完成这个距离，然后84%的短途行程依赖于开车。只有1.6万名洛杉矶人骑自行车上下班，这个数字可以说是微不足道。这种趋势已经持续了好几代，现在我们正将这种趋势传给我们的下一代。1969年，不到一半的美国学生走路或骑自行车上学。到了2009年，这些学生的比例已下降至13%。

在过去50年内，美国实施了许多交通规划，但没有人预料到会出现这种深层的变革，更不用说想出应对的方法。而很明显的是，步行和骑车人数的下降是造成交通拥堵的主要因素。以前这些小孩走路上下学，现在都是在高峰时期搭车出行。

事实证明，美国并不擅长预测未来的交通。州际高速公路系统计划修建于20世纪五六十年代，那时候美国的职业女性可比现在少得多。因此现在我们用来驾驶和运输的系统，当初设计时就没有预料到要承受这个系统将会遇到的颠覆性变革：如今的职场，男女比例不分上下。现在的家庭中，开车上班的人不止一位——而是两位，而且通常各自开一辆车。之前人们建设现在的交通系统时，没有人预料到了这一点，甚至想都没想过。规划者只是简单地推测眼前的趋势将会持续下去。

同样的道理也适用于交通系统中的其他变化，人们同样没有预料电子商务的兴起、集装箱化的出现，以及大量出现的货物运输比预期更快地碾压路面，人们不愿意共乘汽车或者使用公共交通，甚至不愿意走路去学校。美国根本没有根据这些趋势做出规划。我们没能预先做出规划，是因为我们没能准确地预测未来的交通，我们只是利用现有的数据和科技，算上未来可能增加的人口，然后假设其他情况都不会发生变化。简而言之，交通规划乃是基于假象，一个想象中的永不变化的世界。结果便造成了我们现在使用的交通系统，奇迹与疯狂融合在一起，常常在过载的边缘挣扎。

交通学家和交通规划师大卫·莱文森说："这种规划方法就像'闭上双眼，用手指堵住耳朵，假装什么变化都不会发生'一样。这有些荒谬，但我们还是在这样做。"

2015年夏，洛杉矶——美国第二大城市公布了官方版本的未来交通展望，证明了莱文森的说辞是正确的，这份令人激动的文件取名为《移动规划2035》。洛杉矶的一些市领导将这份展现宏大愿景的文件称作是该市的交通新"宪法"，而有些领导则坚决反对到底，让一批洛杉矶的律师可以忙上几十年的时间。但是问题并不是出在这份交通规划上。真正的问题在于，尽管这份文件具有前瞻性思维和远大的愿景，但就像我们很多的长期交通规划一样，它们在发布的那一天就已经过时了。洛杉矶的这份关于门到门交通未来20年展望的蓝图没有考虑到，或者说甚至没有提及，即将出现一种最具颠覆性和深刻变革的运输工具——无人驾驶汽车。

洛杉矶并不是唯一一个用以前的技术规划未来交通的城市。当全美城市联盟针对美国50个人口最多的城市和每个州最大的城市（总共有68个城市）分析其交通规划时，只有6%的城市考虑到了无人驾驶的影响。只有3%的城市考虑到像优步和来福一类共享乘车的影响。然而在参与研究的68个城市中，已有60个城市拥有共享乘车服务。这不只是一次官僚系统带来的简单的疏忽，这将会造成灾难性后果。这些规划试图决定我们的城市在未来的模样，以及城市如何运行和发展，人们将如何出行。然而这些规划忽略了一个世纪以来交通中最具影响力的变革性趋势。

或许当我们想象20年后的世界会变成什么样时，我们会不可避免地犯这种错误。20年内可以发生许多变化：从2015年往前倒推20年，那时手机还和砖头一样笨重，APP（手机应用程序）是指晚餐前的开胃菜（appetizer），谷歌还没有诞生，万维网几乎不存在。

再往前推20年，个人电脑还未出现，除非你自己组装一套装备；一加仑石油只要58.7美分；孩子们还是走路去上学。

莱文森说有一个很简单的解决办法：制定短期规划。制定一些雄心勃勃但能在两至五年内实现的目标，不要费劲心去构想那些宏伟、大胆但大部分会失败的项目，这些项目在剪彩时会让人很有面子，但它们的投入往往多于收益。"相反，我们要选择那些投资回报率高的项目。当你不再选择那些表面光鲜亮丽，或者那些吸引选民的项目，而选择那些高收益的项目，你将会得到更加多样的投资方案。"

所以这些投资方案是什么呢？其实它们并不是秘密。人们都知道哪些方案是可行的，哪些是不行的。由此我们可以解决交通问题。我们只须从市场的角度看待交通，遵循供需的规律。简而言之，我们需要做的就是正确地给它定价。

换句话说，我们需要重新考虑门到门交易中最令人恶心的三个字：通行费。这并不是为了增加政府税收，尽管考虑到汽油税下降，这并不会让人们损失多少。但它将改变民众的行为。

拥堵的症结在此。当通勤者们在早晚高峰时期上下班时，高速公路和街道就会出现过载问题。人们被堵在车流中，浪费时间和汽油，还容易造成交通事故。货物运输也受到影响，进而损害经济。在其余非高峰时段，大部分公路都很畅通。把这种情况看作电力供应：除了在夏天，电力总是很充足，因为在夏天人们都开空调，由此造成电力紧缺。在用电高峰时期，超额使用的电量的收费会比平时高，这是供需关系的第一条法则，目的在于让人们减少用电，避免电力短缺。

公路也是一样的道理。但现在无论是在高峰时段还是在非高峰时段出行，所须付出的成本都是一样的。这就是为什么在高峰时段，路上超过一半的行程不是去上班的。人们要不是去购物，或者送孩子去上学，或者只是去吃早餐（或者去享受酒吧的欢乐时光[1]），因为他们这样做并不需要承担额外的成本。尚不存在任何机制可以使这些人考虑到他们会耽误通勤者和卡车司机的行程。如果在高峰时段出行要缴通行费，其他时段则不用，那么就会诱使这些不必通勤的人选择在其他时段出行。

莱文森说："只要说服10%的这类司机错开高峰时段出行，交通就不会拥堵。我们能做到的就是这样了。"

这种方法被称为"拥堵收费"，在伦敦、米兰、新加坡和斯德哥尔摩（瑞典首都）起到了效果。这是解决交通拥堵最经济的方法，因为它几乎无须建设新的基础设施，而且我们知道这行得通。美国亟须增加汽油税收，但是国会不同意，若采用"拥堵收费"的方法，则可以补充需要的资金。但除了一些小规模的示范工程，美国的民选官员在政治上不认同拥堵收费，因为他们认为收通行费的措施不利于他们获得选民的支持，不管拥堵收费是不是解决交通拥堵的方法，也不管市场是否需要它。

同时，他们也不喜欢对卡车多收费。一辆满载的卡车重达4万磅，比普通客车对地面造成的损害大1万倍，但一般来说，它们上缴的通行费或汽油税远远低于它们对基础设施造成的真正损害（一辆重型卡车给每加仑汽油缴的税比汽车只多缴10美分）。按重量收费可以解决不公平的问题，但按常规来讲这种提议是会被否决的，因为它会影响人们就业，提高物价。但实际上，默许卡车对街道和高速公路造成损害，需要全国的纳税人付出巨额的补贴。

相关的解决方案还包括劝服一些公司调整上班时间，减少高峰时段的行程：让员工错开时间上班，有些早一点，有些则晚一点。另一种减少高峰时段汽车数量的办法是一周只让员工出家门工作一天或两天，甚至是半天。对合作的雇主给予税收优惠，对不合作的雇主则实行税收罚款，这可能会起作用。但是企业没有理由会不同意这个方法，这个方法能让员工心情更愉快、

1　译者注：酒吧的减价时段。

工作更高效（因为他们可以避免在严重堵塞的交通中驾驶）。这个解决交通拥堵的方法可能还不需要成本。只要10%的企业配合这个方法，就可以永远达到"交通天堂"的效应。这是交通世界最能实现的目标——改变通勤者的上班时间。时间不用改变多少，半个小时即可。由于人类的习惯，车流的运动就像波形图：高峰时段的车流量在整点时会比半点时更大。

另一种经济的方案是将很多装有红绿灯的十字路口——不是所有十字路口——改为环形交通枢纽。在居民区，小型环形交通枢纽会比四周安装了停车标志的效果更好。这种简单的策略在美国社区被推广时，和"拥堵收费"策略一样遭到了人们的无端反对。但是不论在美国还是在其他国家，都有充分的证据表明环形交通枢纽更加安全。它们能使车流增速20%（道理很简单：汽车无须停车，不用等待红绿灯变换）。在安装了红绿灯的十字路口，每天都有汽车高速行驶、闯红灯，甚至有时会有汽车被撞到变形的事故。但是环形交通枢纽发生的车祸会更少，即使发生了车祸，汽车也是低速行驶，不会有正面相撞的车祸发生。环形交通枢纽的成本也不高：不再需要给红绿灯供电或者维修，街上不用装传感器，而且停电也不会导致秩序混乱。近些年来，美国正慢慢增加更多的环形交通枢纽，但红绿灯仍占主要地位。

此外，改善公共交通所需要的成本远比人们认为的要少。并且我们应该把重心放在最默默无闻的运输工具——公共汽车。投资公交运输系统最为划算，因为基础设施如街道和公路早就已经修建完成了，这意味着比起火车和有轨电车，改善公共汽车服务的成本要低得多。但大型的铁路工程看上去光鲜亮丽，可以吸引联邦政府拨下巨款，而且拍起照来很风光，但它们解决不了任何交通问题。美国人每天都要面对门到门交通中塞车的痛苦，而改善铁路系统无法从根本上解决问题。

要想弄清楚如何才能使公交成为交通界的新宠，莱文森认为我们应该回忆昔日交通界的国王——有轨电车。为什么二战之前蓬勃发展的有轨电车没落了？为什么洛杉矶要放弃史上最大的电车系统呢？原因很简单：汽车的出现。尽管那些旧系统确实很好，但人们还是选择不再乘坐，因为它们比汽车的速度慢。而这是由于汽车行驶在电车的轨道上，挡住了电车的去路。于是就有两个因素造成电车行驶缓慢：一是电车要停下来等乘客，二是要等待挡在前路的汽车。如此一来，电车行驶缓慢。如果电车的行驶速度比汽车快，如果汽车不在轨道上行驶，如果电车的轨道都是专属于电车的话，那么今日的交通可能是另外一种模样。而现在重新恢复有轨电车的社区正在犯相同的错误，允许汽车在电车轨道上行驶。莱文森说，这样做似乎很方便，但最终会导致失败。

公交也是一样。它们一直与汽车纠缠在一条车道上，最终会败下阵来。因为中途暂停加上交通堵塞的问题，公交行驶的时间总是比汽车长。开车的通勤者不会改搭乘速度慢的公交车。

但是如果这些通勤者选择搭乘公交呢？如果公共汽车被给予通行优先权呢——拥有专属车道呢？考虑到相较于只载一人的汽车，一辆公交可以载上50个人，这个提议也是合情合理的。一辆公共汽车可以取代50辆在路上奔波的汽车。几十年以前，洛杉矶想要在所有的高速公路上铺设电车轨道和单轨轨道。为什么不考虑让公交拥有专属车道呢？让公交在合用车专车道行驶。让它们在高速公路上可以超速行驶。如果被堵在路上的通勤者经常看到旁边的公交快速驶过，通行无阻，他们难道不会想要去尝试下吗？

一些城市已经尝试让公交在快速公交专用道上行驶，但为什么只在几个城市推广而不普遍推广呢？如果公交既比汽车快，费用又便宜，那么搭乘公交将是一个更加有吸引力的选择。

还有最后一英里的问题，而最新出现、不断发展的共享乘车服务可以解决这个问题。交通部门可以与共享乘车服务公司合作，或者开设自己的共享乘车服务——让乘客可以轻松地到达公交站台或火车站，为乘客提供一整套服务，一个真正的门到门解决方案，在价钱上也比汽车便宜。这是有可能的。来福公司已经启动了一项叫作来福快车的服务——一种共享乘车的小型公交，可以接送多位乘客，费用比单人叫车要低得多。在旧金山，超过半数的来福共享乘车业务都是来福快车。这是公共交通部门需要思考的事情。这也是来福车是如何赢得市场的原因。来福公司的高层已经公开表明，其公司的定位是公共运输的合作伙伴，而不是竞争对手。共享乘车和公交快线的组合肯定比轻轨的成本要低，建设轻轨的投入资金是120亿美元，却只有2.6%的通勤者选择搭乘。相比自己独自在高峰时段开车，如果共享公交速度更快、更方便且收费合理的话，便很可能很大程度上改变门到门世界，为未来的无人驾驶汽车（以及无人驾驶公交）打好基础。

至于货物运输，公交快线帮不上忙，但可以把合用汽车道让给卡车。此外，征收通行费和开设公交车道可以缓解交通拥堵，为货物运输开路。交通拥堵减少的话，就不再需要新建那么多设施，那笔空出的资金就可以用来修复现有的道路和桥梁，满足货物系统的迫切需求。这也是货运系统迫切需要的。

以上讨论了一些可大幅改变现状、经济适用的解决办法。现在也有可用的安全措施：当司机打瞌睡、分神或犯错的时候，防碰撞系统可以插手干预（飞机已经使用这种系统几十年了）；防止酒驾的自动分析呼吸装置；还有防止超速的限速器。如果我们愿意，我们现在就能采用这些技术。从其拯救的生命和节省的医疗费用的角度上来看，它们一直在证明自己的价值。虽然无人驾驶汽车会使这些技术变得毫无意义，但即使在最好的情况下，无人驾驶汽车都要在未来的10年或20年后才会上市。这些技术是我们现在能用的解决方案。

事实上，我们已经走到了一个十字路口。

还有全球变暖的问题。要真正地理解我们的生活到底隐藏了多少交通运输里程，我们不可能不去了解到其产生的碳足迹，以及近40年来全球化和外包如何让碳足迹迅速增加。碳足迹的增加是我们门到门经济带来的直接副作用。这不是人们愿意听到的事情。当说到全球变暖和交通问题时，这种相似的奇怪心理开始作祟，无论是每15分钟都有一人因车祸死亡，还是每12.6秒就有一人因车祸被送进急诊室，使得司机们都耸耸肩，显得漠不关心。汽车与气候变迁息息相关，但人们认为就像路上会源源不断出现车祸一样，这是为了继续生活而必须付出的代价。而我们一贯的态度是，对其没有任何感想，不会有任何行动。然而我们却担心为减少车祸和碳排放所付出的成本和引起的混乱。美国人只要讨论到改变我们现有出行和运输货物的方式的可能性，就会感到失落或愤怒，或者深信变革意味着放弃最熟悉与热爱的事物。

人们害怕偏离熟知的生活方式，这种心态正在掩盖已经很明显的事情，也实际上在残杀我们。作家娜奥米·克莱恩在2014年出版了一本名为《改变一切》的书籍，其中写道：

> 我们可以使用已有的技术转向清洁交通和无碳能源，能创造更多的机会促进繁荣，为绝大多数美国人和世界公民带来安全和品质的生活。那这样做得付出什么代价呢？那就是我们在进行短途旅行时（不适合走路或骑自行车），迅速地改用电动和共享汽车。在一些以前由传统汽车使用的高速公路车道上兴建清洁的公交系统，鼓励民众在长途旅行时搭乘这种公交。货物运输的铁路、卡车和货船可以放弃煤炭和柴油燃料，转而使用天然气，来减少它们的碳足迹，至于电能和生物能源，可以等到它们的产能提升后再来使用。现在再生能源的价格已经与化石燃料不相上下，改良过的运输电网现在主推再生能源，可以被用来推动前面所述的举措。若我们的商品还需要更多的运输里程、消耗更多能源的话，这不会是一个能带来好结果的策略。如果要减少门到门运输的里程和碳排放，我们必须回到人类历史上的大部分做法，改用低成本和低风险的方法。这意味着结束那些大量隐藏的补贴，因为能源公司、汽车制造公司和消费者从没有支付过化石燃料的价格，也包括结束化石燃料对国家安全、环境、气候、健康护理和人类生活造成的恶劣影响。

在这次转变中，强大的化石燃料行业将会变成商业界大输家，但是可再生能源行业、电动汽车和自动汽车的生产商将会成为大赢家。我们的房屋、港口、物流中心、军事中心和工厂将会使用太阳能、风能和生物能源，同时拥有随时可以使用的储存能源设备，以备我们的车辆充电之需，因此这将会创造数以万计的工作岗位。想象一下，让美国17.4万名煤炭行业的工人拥有岗位优先权，然后每个人都可以享有类似《退伍军人权利法》提供的权利（例如免费的大学教育和职业培训），只要他们签订五年的劳动合约，协助美国建立可持续发展的绿色环境，或者加入新绿色和平队伍将这些技术输出海外。我们将不会失去以前的生活方式，生活会更好。我们要做的事情就是升级这个老旧的交通系统，现在的交通系统环境肮脏不堪，效率低下、超负荷，虽然曾经创造了奇迹，但现在它的黄金时期已经逝去，并且为了修复好现有的交通系统，我们背负了数万亿美元的资金黑洞，而它们仍然在破坏地球脆弱的气候平衡。

门到门系统创造了现代的消费经济，而现在它正在破坏我们的世界。具有讽刺意味的是，只要它能用一种更加清洁、更加高效和安全的方式运作，它也能帮助我们拯救世界。我们只须在前方的十字路口选择正确的道路。而不管我们最终会选择哪条路，我再次建议：系好安全带。

门到门系统似乎不会受到消费者、公民和每个司机的控制。但事实上，每个人或者家庭都可以通过某种方式做出有意义的事情，因为日常生活中的移动方式最终取决于个人的选择。

那一个人或者一个家庭能够做些什么来改变现状呢？

首先根据数据统计，在洛杉矶（以及其他很多城市），将近一半的开车里程小于3英里，这是骑自行车15分钟，最多20分钟的距离，或者我们可以按正常速度走一个小时到达目的地。像这种去商店、银行或邮局的短途行程，我们可以选择不开汽车。我们可以再次让孩子们步行或骑自行车上下学，并且开始和市政局讨论修建受保护的单车专用道，以连接社区学校，这样孩子们能安全地骑行去学校。对于骑自行车上学而不是开车上学的学生，学校可以给予体育学分。反对骑行和走路是一种文化习性，而我们有能力改变。在哥本哈根的冬天，年轻的男男女女与五六十岁的人（一半的通勤者）肩并肩地骑自行车去上班，看到这个情景是一件震撼人心的事情。哥本哈根这座城市有很多自行车道和受保护的人行道，自行车停车棚随处可见。骑自行车已经成为了当地的一种文化，因为20世纪70年代的成年人做了一个承诺——能源自主，保护健康，减少车祸死亡——他们强迫自己走出汽车，骑上自行车。而他们的孩子，还有他们现在的孙子都收获到了好处。骑行已经成为了他们的出行习惯。

这样的事情也可以发生在美国的小镇、美国的街道、社区。首先从短途行程开始做起，然后看看会发生什么。事情就是如此开始的。

新出现的共享乘车提供了另外一个机会。拥有一辆车意味着要承担各种花销，其中包含保险、折旧费用、汽油费和停车费。如果你一年开车不超过1万英里，不妨抛下你的汽车，选择共享乘车出行会更加划算。如果车站离你家比较近，你可以考虑使用共享乘车到达附近的车站，然后再搭乘火车或者公交上下班，在这种情况下，抛弃汽车也更加经济划算。如果公交部门能够提供这类接送到车站的服务，就更好了。但其实每个人自己就可以做到这点。如果你的家庭像美国大多数家庭一样拥有两辆或更多汽车，其中一辆可能一年也开不到1万英里，那么使用共享乘车服务会是更加经济的选择。不开车可以避免交通堵塞，消除堵在路上的压力，并且省钱。我要再说一遍：不开车可以省钱。

我们的很多交通问题其实都根源于人性的自私。有些愚蠢的司机会在车流中穿来穿去，害得人们不得不急刹车避免相撞；有些司机加速行驶，紧紧地跟在前面的汽车后面，然后再猛踩刹车，再切入旁边的车道，从你身边呼啸而过。我们每天都可以在高速公路上看到这种人。他们让交通情况变得更糟。他可能可以更快地到达目的地，但是因为他的异常行为，路上的每个人都被耽搁了。

所以不要做一个自私的司机。如果没有必要，不要在高峰时段开车出行。你不仅能够避开交通堵塞，还能为减缓交通拥堵贡献自己的一份力量。难道非得收通行费才能阻止你吗？如果你坚持不在高峰时段开车的话，你能省下油钱，减少车辆磨损，降低遇到车祸的风险。这就是不自私的回报。

我们现在的生活是前所未有的，日常生活中的点点滴滴都蕴藏了巨大的交通里程，这说起来，可能没有人会相信。如果你关心所用产品的运输碳足迹，想要改变自己的消费习惯，你仍然可以有所贡献。以前人们不会太浪费，那时使用的策略也可以用来减少个人出行碳足迹：购买二手用品（汽车、衣服、冲浪板）；在当地购物；使用可以重复利用的产品，不用一次性产品。这样的选择能够从你的消费习惯中减去很多运输里程。它们的效果能够持续累加，最终产生更大的影响力。

几年前我更加倾向于步行去一些地方，那时我的家人在解救站领养了我们的第一条大灰狗。我们现在已经有三条灰狗，需要我们经常带它们出去步行锻炼。由于我是唯一一位在家中工作的家庭成员，因此下午的时候，这些狗狗就会围着我，用乞求的眼神看着我，告诉我是时候要出去溜达一圈了。开始的时候，它是一件苦差事，打断我的工作。然后遛狗成为了一项习惯，我也乐在其中。而现在，当我外出工作或旅游的时候，我就会想念遛狗的时光。每天我都会带着几只狗走上两三公里，早晚两次，这让我感觉非常愉快。我们通常会去公园或大街散步，或者只是在家附近逛逛。我把这些大灰狗称为我的私人教练。还有另外一个值得一提的好处：这些大灰狗让我重新发现人类在门到门移动的第一种方式，我经常步行减重了20磅。

是的，我们卓越、疯狂的交通系统走到了岔道口，是走向"末日塞车"还是"塞车天堂"仍悬而未决。变革性的技术和新方法正与交通拥堵和造成持续拥堵的顽固习惯持续抗衡。解决办法可能自上而下产生，可能由华盛顿、谷歌或者其他大型企业提出解决办法。或者真正的转变来自于我们每天做的一些小选择：改变我们的消费习惯、工作模式，以及门到门之间的移动方式。这些选择就像许多小的进步，最终会汇聚在一起，产生巨大的影响。

致谢

我要感谢每一个陪我走过这段门到门旅程的人，在这里我只能列出一部分人的名字：美国咖啡豆与茶叶公司的咖啡烘焙师杰伊·伊萨亚斯；美国国家安全委员会首席统计官肯·克罗斯；达美乐公司美国西部地区副总裁唐·丰塔纳以及他在安大略市的全体员工；南加州大学硕士、前洛杉矶港负责人杰拉尔丁·克纳特兹；"未来港口"创办者和"物流女强人"成员伊丽莎白·沃伦；南加州海运交易所高管黛比·查韦斯，老警员里德·克里斯，以及史蒂夫·切瑟，执行董事基普·鲁迪特；雅各布森引航服务的鲍勃·布莱尔及其副总裁约翰·斯特朗；联合包裹服务公司高管诺埃尔·马西，卡尔·布莱克曼，中心规划师和工业工程师唐·查伯克；瑞克斯公司员工特德·特雷帕尼尔；谷歌无人驾驶汽车项目安全负责人罗恩·梅德福特；可持续发展联盟的克莉丝汀·安妮·美乐蒂·斯莱；以及明尼苏达大学交通学家大卫·莱文森。

我特别感谢《哈珀》杂志编辑霍利斯·海姆鲍奇，他从一开始就帮我构思这本书，以及我无与伦比的作家代理人，来自美国作家出版社（Writers House）的苏珊·金斯伯格，从我写第一本书时就一直给我支持和鼓励。

最后，我必须感谢我亲爱的家人们——唐娜、加比和埃本。这是第一次我在书中提到我的家庭，也希望日后能继续出书感谢家人们。

马上扫二维码，关注"**熊猫君**"

和千万读者一起成长吧！